철학한다는 것

PHILOSOPHY

철학한다는 것

철학한다는 것

표정훈 묻고
강영안 답하다

홍성사.

차례

일러두기

* 이 책은 2007년 2월 28일부터 같은 해 7월 31일까지 다섯 번에 걸쳐 진행된
  강영안과 표정훈의 대담을 정리해 2008년 7월 효형출판에서 펴낸
  《철학이란 무엇입니까》의 개정증보판입니다. 새롭게 추가된 7장은
  2019년 12월 5일 강영안과 표정훈이 서울시 마포구 '양화진책방'에서
  만나 진행한 대담 내용을 정리한 것입니다.

* 강영안·표정훈 인물 사진 ⓒ한병선
* 자료 사진 강영안 제공

머리말

    30년 전 서강대에서 가르칠 때였습니다. 여름 방학을 보내고 가을 학기를 맞이하였습니다. 학생들을 다시 만나 반가웠던지 아니면 강의 시간에 다룬 주제가 재미있었던지, 저는 평소보다 훨씬 더 열을 내어 강의를 하였습니다. 더위가 아직 완전히 가시지는 않아 덥기도 하고 오랜만에 목청을 높이느라 목이 따가웠지만, 방학 동안 가라앉았던 몸이 다시 생기를 얻는 듯했습니다. 강의를 마친 뒤, 당시 문과대 학장을 하시던 국문과 정연찬 선생님을 교수 휴게실에서 만났습니다. 강의실에 들어가니 다시 힘을 얻는다고 했더니 이렇게 말씀하셨습니다. "그렇지요. 강의실은 우리에게 논밭이나 다름없지요. 농부들은 논밭에 나가면 힘이 나잖아요."

    그러고 보니 정연찬 선생님이 말씀하신 '논밭'에 저는 아직 머물러 있습니다. 오랫동안 가르쳤던 서강대에서 물러나 '명예교수'라는 직함을 얻고는, 이제는 미시간에 있는 칼빈 신학교에 와서 가르친 지도 4년이 지났습니다. 제가 가르치는 학생들은 모두 대학원생입니다. 대학원 강의실은 교수 혼자 논밭을 가꾸는 곳이 아니라 교수와 학생이 함께 농사를 짓는 곳입니다. 신학에서 발생하는 문제들을 앞에 놓고, 이들과 함께 철학의 방식으로 묻고 생각하고 토론하는 강의를 이어 가고 있습니다. 저에게는 아직도 물음이 많이 있습니다. 학생들도 마찬가지입니다. 지금은 영어로 강의하고 있지만 모국어로 강의했던 지난 세월 저와 같이 '논밭'에 함께 있었던 제자들을 생각합니다.

이 책은 저의 옛 제자 가운데, 특별히 '출판평론가'라는 호칭을 얻을 정도로 책과 가까이 살아오고, 책을 누구보다 잘 아는 표정훈 선생과 나눈 대담집입니다. 표 선생은 제가 1986년부터 1989년까지 재직했던 계명대 철학과에서 서강대로 옮겨 가르치기 시작했을 때, 제 강의를 들었던 첫 제자들 중 한 사람입니다. 졸업 후 오랫동안 보지 못했습니다. 그러다가 2007년 2월, 서강대 철학과 출신으로 지금은 프랑스 리옹에서 유학 중인 박재은과 함께 표 선생이 당시 제가 집무하던 교양학부 학장실로 찾아왔습니다. 두 사람을 보낼 테니 대담집을 한 권 만들어 보자는 전화를 효형출판의 송영만 사장님으로부터 받은 지 며칠 뒤였습니다. 이렇게 해서 이 책에 실린 대담이 시작되었습니다.

대담이 끝난 뒤, 대외적인 활동을 모두 중단해야 할 정도로 저의 건강이 좋지 않게 되었습니다. 학교에서 가르치는 일 역시 최소한으로 맡아 하고는 나머지 시간은 삼천포 바다와 남해 금산이 바로 앞에 보이는 작은 아파트에 내려가 쉬었습니다. 사도신경과 십계명을 강의한 내용과 이 대담집의 원고를 이때 정리할 수 있었고, 얼마 후에 《신을 모르는 시대의 하나님》, 《강영안 교수의 십계명 강의》, 그리고 《철학이란 무엇입니까》로 각각 출판되었습니다. 하나님의 은혜가 컸습니다.

철학계에 계신 분들에게 이 책은 너무 기독교적으로 보이고, 교회의 울타리 안에만 머물러 계셨던 분들에게는 너무 철학적으로 보일 수 있습니다. 이 책은 철학을 다룬 책이면서도 동시에 제가 공부하고 가르쳐 온 철학에 관한 이야기를 담고 있습니다. 철학을 이야기하지만 제가 그리스도를 따르는 사람임을 숨기려고 하지는 않았습니다. 숨기기는커녕 저의 삶의 매 순간이 제 믿음과 무관하지 않았음이 드러납니다. 하지만 기독교 신앙을 설명하거나 옹호하려고 하지 않았습니다. 대담자도 저에게 그런 질문을 던지지 않았습니다. 철학과 신앙 가운데 어느 한쪽을 배제하거나 절충하려 하지 않고, 제가 믿고 제가 생각하는 대로 이야기하려고 애썼습니다.

이 책 《철학한다는 것》은 2008년 효형출판을 통해 나왔던 《철학이란 무엇입니까》의 개정증보판입니다. 그때 나왔던 책에서 일부는 덜어 내고 대담 한 편을 추가하였습니다. 이 책에 관심을 가지고 개정증보판을 내도록 주선해 주신 홍성사 정애주 대표님과 직원 여러분께 감사드립니다. 바쁜 학업 가운데도 원고 교정에 수고한 저의 제자 신주영 목사와 하늘샘 강도사에게 감사의 말씀을 전합니다. 효형출판의 송영만 사장님의 관심과 배려가 없이는 이 책의 초판이 나올 수 없었습니다. 송 사장님께 특별히 감사를 드립니다. 지난 40년 동안 함께 살아온 저의 아내, 그리고 두 아들에게도 고맙다는 말을 전하고 싶습니다. 어릴 때는 가르침으로, 이제는 잊지 않고 늘 기도로 후원해 주시는 손봉호 선생님과 사모님, 학문과 신앙의 동지 유해무 교수 부부에게 감사를 드립니다.

되돌아보면 저의 학문과 삶, 저의 신앙, 어느 하나 하나님의 선물 아닌 것이 없습니다. 받은 선물을 이웃을 위해 선용했는지 가끔 묻게 됩니다. 남은 삶은 제 자신의 유익이 아니라 이웃의 유익을 오롯이 구하고 하나님께 영광의 노래가 되는 삶이기를 소원합니다. 혹시 수용할 수 없는 이야기가 있으면 그냥 읽고 지나가시고, 도움이 되는 것만 기억에 담아 두시길 바랍니다. 아무쪼록 이 책을 읽는 분들에게 유익이 있기를 바랍니다. 여러분의 평안을 빕니다.

2021년 가을
미시간 그랜드래피즈에서
강영안 올림

들어가며

사유하는 법을 배울 마음의 준비

대학 시절 강의 노트를 졸업 이후에도 짧지 않은 세월 간직하고 있는 사람이 많은지 여부는 잘 모르겠으나, 나는 20권의 노트를 간직하고 있다. 그렇다고 수시로 펼쳐 보거나 하는 것은 아니어서, 오랜만에 방 정리를 하거나 이사를 할 때 슬쩍 들춰 보고 잠시 추억에 잠기는 정도다. 20권이라는 수효에서 알 수 있듯이 무조건 모든 강의의 노트를 간직하기로 한 것은 아니었으니, 나름의 숙고 끝에 선택한 것들이다. 선택의 기준은 '강한 인상'이라고 할 수 있을 법하다. 요컨대 강한 인상으로 남아 있는 강의들이다.

'강한 인상'을 구체적으로 말하면 다음과 같다. 강의 시간 내내 정신을 곧바르게 모아 생각의 갈피를 다잡게 만드는 강의, 강의 시간 내내 머리를 팽팽하게 자극하며 생각이 근육을 기분 좋은 피로감에 젖게 하는 강의, 강의가 끝났을 때 아쉬움을 느끼며 다음 시간을 기대하게 만드는 강의, 강의 시간에 제시된 책이나 논문을 도서관에서 찾아보고 싶게 만드는, 그리고 실제로 찾아 읽어 본 강의. 이런 기준으로 택한 20권의 노트를 살펴보니 담당 선생님의 성함과 과목은 이러했다. (존칭 생략, 무순)

이한조(언어철학, 과학철학), 김영건(예술철학), 김경만(사회학사, 지식사회학), 길희성(한국종교사), 김승혜(중국종교사), 김한규(중국고대사, 중국사상사), 이종욱(한국고대사), 강정인(서양고대정치사상사), 황주홍(서양현대정치사상), 정하중(법학개론), 김현태(중세철학사), 서공석(신론), 정양모(신약성서개론), 강영안(대륙합리론, 독일관념론).

강의는 18개지만 노트가 20권인 까닭은 대륙합리론과 독일관념론 강의노트가 각각 두 권씩이기 때문이다. 마구 휘갈겨 쓴 영어 필기체를 능가하고도 남음이 있을 정도로 독해난망인 악필이 사뭇 빽빽하다. 20년 가까운 세월이 지난 지금 펼쳐 보니 그날 그 강의실의 분위기, 풍경, 냄새까지 바로 엊그제만 같다. 역시 '입말은 사라져도 글로 적은 말은 남아Vox audita perit, littera scripta manet' 기억을 인도해 주는 것인가. 이 가운데 대륙합리론은 데카르트와 스피노자가 주를 이루고 라이프니츠가 부분적으로 자리를 차지하고 있으며, 독일관념론은 거의 전적으로 칸트에 할애되었다.

철학과 학부 2, 3학년 시절, 나는 나름대로 철학사 공부에 몰두해 있었다. 철학 전공자들 사이에서 '코플스턴 철학사'로 일컬어지는 프레드릭 C. 코플스턴 신부의《철학사 *History of Philosophy*》원서를 선독選讀하기도 하고, 요한네스 힐쉬베르거의《서양철학사》, 한스 요아힘 슈퇴리히의《세계철학사》, S. P. 램프레히트의《서양철학사》등을 여러 차례 통독하기도 했다. 또한 대학원에 재학 중인 선배가 이끄는 철학사 공부 모임에 제법 열심히 참여하기도 했다.

그러던 차에 서강대로 부임해 온 강영안 선생님의 강의를 접하고 나는 철학사 공부의 맥이랄까, 그런 것을 비로소 붙잡을 수 있었다. 하나의 철학적 주제가 고대에서 현대에 이르는 철학의 역사를 통해 사뭇 다채로우면서도 하나의 큰 줄기로 이어지는 모습. 고대 그리스에서 싹튼 철학적 개념이 시대를 달리하면서 어떠한 문제의식에 따라 어떻게 변주되며, 또한 그러면서도 철학적 개념의 뿌리가 어떻게 보전되어 왔는지. 칸트를 일러 왜 철학의 역사에서 하나의 거대한 산맥을 이룬 철학자라고 할 수 있는지. 철학사의 한 시대가 사유의 중추로 삼지 않을 수 없었던 문제의식과 그 배경이 무엇인지.

물론 이런 것들을 속속들이 파악하고 이해했다면 거짓말이 되겠고, 나는 강영안 선생님의 강의를 통해 '사유하는 법을 배울 마음의 준비'를 어설프게나마 갖출 수 있었다.

우리는 우리 자신이 사유할 때에야 사유가 무엇을 뜻하는지를 알게 된다. 그러한 시도가 잘되려면, 먼저 우리는 사유하는 법

을 배울 마음의 준비를 갖추고 있어야 한다. (마르틴 하이데거,
《사유란 무엇인가》)

이후 나는 대학원 진학을 계획했지만 곡절이라면 곡절을
겪으면서, 아니 삶의 우연에 따라, 학문 제도 안에서 철학을 공부
하는 것은 대학 졸업을 끝으로 마감하게 되었다. 철학사 공부에 바
친 젊은 날의 한 시절은 이제 내 서가의 상당 부분을 차지하는 철
학 도서들로만, 그리고 이미 언급한 강의 노트로만 남아 있는 형편
이다. 더 이상 총탄을 마련하지도 않고 총구도 청소하지 않아 녹슨
총을 장식용으로만 걸어 두고 가끔씩 대단했던 사냥철을 추억하
는 꼴이라 할까.

물론 그 뒤에도 일종의 교양적 흥미 차원에서 철학 책들을
제법 읽기는 했으나 '나 자신이 사유하는' 수준으로까지 깊이 들
어가지는 않았으니, 공부가 아니라 심심파적에 지나지 않았다. 그
런데 이렇게 나의 삶에서 희미한 흔적으로 남아 있는 철학과 철학
공부를 상기想起, anamnesis할 수 있는 계기가 벼락처럼 찾아왔다. 강
영안 선생님에게 철학과 철학사에 관해 궁금한 점들을 자유롭게
묻고 배울 기회가 온 것이다. 그 시작이 자발적이지는 않았다. 밝
혀 두건대 출판사의 기획 제안에 응한 경우다.

내가 왜 응했을까? 가만히 생각해 보니 '사유하는 법을 배
울 마음의 준비'를 막 시작할 무렵에 중단된 철학 공부에 대한 미
련, 어떤 의미에서는 그 이후 계속 잠재돼 있었지만 표면적으로 의

식하지는 못한 미련 때문이다. 깨끗이 잊지 못하고 끌리는 데가 남아 있는 마음이 미련이라면, 철학 공부에 대한 이 '끌림'은 또 왜인가? 한때 바랐으나 이루지 못한 것에 대한 아쉬움, 이상도 이하도 아닌가? 그럴 수도 있을 것이다. 그러나 '끌림'의 이유가 무엇인지는 중요하지 않다. 나는 선생님에게 물었고, 선생님은 답해 주셨다. 중요한 것은 바로 이것이다.

사람과 사람의 대화 또는 질문과 대답이 어쩌면 본질적으로 그렇듯이, 선생님의 답은 선생님 당신의 질문을 수반하고 있을 것이다. 강영안 선생님은 당신의 학문적 이력, 나아가 개인사個人史라고 할 수 있을 지적 성장 과정까지 솔직하고 자세하게 들려주셨다. 당신으로서는 학자로서의 지난 세월과 삶의 좌표점들을 돌이켜 보실 수 있는 시간이지 않았나 싶다. 당신이 지금까지 물어온 '경건한 질문'의 갈피를 되새겨 보는 시간이었으리라. 나의 우문愚問이 그런 소중한 시간의 밀도를 낮춰 버리지는 않았는지 송구한 마음이 앞선다.

20년 전에도 그러했지만, 이번에도 강영안 선생님에게 가장 크게 배운 것은 다름 아닌 '지적 정직성'이다. 선생님에게는 직접 원전을 읽지 않은 철학자에 대해서는 글을 쓰거나 강의를 하지 않는 신념 또는 원칙이 있다. 돌이켜 보면, 선생님의 강의는 결코 쉽지 않은 주제를 깊이 있게 다루었지만 학부생들이 비교적 정확하게 이해할 수 있었다. 그것은 '무엇에 관한' 자료를 읽고 전달하는 게 아니라 바로 그 '무엇', 즉 일차 텍스트 자체를 붙들고 당신

이 씨름한 지적 고투의 과정을 추체험할 수 있게 해주셨기 때문이
리라. 이 점에서 선생님의 공부법 또는 독서법은 주자朱子의 그것
과 일맥상통하는 셈이다. 나로서는 다시 한 번 스스로 크게 부끄러
워질 수밖에 없는 대목이다.

> 요즘 학자들 중에는 책을 버리고 한두 마디 말에서 곧바로 도
> 리道理를 찾으려는 사람들과, 아무 책이나 닥치는 대로 읽어서
> 올바른 결론을 내지 못하는 사람들이 있다. 이런 사람들은 학
> 문을 제대로 모르는 이들이다. 반드시 많이 읽고, 깊이 생각하
> 기를 오래하면 자연스레 도리를 알게 될 것이다. (전목,《주자학
> 제강朱子學提綱》)

돌이켜 보니 선생님에게 한 가지 묻지 못한 것이 있다. 단
순해 보이면서도 결코 단순하지 않은 질문이다. "공부는 왜 합니
까?" 우리 시대가 하수상하기에 더욱 중요한 질문이다. 우리 시대
는 부박浮薄한 처세의 전략을 높이고 중후重厚한 삶의 지혜를 낮춘
다. 속도의 효율을 숭배하고 온축蘊蓄의 끈기를 폄하한다. 파편화
된 정보의 수량에 열광하고 체계화된 이론적 지식의 깊이를 멀리
한다. 사람의 무늬[人文]를 되살피고 갈무리하여 보듬는 '섬세의 정
신esprit de finesse'보다는 기대효용과 쓸모를 가늠하기 바쁜 '계산하
는 이성calculating reason'이 득세한다.
다행히도 선생님은 이미 답을 준비해 놓으셨다. 그간 처세

와 속도와 정보와 쓸모에 마음을 빼앗겨 유용지용有用之用에 눈이 멀었던 나를 반성한다. 인문의 무용지용無用之用이야말로 진정한 대용大用임을, 그리고 '사유하는 법을 배울 마음의 준비'는 아직도 늦지 않았다는 것을 깨닫게 해주신 선생님에게 큰절 올린다.

인문학은 주변 세계와 관련해서 자기 스스로를 인식하고, 나아가 자기 자신을 변화시키는 데 관심을 두는 것이다. 인문학은 어떤 무엇으로도 환원될 수 없는 인간의 내면성, 즉 인간의 기쁨과 고통, 바람과 소원, 기대와 좌절, 사랑과 증오, 선과 악 등 인격적 존재로서 인간의 자기 인식에 대한 관심이 있어야 한다. 철학과 역사, 문학과 언어, 종교와 예술을 공부하는 까닭은, 그것을 통해 개인과 공동체의 삶을 이해하고 인간의 자기 이해를 풍요롭게 하자는 데 목적이 있다. 이것은 외적 유용성의 관점에서 볼 때 쓸모없는 것일지라도, 쓸모없는 지적 노력과 훈련 없이는 인간은 인간으로서 자신의 존재를 형성할 수 없다. 그러므로 인간의 미래를 위해서 인문학적 노력의 무용지물無用之物을 인정하지 않으면 안 된다. (강영안,《인간의 얼굴을 가진 지식》)

2008년 여름

표정훈

1

철학을

향한

먼 길

대담을 하기 전에

이것은 틀림없는 행운, 그것도 하나의 커다란 행운이다.
강의실에서 수십 명의 다른 학생들과 함께 그의 목소리에
귀 기울이던 때가 있었다. 이제 그로부터 20년 가까운
세월이 지나 온전하게 나 혼자 열 시간 넘도록 그와
함께할 수 있다. 오직 나 혼자만을 위한 10여 시간의
철학 강의가 펼쳐질 참이다. 그는 서강대학교 철학과
교수 강영안 선생님이고, 나는 선생님이 서강대학교에
처음 부임할 때부터 강의를 수강한 제자 표정훈이다.
돌이켜 보면, 선생님에게 들은 강의는 독일관념론, 대륙합리론 등
네댓 과목에 지나지 않았다. 대학원에서 본격적인 학문적 지도를
받지도 않았다. 그렇다고 철마다 때마다 찾아뵙고 인사드리지도
못했다. 그래서 나를 선생님의 제자로, 선생님을 나의 스승으로
호명한다는 게 멋쩍기 그지없다. 그럼에도 내게 주어진 이 특별한
기회, 특별한 자리를 마다할 수 없었다. 그야말로 염치불고다.
무엇이 내 염치를 잠들게 했을까? 거창하게 말하면 철학에 대한
욕심 또는 그리움 때문이다. 철학 텍스트와 씨름하지도 않고
그저 10여 시간 강의를 듣는다고 해서 철학의 문턱 가까이라도
갈 수 있는 건 분명 아니겠지만, 먼 곳의 고운 임을 그리듯
철학을 늘 그리워했다고 한다면 이 역시 염치없다 할까?
그 임의 그림자라도 볼 수 있을까 하는 설렘을 품고, 나는 지금
선생님의 연구실 문을 노크하려 한다. 이윽고 가만히 문이
열리고 거기에 그렇게 선생님이 서 계셨다. 환한 환대의 웃음.

"어서 오게."
"선생님! 안녕하십니까?"

질문의 시작, 앎의 시작

표정훈 제가 선생님에 관해 처음 알게 된 것은 선생님이 손봉호 교수님과 함께 번역하신 반 퍼슨Cornelis Anthonie van Peursen (1920-1996)의 《몸, 영혼, 정신: 철학적 인간학 입문》(1985)을 통해서였습니다. 그런데 번역자 소개 글을 읽고 의아했던 것이, '왜 이분은 암스테르담 자유대학에서 박사학위를 하셨을까' 하는 점이었습니다. '그 많은 독일 대학과 미국 대학을 놔두고 왜 하필?' 이런 궁금증이었지요.

강영안 궁금해할 만도 하지요. 내가 암스테르담 자유대학이 있다는 걸 알게 된 건 고등학교 때였어요. 당시 내가 나갔던 고등학생 신앙집회 강사 가운데 한 분이 이근삼 교수였는데, 그분은 일본 신도神道 민족주의와 한국 기독교인들의 대결에 대한 논문으로 1962년 암스테르담 자유대학에서 신학박사 학위를 받으셨어요.

당시 그분의 약력 소개를 보고 그 대학을 알게 되었죠.

한국 교회의 지도자였던 박윤선 목사님이 한국전쟁 직후 암스테르담 자유대학에서 공부하다가 사모님이 사고로 돌아가시는 바람에 귀국하신 터라 그곳에서 박사학위까지 마친 이는 이근삼 교수가 처음이었지요. 그다음으로 손봉호 선생님이 1972년에 철학을 전공해서 박사학위를 받았지요. 손봉호 선생님은 1973년 초 귀국해서 한국외국어대 네덜란드어과로 오셨지요. 당시 나는 신학대학을 2년 다니고는 중도하차해 외대 네덜란드어과로 옮긴 상태였습니다.

표정훈 그렇다면 왜 네덜란드어과였는지 여쭈어 봐야 할 것 같습니다.

강영안 거슬러 올라가자면 중학교 1학년 때가 되는데 사연이 깁니다. 우리나라에서 서양철학을 공부하러 유학 간다고 하면 독일, 미국, 프랑스 세 나라로 가는 게 일반적입니다. 이건 우리의 서양철학 수용 과정과 관련이 있지요. 우리가 서양철학을 공부하고 연구하기 시작한 시기를 대략 1920년대 후반, 1930년대 정도로 볼 수 있는데, 1920년대 후반 경성제대를 중심으로 가르치던 철학은 생生철학, 실존철학, 마르크스주의였고 유럽 대륙, 특히 독일철학이 지배적이었습니다.

1929년에 배출된 경성제대 1회 졸업생 중 김계숙 선생이 있고, 그 뒤로 신남철, 박종홍 선생 같은 분들이 계시지요. 서양철학 수용 초기부터 독일철학 중심이었고, 해방 이후에도 그런 경향이 지속되었던 겁니다. 한국인, 아니 당시로서는 조선인 최초로 철학을 전공해서 1921년에 박사학위를 받은 이관용 선생도 취리히 대학에서 독일어로 공부하고 논문을 썼습니다. 초대 문교부장관을 지냈던 안호상 박사가 1929년에 독일 예나 대학에서 박사학위를 받고 들어왔지요.

표정훈 아무래도 일제강점기라서 일본의 서양철학 수용사가 우리에게 미친 영향도 클 듯합니다.

강영안 그렇지요. 조선에 와 있던 일본인 철학 교수들도 기본적으로 독일철학 연구자들이었으니까요. 그런데 일본에서 처음 수용한 서양철학은 실증주의와 공리주의였습니다. 니시 아마네西周(1829-1897)와 쓰다 마미치津田眞道(1829-1903) 등이 모두 네덜란드 유학파인데, 이 두 사람은 레이든 대학에서 정치경제학자 시몬 피스링Simon Vissering(1818-1888)에게서 배웁니다. 그런데 철학적으로는 그 당시 우트레흐트에서 레이든 대학으로 강의를 나온 옵조므르Cornelis Willem Opzoomer(1821-1892)란 분의 영향을 받습니다. 옵조므르는 콩트Auguste Comte(1798-1857)의 실증주의와 손 스튜어트 밀John Stuart Mill(1806-1878)의 공리주의를 네덜란드에 도입하면서 나름대로 철학적 작업을 한 학자였습니다. 그래서 실증주의와 공리주의 사상이 일본에 먼저 소개되었습니다.

그런데 생각해 보십시오. 실증주의와 공리주의는 전통 일본 사상, 천황 숭배 등에 대해 드러내 놓지는 않았더라도 비판적일 수밖에 없습니다. 그러므로 국가를 다시 민족주의적 관점에서 세우고자 했던 이른바 '국체론자國體論者'들의 지지를 받을 수 없었지요. 그러다가 훨씬 관념적이며 현실 세계와는 거리가 먼 것으로 보이는 독일철학을 일본 지성계가 수용하게 됩니다. 여기에 중요한 인물로 역할한 사람이 라파엘 폰 케버Raphael von Koeber(1848-1923)라는 분입니다.

표정훈 폰 케버가 누구인가요?

강영안 일본인들이 '케베루 센세이'라 불렀다고 하지요. 유명한 일본 작가 나쓰메 소세키夏目漱石, 철학자 아베 지로阿部次郎, 와쓰지 데쓰로和辻哲郎, 그리고 근대 일본 철학자 중 최고로 꼽는 니시다 기타로西田幾多郎, 미키 기요시三木清 등이 각각 이분에 대한 '오모이데思い出', 곧 회상기를 남겼지요. 그는 독일계 러시아 학자로 차이콥스키에게 음악을 배웠습니다. 일본에서는 우에노 예술학교 피아노학과 교수로 재직하면서 도쿄 대학에서 철학을 가르쳤습니다. 쇼펜하우어 전공자였고, 그리스어와 라틴어도 자기 집에서 학생들에게 개인 교습했어요.

지금도 일본에는 서양철학 연구자라면 반드시 고전어를 익

혀야 한다는 일종의 학문적 관행이 있는데, 그 기초를 놓은 인물입니다. '철학도' 하면 여름에도 겨울 외투 입고 다니는 이상한 옷차림을 하는 사람으로 여기게 된 것도 이분의 옷차림에서 왔다는 말이 있습니다. 여름이나 겨울이나 옷 한 벌로 지냈다니까요. 어쨌든 일제강점기와 그 이후, 우리 철학계가 독일철학 중심으로 편성된 이유는 전적으로 일본의 영향이라 해도 지나치지 않을 것입니다.

표정훈 케베루 센세이. 기억해 둘 만한 분이네요. 저도 처음 철학과 입학했을 때 친척 어르신들이 걱정을 많이 하시더군요. '저 녀석이 이제 수염 기르고 여름에도 두꺼운 코트 입고 다니겠구나' 하는 식의 걱정이었지요. 그렇게 보면 우리의 서양철학 수용 경로가 미국 쪽으로까지 다변화된 건 그리 오래전의 일이 아닌가 봅니다.

강영안 1960년대부터 조금씩 미국 유학생이 늘어나기 시작했지요. 해방 후에는 서울대학교의 김준섭 선생이 컬럼비아 대학에서 공부하고 돌아와 논리학, 논리실증주의, 과학철학을 소개하기는 했지만, 저술은 기본적으로 독일철학적 경향을 보여 줍니다. 미국 유학생으로, 이르게는 한치진 선생이 남가주 대학University of Southern California에서 유교도덕에 관한 연구로 박사학위를 받고 1930년 귀국했고, 1934년에 갈홍기 선생이 시카고 대학에서 학위를 받았고 1937년에 박희성 선생이 미시간 대학에서 학위를 마쳤습니다만, 드문 경우였지요.

　미국에서 공부하다가 결국 독일에서 박사학위를 마치고 들어오는 분들도 있었지요. 서울대 교수를 지내신 차인석, 김여수 선생을 예로 들 수 있습니다. 그만큼 독일 중심이었습니다. 프랑스에서 공부한 분도 드물었어요. 해방 전이라면 연세대에 계셨던 정석해 선생이 생각나고, 1960년대 들어와서야 변규룡 선생, 그 뒤 일찍 작고하신 김진성 선생 등이 프랑스에서 공부했지요.

　미국철학을 본격적으로 우리에게 소개하고 논의하기 시작한 분은 서강대 이한조 교수라고 해도 과언이 아닙니다. 전혀 글을 남기지 않았기 때문에 외부에 널리 알려지지는 않았지만, 좋은 강의로 학생들의 존경을 받은 분이지요. 그리고 김여수, 소흥렬, 이명현, 엄정식, 정대현 교수 덕분에 철학의 폭이 많이 넓어졌습니다.

　표정훈 이한조 선생님 강의를 수강한 학부생과 대학원생들이 노트 필기한 것을 모아 책으로 펴내려는 움직임도 있었던 걸로 기억합니다. 강의시간 내내 학생들의 지적 호기심을 자극하는 강의였습니다. 이제 선생님의 중학교 1학년 시절로 돌아가 봐야 할 것 같습니다.

　강영안 앞바다가 무척 아름다운 경남 사천 삼천포에서 태어났습니다. 하지만 참 척박한 곳이었지요. 우리 중학교 교가를 한

때 교사로 계셨던 시조시인 김상옥 선생이 지으셨고 곡을 윤이상 선생이 붙이셨다는 것, 우리 고장 출신으로 서정시인 박재삼 선생이 계신다는 것 등이 우리 자존심의 근거였습니다. 경복고를 거쳐 서울대 철학과로 간 성상건 같은 동급생도 있었지만, 사실상 입시와는 거리가 먼 시골이었습니다. 그래서 오히려 중·고등학교 때 책에 빠져 살 수 있었습니다. 김형석, 안병욱, 이어령 선생의 책은 그때까지 나온 것을 빠짐없이 다 읽었습니다. 헌책방 다니면서 〈현대문학〉과 〈사상계〉의 빠진 호수 채우는 것이 취미가 되었지요.

표정훈 시골에서 〈현대문학〉과 〈사상계〉를 부지런히 찾아 읽기가 결코 쉽지 않으셨을 텐데요, 대단한 열의입니다.

강영안 고등학교 올라가서 그렇게 했지요. 원래 삼촌과 큰형님이 남긴 책이었습니다. 내 삶에 큰 변화를 준 사건은 선친의 별세와 그 후 교회에 다니게 된 것입니다. 초등학교 6학년이던 해, 그러니까 열두 살 때 아버지가 돌아가셔서, 초등학교를 졸업하긴 했지만 중학교에는 가지 못하고 한 해를 쉬었습니다. 무척 우울하게 지냈습니다. 아마 이때 훨씬 더 내향적이 되지 않았나 싶습니다. 형들과 누나는 모두 외지에 나가 공부하고 있었으니 혼자서 책 보고, 꽃 키우고, 집안일 돕고 그랬지요. 영어 공부를 이내 시작했습니다. 그러다가 이듬해 뒤늦게 중학교에 입학했습니다. 중학교 입학 이후, 초등학교 때는 간간이 가던 교회를 작은누나와 함께 빠지지 않고 다니기 시작했습니다.

교회와 신앙

표정훈 너무 단적인 질문 같기도 합니다만, 교회는 선생님께
무엇이었습니까?

강영안 나에게 교회는 지적인 성장 면에서 학교 못지않은 곳
이었습니다. 어떤 면에서 학교보다 훨씬 더 중요한 곳이었습니다.
토요일 모임에는 거의 예외 없이 행사가 있었는데 그 가운데는 토
론이나 회의 또는 웅변대회 같은 것이 있었습니다. "겨울이 좋은
가, 봄이 좋은가?" 어떤 쪽이 좋아도 별 상관이 없을 이런 주제를
두고 편을 나누어 토론을 했습니다. 때로는 토론 중간에 저쪽 편으
로 넘어가 반대 주장을 하는 경우도 있었고요.

　　이런 토론 문화가 어떻게 그 시골 교회에까지 들어와서, 열
악한 환경 가운데서도 읽고 생각하는 데 눈을 뜨게 했는지, 어디서
어떻게 비롯되었는지 아직도 설명할 수가 없습니다. 초등학교 때
는 부끄러움을 너무 많이 타서 남 앞에 나가 발표를 할 수 없었습
니다. 교회 생활을 하면서 조금씩 바뀌게 되었지요. 지금도 남 앞
에 서면 속으로 얼마나 떠는지 모릅니다. 내가 이렇게 말하면 아무
도 믿지 않습니다. 앞에 서서 얘기하는 모습이 너무 뻔뻔해 보이는

모양이지요? (웃음) 사실은 그렇지 않은데 말입니다.

표정훈 뻔뻔해 보이신다니요. '조용한 카리스마'라면 또 몰라도. (웃음) 말씀을 듣고 보니 선생님이 다닌 교회가 무척 지적知的 지향성을 가진 교회였던 것 같습니다. 지금도 그런 교회를 찾기가 쉽지 않은데 말입니다.

강영안 꼭 그렇다고 보기는 힘듭니다. 내가 다니던 교회가 대한예수교장로회 중에서도 '고신측' 또는 '고려파'라고도 하는 곳인데요, 매우 보수적이었습니다. 당시에는 여신도들에게는 파마도 하지 못하게 하고, 하나님께 예배드리면서 어떻게 의자에 앉아서 드릴 수 있느냐며 예배당에 의자를 들여놓지 않았고, 주일을 안식일로 지키느라 차를 타거나 음식을 사 먹거나 하는 일도 금했습니다. 국기에 대한 경례도 우상숭배라고 하지 못하게 했습니다.

표정훈 어떻게 생겨난 교단인지, 그 출발이 궁금해집니다.

강영안 교단이란 말 자체가 한국 개신교 특유의 표현이긴 합니다만, 이 교단이 생겨난 배경은 일제강점기 신사참배반대운동입니다. 일제는 우리 기독교인들에게도 일본 신민의 자격으로 신사에 참배하도록 강요했습니다. 당연히 일부 기독교인들은 이를 우상숭배라 하여 강하게 반발했습니다. 여기에는 일본에 대한 민족주의적인 반감도 작용했지요. 대표적인 지도자가 주기철, 주남선, 한상동 목사였는데, 주기철 목사는 고초를 겪다가 해방 직전 옥중에서 돌아가셨고, 주남선·한상동 목사는 해방 후 출옥하여 신사참배했던 과거를 회개하자는 운동을 벌였습니다.

해방 직후 진해에서 신학 강좌를 열고 부산에 신학교를 세우자 대한예수교장로회 측은 이 회개운동을 주도하는 분들을 축출했습니다. 축출당한 분들이 세운 교단이 바로 '고려파', '고신측'입니다. 그 교파에서 세운 신학교가 고려신학교였기 때문에 그런 이름을 얻게 되었지요. 나는 바로 그 교단에 속한 교회에 중학교 때부터 줄곧 다녔습니다.

표정훈 지적인 측면으로만 교회 생활을 하셨을 것 같지는 않고, 특별한 신앙 경험도 있으셨을 것 같은데요.

강영안 고등학교 2학년 겨울방학 때 SFC Student for Christ(학생신앙운동)라는 학생회 모임에서 연 수양회에 참가했는데, 거기에서 기독교인들의 표현대로 하자면 '크게 은혜를 받고' 신학대학에 가서 목사가 되겠다고 마음먹었습니다. 그때 설교를 맡은 분이 경향교회 석원태 목사님이었습니다. 그래서 고등학교를 졸업하고는 다른 대학에 갈 생각조차 하지 않고 곧장 부산의 고려신학대학에 입학했습니다. 그런데 고려신학대학 및 고려파는 네덜란드의 개혁교회(해방파)와 자매결연이 되어 있었습니다. 네덜란드 자유개혁 교회도 그쪽 총회에서 축출된 교단이지요. 이유는 달랐지만 고려파와 비슷한 역사적 경험을 가진 교단인 셈입니다.

표정훈 신학대학 공부는 어땠습니까?

강영안 당시 고려신학대학에서 가르치던 선생님들 가운데는 아까 말한 이근삼 박사도 계셨고, 오병세 교수, 홍반식 교수, 그리고 강사로 나오신 분 가운데는 내가 영향을 많이 받은 김만우 목사, 나중에 외대 네덜란드어과 교수를 하시다가 총신대로 옮겨 학장까지 지내신 차영배 교수가 계셨습니다. 차영배 교수님은 네덜란드 자유개혁 교회에서 세운 깜쁜 신학교에서 공부하고 돌아온 분이었습니다.

표정훈 네덜란드와의 인연이 이미 그때부터 시작되었다고 볼 수 있겠군요.

강영안 그런 셈이지요. 몇몇 친구들과 함께 차영배 교수님께 네덜란드어와 라틴어 개인지도를 받기도 했어요. 두세 시간 네덜란드어 문법을 배우고 혼자서 책 두 권을 가지고 문법 공부를 빠르게 한 뒤, 곧장 네덜란드 성경을 읽기 시작했습니다. 성경은 내용을 잘 알기 때문에 다른 외국어 공부하기에 좋았습니다. 그 뒤 훅스트라T. Hoekstra가 쓴 두 권으로 된 《서양철학사》를 도서관에서

빌려 읽었습니다.[1]

고려신학대학 도서관에는 네덜란드어로 된 책이 꽤 많았습니다. 네덜란드에 가서 신학을 공부할 생각이었고, 그러자면 네덜란드어를 먼저 익히는 것이 좋겠다고 생각했지요. 그래서 신학대학을 중퇴하고, 한국에서 네덜란드어를 배울 수 있는 유일한 학교인 외대로 갔습니다. 차영배 교수님이 신설 학과인 네덜란드어과 교수로 부임해 계셨기 때문에, 그분에게 신학을 배울 수 있으리라는 기대도 함께 작용했습니다.

표정훈 제가 신학에는 문외한이라 네덜란드 개혁 교회의 신학 경향이 궁금합니다. 이후 선생님의 신학, 철학 공부는 물론이고 삶에도 적지 않은 영향을 미쳤을 듯합니다.

강영안 앞서 말했지만 고려신학대학은 개혁 교회 전통과 깊은 연관이 있습니다. 개혁 교회 전통은 칼뱅Jean Calvin(1509-1564)의 신학 전통을 말합니다. 칼뱅의 신학이 우리나라 장로교회 신학의 골격을 이뤘다고 할 수 있지요.

나의 지적 성장 과정에는 암스테르담 자유대학을 세운 신학자 아브라함 카이퍼Abraham Kuyper(1837-1920), 역시 암스테르담 자유대학 신학 교수였던 헤르만 바빙크Herman Bavinck(1854-1921), 또 같은 대학 법철학 교수였던 헤르만 도이여베이르트Herman Dooyeweerd(1894-1977)가 미친 영향이 각별합니다. 이분들의 사상을 접하게 된 것이 나에게는 신앙이나 삶에서 큰 의미가 있었습니다.

표정훈 '개혁 교회 전통'이란 무엇입니까?

강영안 개혁 교회의 신학적 전통은 예정론으로 알려져 있습니다만, 더 중요한 내용이 '하나님의 주권 사상'입니다. 삶의 어떤 부분도 하나님과 연결되어 있지 않은 것이 없다는 뜻이지요. 카이퍼는 1880년 암스테르담 자유대학 개교 기념식에서 "각 영역에서의 주권"이라는 제목으로 두 시간 넘게 강연을 했습니다.[2] "그리스도가 이것은 내 것이라 말하지 않는 영역은 한 치도 없다." 모든 것은 하나님의 소유라고 주장하고 있습니다. 다시 말해 정치, 경제, 문화, 예술, 학문, 이 모든 삶의 영역과 활동이 하나님의 주권, 곧 그의 다스림 아래 있다는 것입니다.

그럼에도 삶의 각 영역들은 다른 영역의 간섭이나 제약을 받지 않는, 각 영역의 고유한 주권이 있다는 주장을 하고 있습니다. 예컨대 가정에는 국가나 교회로부터 침해받지 않을 고유한 주권이 있고, 국가도 교회나 학교, 가정으로부터 침해받을 수 없는 고유한 주권이 있다고 보는 겁니다.

표정훈 이야기 노중에 죄송합니다만, 저는 그 '자유대학'이란 이름이 늘 궁금했습니다. 공부를 자기 마음대로 하는 대학인지, 등록금 없이 공짜로 공부하는 대학인지, 아니면 전반적으로 자유로운 학풍을 지향한다는 뜻인지.

강영안 그랬으면 얼마나 좋겠어요. 세계에서 학생들이 몰려 왔겠지요. (웃음) 공짜로, 마음대로, 자유롭게 공부할 수 있다면요. 암스테르담 자유대학의 '자유'는 국가와 교회로부터 자유로운, 그래서 그리스도 안에서 참된 자유를 누린다는 의미입니다. 카이퍼는 국가와 교회의 통제에서 자유로운 대학을 세워 보고 싶었지요. 말하자면 보통명사로 이 표현을 쓰다가, 대학을 설립하면서 고유 명사로 변한 것이지요.

암스테르담 자유대학의 '자유'는 이 점에서 베를린 자유대학이나 브뤼셀 자유대학의 '자유'와 구별됩니다. 브뤼셀 자유대학(1834년 설립)은 예컨대 루뱅 대학처럼 가톨릭 대학이 아닌 '종교로부터 자유로운' 대학이라는 의미입니다. 베를린 자유대학(1948년 설립)은 공산주의에 대항하여 자유민주주의를 통해 얻는 자유, 곧 '정치적 의미에서 자유로운' 대학이란 뜻이지요.

표정훈 자유라는 말, 아니 자유의 다양한 측면과 가능성을 말해 주는 것 같습니다. 모든 대학은 기본적으로 자유의 이념이랄까, 그런 것을 가져야 한다는 생각도 하게 됩니다. 개혁 교회 전통에 관해서 설명을 좀 더 해주시면 좋겠습니다.

강영안 개혁 교회 전통은 앞에서 말한 것처럼 삶의 모든 영역이 하나님의 주권, 하나님의 통치와 관련되어 있다고 봅니다. 삶의 모든 영역이 하나님의 주권 아래 있다고 본다면, 각 영역에서 살아가는 기독교인은 어떤 구실을 할 것인가, 다시 말해 기독교인이란 누구인가, 이런 물음을 가질 수 있습니다. 지금 말한 전통에서 보자면, 기독교인은 삶의 각 영역에서 하나님을 섬기는 이들, 하나님을 섬기도록 부름 받은 이들입니다.

이러한 하나님의 주권 사상은 대단한 액티비즘activism, 적극적 행동주의를 함축합니다. 하나님이 모든 삶의 영역에서 주가 된다는 것은, 어떤 삶이라도 하나님과 무관한 삶이 없다는 뜻이니까요. 예술가든 정치가든 경제인이든 자신의 자리, 자신의 직분이 자신에게 주어진 소명召命이라고 보는 겁니다. 루터와 칼뱅의 '하나님의 소명 사상', 즉 우리의 모든 직분과 직업을 하나님의 소명으로 보는 것과 통합니다.

표정훈 선생님 말씀을 듣고 보니, 막스 베버Max Weber의 《프로테스탄트 윤리와 자본주의 정신》을 제대로 이해하려면 신학 전통에 대한 이해가 있어야 할 것 같습니다. 보통 칼뱅주의 하면 예정론부터 떠올리게 되고, 예정론 하면 인간의 삶이 신에 의해 미리 예정돼 있다는 것이 떠오릅니다. 그러니 예정론대로라면, 아니 칼뱅주의라면 수동적인 삶의 태도로 흐르기 쉽지 않을까요.

강영안 수동적인 정적주의에 빠질 위험이 있어 보입니다만,

사실은 정반대입니다. 예컨대 우리나라의 주류 장로교 전통 신학은 '경건주의'입니다. 세상과 교회, 하나님의 일과 세속적인 일이라는 이분법이 주도하지요. 하나님의 일은 목사가 되거나 선교사가 되어 하는 것이고, 교수, 예술가, 정치가, 기업인은 세속적인 일을 한다는 겁니다. 그러나 네덜란드 개혁 교회 신학 전통은 하나님의 주권을 강조하면서 그런 이분법을 없애 버립니다. 교수든 예술가든 청소부든, 모두가 거룩한 하나님의 일을 하는 사람이라고 생각합니다. 아무리 하찮아 보이더라도 하나님의 일이기 때문에 모든 게 거룩합니다. 어떤 의미에서는 성속聖俗 이원론을 깨뜨리는 의미를 지니고 있습니다. "죄 짓는 것 외에는 모두가 거룩하다"라고 할 수 있는 겁니다.

표정훈 화엄華嚴의 이사무애理事無碍 사상이 생각납니다.

강영안 그렇지요. 5-6년 전, 미국 칼빈 칼리지 총장 및 교수들과 함께 영주 부석사에 들렀을 때 화엄사상을 설명한 적이 있습니다. 바이커Gaylen Byker 총장이 내 설명을 듣더니, "그거 참 칼뱅주의하고 비슷하네. 그러다가 잘못하면 죽도 밥도 아니지만……" 하는 반응을 보이더군요.

실제로 목사님들의 설교나 교회 현실은 동떨어져 있지만, 내가 자라온 신학 전통의 이론은 성속 이원론을 거부합니다. 사실상 하나님이 창조주이심을 인정하며 이 세상에서 하는 일은, 지극히 일상적이고 하찮은 일일지라도 모두가 거룩하다는 사상을 가지고 있습니다. 16세기 교회개혁으로 얻은 가장 소중한 유산 가운데 하나입니다.

이 점을 좀 더 알고 싶으면 예일 대학 교수로 은퇴한 니콜라스 월터스토프Nicholas Wolterstorff(1932-)의 책을 꼭 읽어 보길 바랍니다. 《정의와 평화가 입맞출 때까지》에서 이 내용을 상세히 다루고 있습니다. 오스 기니스Os Guinness의 《소명》이라는 책은 이 문제를 훨씬 대중적인 방식으로 서술하고 있고요.

표정훈 숙제까지 내주시네요. (웃음) 그런데 외대 네덜란드어과에 진학하지 않고도, 고려신학대학에서 계속 신학 공부를 하고 유학을 떠나실 수도 있지 않았을까요?

강영안 그랬겠지요. 내가 나중에 네덜란드에서 공부하고 있을 때 신학대학 교수 한 분이 나에 관해서 그렇게 말했다는 얘기를 전해 들은 적이 있습니다. 그러나 신학대학을 떠날 때, 나에게는 목사가 되는 것에 대해서 일말의 회의가 있었습니다. 과연 내가 목사가 될 수 있을까? 목사가 되어 목회를 하고 성도들을 이끌수 있을까? 나중에 외대에서 공부하고, 군대 갔다 오고, 유학을 떠날 즈음에는 이런 물음으로 더 이상 고민하지 않았습니다. 그때나의 역할 모델은 손봉호 선생이었습니다. 그분은 서울대 영문과를 나와 신학 공부를 하셨지만, 목사가 되지 않고 철학자의 삶을 택했습니다.

표정훈 신학대학에 2년 머문 셈인데, 선생님께 도움이 되었습니까?

강영안 2년간의 고려신학대학 생활을 지금도 고맙게 생각하고 있습니다. 가장 큰 감사는 칼뱅주의 전통의 개혁사상과 철학을 알게 된 점입니다. 당시의 배움이 지금 나를 있게 해주었습니다. 이 전통은 '지성의 희생'을 요구하기는커녕 지적 호기심을 자극했습니다. 언어에 대한 관심도 신학대학 공부에서 비롯되었습니다. 영어와 독일어는 고등학교 때 어느 정도 했지만, 고려신학대학에 다니는 동안 네덜란드어와 라틴어를 공부했고, 성서를 읽기 위해 히브리어와 그리스어도 혼자서 공부하기 시작했으니까요.

표정훈 선생님의 영어 실력은 그때 닦은 것인가요?

강영안 중·고등학교 시절 가장 자신 있었던 과목이 영어, 국어, 한문이었습니다. 그러나 신학대학에 입학하면서 영어를 좀 더 접할 기회가 많았습니다. 지금도 기억나는 일이 있습니다. 미국에서 온 하도례Theodore Hard 선교사님이 가르쳤던 서양문학개론 시간에 그리스 비극을 배울 때였어요. 과제물로 아리스토텔레스 비극론의 카타르시스 문제를 다룬 글을 영어로 써서 제출했습니다. 내용은 차치하고 제가 영어로 썼다는 걸 믿지 않았던가 봐요. 당시 도서관 사서 겸 강사였던 박종칠 선생이 한 시간 동안 아무 주제나 잡아서 영어 에세이를 쓰게 했지요. 하도례 선교사가 그걸 보고서야 내가 과제물을 베끼지 않았다는 사실을 인정했습니다.

표정훈 신학대학에서 철학을 제대로 배우실 수 있었는지요?

강영안 신학교의 특성상 고대철학, 중세철학, 철학개론 등 제법 여러 과목을 들었습니다. 그러나 당시에는 철학을 지나치게 도식적으로 가르쳤습니다. 가르치는 분이 실제로 원전을 읽어 본 적도 없는 내용을 철학사 책에 의존해서, 그것도 자신의 신학적 사고로 재단해서 가르쳤으니 그럴 수밖에요. 전반적으로 철학을 제대로 공부할 환경은 아니었습니다. 서울대를 다니던 사촌동생이 내가 신학대학 시절 강의를 받아 적었던 철학 공책을 바탕으로 시험을 봤다가 시험을 망친 일이 있습니다. (웃음) 논리학이 빠진 철학 교육이었지요.

표정훈 논리학 공부는 언제 하셨습니까?

강영안 한국 철학계에 뚜렷한 족적을 남긴 박종홍 선생이 자신의 공부 과정에서 논리학 공부를 열심히 하셨다는 글을 우연히 읽었습니다. 학교 도서관에서 찾아보았더니 그분이 쓴 책은 보이지 않고 김준섭 선생이 쓴 논리학 책이 있어서 그것을 빌려 와서 혼자 공부를 시작했지요. 고신대 도서관에 그때 보던 책이 그대로 있는지 모르겠지만, 방학 동안 시골에 가서 논둑에 앉아 그 책을 읽곤 했는데, 소나기를 맞아 책이 몽땅 젖기도 했습니다. 지금이라도 새 책으로 바꾸어 드리고 싶은 마음 간절합니다. 논리학을 정식으로 수강한 것은 외대에서입니다. 일반 논리학은 박범수 선생님에게, 기호논리학은 김정선 선생님에게 배웠으니까요.

표정훈 지금 하신 말씀을 고신대 관계자가 본다면 곧 연락이 오지 않을까 싶습니다. (웃음) 신학대학에 다니던 시절, 지적 갈등 혹은 지적 균열 같은 것을 경험하시지는 않았습니까?

강영안 그런 경험이 있었지요. 그 시기에 충격을 던져 준 인물이 본회퍼Dietrich Bonhoeffer(1906-1945) 목사였습니다. 그는 20세기 최고의 신학자로 꼽히는 카를 바르트Karl Barth(1886-1968)가 인정한 천재 신학자였지요. 그러나 히틀러 암살 사건에 연루되어 교수형을 당했습니다. 사실 그때만 해도 고신 교단에서는 수용하기 힘든 면이 있었지요. 본회퍼를 너무 일방적으로 소개해 놓았거든요. 그런데 1972년 부산 보수동 헌책방 골목에서 우연히 본회퍼의 서간문《저항과 복종》독일어 원서를 발견하고 사서 읽었습니다.[3] 정말 큰 감동을 받았습니다.

표정훈 《옥중서간》으로 번역된 책을 말씀하시는지요?

강영안 네, 그렇습니다. 고범서 선생이 번역한 책이 있지요. 그 책에서 "나는 누구인가Wer bin ich?"라는 시는, 비록 처한 상황은 전혀 달랐지만, 나를 다시 돌이켜 보게 했습니다. 남 앞에서는 당당하고 고난의 시간을 너무나 여유 있게 보내는 모습과는 달리, 색깔을 그리워하고, 좋은 말에 목말라하며, 사소한 일에도 화를 내는 자신의 모습을 두고 어느 것이 참된 자신인가 묻는 본회퍼의 모습은 그 탁월함을 이미 인정받은 학자도, 목사를 훈련시킨 신학 교수도, 히틀러를 가만두고 볼 수 없다는 정의감으로 거사에 참여한 투사도 아니었습니다. 그 시는 이렇게 끝나지요. "내가 누구이건 간에, 오 하나님, 당신은 아십니다. 나는 당신의 것이옵니다."

표정훈 그 외, 선생님이 본회퍼로부터 받은 인상은 어떤 것이었습니까?

강영안 본회퍼는 《옥중서간》에서 "신 없이, 신 앞에ohne Gott, vor Gott"라는 표현을 쓰고 있습니다. 기독교를 탈종교화하자는 프로그램이지요. 본회퍼는 포이어바흐Ludwig Feuerbach(1804-1872)와 니체Friedrich Wilhelm Nietzsche(1844-1900), 비르드로부터 '종교비판'을 배웁니다. 그래서 종교를 '신앙'과 엄격하게 구별하지요. 이 구별을 따라 본회퍼는 전통 기독교를 인간의 욕구에 기초한 종교로 봅니다. 하나님을 마치 고대 그리스 연극의 '데우스 엑스 마키나deus ex machina'(얽힌 문제 상황을 일거에 해결해 주는 기계로 만든 신)처럼 이해한다고 보는 것이 본회퍼가 전통 기독교, 종교화된 기독교에 대해서 내리는 비판입니다.

　그에게는 종교를 벗어난 기독교, 다시 말해 참된 신앙으로서의 기독교를 회복하고자 하는 바람이 있었습니다. 우리의 욕구를 만족시키는 종교가 아니라 그리스도를 따르는 참된 신앙을 회복하자는 거죠.

　표정훈 저는 가톨릭 세례교인입니다만 워낙 불성실한 신자여서 기독교 신앙에 대해 깊이 고민하거나 공부한 적이 없습니다. 하지만 감히 여쭙자면, 본회퍼식으로 보면 신관神觀에 중대한 변화가 있어야 하지 않을까요?

　강영안 본회퍼가 신앙의 대상으로 고백한 하나님은 전능한 하나님이지만 사랑 때문에 한없이 연약하고 낮아지고 심지어는 무능하기까지 하신 하나님입니다. 그러므로 본회퍼는 하나님의 고통을 강조합니다. 하나님은 고통받는 가운데 계시고, 하나님 자신이 고통받고 계시다는 것이지요. 루터의 '십자가 신학theologia crucis' 전통을 이어받는 맥락에서 이해할 수 있지요. 나는 본회퍼를 읽으면서 전통적인 신학과는 다른, 일종의 신학적 애매성을 경험할 수 있었습니다.

표정훈 개인적인 신앙 문제라고도 볼 수 있지만, 다른 신앙인들에게 밝히기는 꽤 민감한 문제로 보입니다. 그런 생각을 다른 사람들에게 말하신 적이 있습니까?

강영안 신학대학에 다닐 때는 이런 생각을 가까이 지내던 정돈화에게 얘기한 적이 아마 있을 겁니다. 나중에 선배 최갑종 형에게 편지로 써 보낸 적도 있습니다. 그 글이 최 형과 나, 그리고 몇몇 친구들과 함께 만들었던 학회 '레포르만다'의 회지에 실렸습니다. 그때 이미 나는 신학교를 떠난 후였지요. 그런데 내 주위에는 신앙의 애매성을 두고 나보다 더 고민하던 친구들이 있었습니다. 나보다 더 냉소적이었다고 할 수 있는 친구들이지요.

그런데 그들보다 훨씬 착실한 기독교인처럼 보이던 나는 신학대학을 떠났고, 그들은 신학대학에 남아 나보다 더한 질곡의 세월을 보내더니 결국은 모두 훌륭한 목사가 되었습니다. 한 친구는 탄광촌에 들어가 광부로 한 3년 일하다가 신학교로 돌아와 목사가 되었고, 또 다른 친구는 이민을 떠나 20년쯤 방황하고 돌아와 목사가 되었습니다.

표정훈 속된 관심인지는 몰라도 정말 궁금한 게 하나 있습니다. 여러 나라 언어를 말하고 읽고 쓰시는 줄 알고 있는데, 외국어 공부 비법 같은 게 있을까요? 사실 선생님 강의에서 인상적이었고 또 많이 유익했던 것들 가운데 하나가 바로 철학적 개념의 뿌리랄까, 그런 것을 친절하게 설명해 주셨다는 점입니다. 히브리어, 라틴어, 그리스어에서 비롯된 철학적 개념의 뿌리랄까, 그런 것에 눈을 뜨게 해주셨거든요. 선생님 강의를 수강하면서 막연하게나마 '말의 뿌리, 개념의 뿌리가 곧 철학적 사유의 뿌리가 될 수도 있겠구나' 하는 생각도 했습니다.

강영안 나는 철학을 전공하는 사람 가운데 외국어를 비교적 많이 공부한 축에 들 것입니다. 현대어는 영어, 독일어, 프랑스어, 네덜란드어를 했고, 고전어는 그리스어, 라틴어, 히브리어를 했고, 중국어와 일본어도 문법 정도는 공부했으니까요. 네덜란드어를 배울 당시 아프리칸스(네덜란드어와 유사한 남아프리카공화국 언어) 문법을 공부한 적도 있고, 산스크리트어를 1년 정도 공부한 적도 있습니다. 최근에는 키에르케고어를 직접 덴마크어로 읽으려고 손을 댔는데 아직 큰 진전은 없습니다. 다양한 외국어는 내가 학자로서 연구하는 데 큰 도움을 주었습니다. 하지만 모국어처럼 자유롭게 잘할 수 있는 외국어는 몇 되지 않습니다. 정말 잘했으면 좋겠는데 사실은 절름발이에 지나지 않아요. 나는 외국어 공부에 특별한 비법은 없다고 생각합니다. 그러나 경험을 통해 한두 가지 얘기할 수 있을 듯합니다.

첫째, 외국어 공부는 집중적으로 하는 게 좋습니다. 내 경우, 문법책을 1주나 2주 정도 공부하고, 부족하다 싶으면 다른 학습서를 잠깐 공부한 후 곧바로 성서를 읽습니다. 성서는 이미 그 내용을 알고 있기 때문에 새로 배우는 언어로 읽어도 이해가 빠른 편이지요. 독일어, 네덜란드어, 라틴어, 프랑스어 등을 모두 이렇게 공부했습니다. 바꿔 말하면 초급 단계 문법을 공부하고 곧바로 중급 강독으로 들어가 책 한 권 한 권을 처음부터 끝까지 독파해 나가는 겁니다. 그렇게 하면 운동을 해서 근육을 강화시키듯이 언어 근육을 강화시킬 수 있습니다.

저마다 나름의 공부 스타일이 있겠지만, 나는 외국어라면 천천히 느리게 조금씩 하는 것보다 집중적으로 하는 게 좋다고 봅니다. 지금도 가까운 학생들에게는 방학 동안 외국어 하나 떼라고 가끔 얘기하지요. 이게 때로는 '압박'으로 들리기도 하는 모양입니다. (웃음)

표정훈 '이제는 말할 수 있다'가 되겠습니다만, 사실 선생님이 강의하실 때 활용하시는 언어를 접하고 저는 좌절했습니다. (웃음) 영어에 매달려 나름대로 씨름하기도 버거웠거든요. 두 번째는 무엇입니까?

강영안 외국어 공부가 마치 공부의 모두인 것인 양하지 말라는 것입니다. 손봉호 선생님이 대학 시절 우리에게 가끔 '한 외국어를 안다는 것은 한 세계를 아는 것'이라고 하셨던 말씀을 아직 기억합니다. 그런 점에서 외국어 하나보다는 둘, 둘보다는 셋을 공부하는 것이 좋지요. 하지만 외국어는 외국어이고, 언어는 역시 언어입니다. 하이데거가 '언어는 존재의 집'이라고 했듯이 매우 중요한 존재론적인 의미가 언어에 있습니다만, 사상과 문화를 함께 하지 않는 외국어 공부는 죽은 공부입니다. 그래서 나는 외국어 공부를 할 때, 그 외국어를 철학이나 신학 사상을 이해하는 수단으로 사용했습니다. 독일어의 경우에는 본회퍼의 책을 읽고 나서 야스퍼스Karl Jaspers(1883-1969)와 보헨스키Joseph M. Bochenski(1902-1995), 뢰비트Karl Löwith(1897-1973)의 저서를 독일어로 읽으면서 철학 공부를 했지요.

표정훈 언어를 배울 때와 마찬가지로 책도 집중적으로 독파하는 편이신가요?

강영안 그렇습니다. 신학대학 시절을 돌이켜 보면, 프랜시스 쉐퍼Francis Schaeffer(1912-1984)의 《이성으로부터의 도피*Escape from Reason*》, 《현존하시는 하나님 *God who is there*》, 《도시에서의 죽음*Death in the City*》 같은 책을 영어로 하루나 이틀 걸려 읽은 기억이 납니다. 막스 베버의 《프로테스탄트 윤리와 자본주의 정신》도 하룻밤 만에 읽었습니다. 아주 최근에도 이런 방식으로 하룻밤에 읽은 원서가 몇 권이나 됩니다. 하지만 좋지 않은 독서 습관입니다. 몸이 상하기 때문이지요. 전혀 권하고 싶은 독서법이 아닙니다.

신학에서 철학으로

표정훈 그렇다면 이제 '신학도 강영안'에서 '철학도 강영안'으로 바뀔 차례입니다. (웃음) 물론 단절이 아니라 연속이라고 볼 수 있겠지만, 그래도 철학으로 바꾸신 계기가 있었을까요?

강영안 네덜란드어를 공부하면서도 신학을 계속하겠다고 생각했는데, 손봉호 선생님과의 만남이 결정적인 계기가 되었습니다. 물론 손봉호 선생님도 신학을 하신 분이고 저와 같은 장로교 '고신측' 교단의 장로입니다. 손봉호 선생님은 암스테르담 자유대학에서 철학박사 학위를 받고 1973년 초에 귀국했습니다. 그리고 곧장 외대 네덜란드어과 교수로 오셨지요. 학기 초, 학과 사무실에서 선생님을 처음 뵈었는데, 그때 선생님이 가방에서 박사학위 논문을 꺼내 보여 주시더군요. 그것은 판 호르쿰van Gorcum 출판사에서 1972년에 나온 《학문과 인격: 칸트와 후설에서 엄밀한 학으로서의 철학 이념에 관한 연구》였습니다.

지금도 참 감사하게 생각합니다만, 손봉호 선생님에게는 강의실보다 강의실 바깥에서 훨씬 더 많이 배웠습니다. 지금 생각해도, 학부 학생이 어떻게 그렇게 한 선생님과 각별하게 지내며 자주 대화할 수 있었는지 놀라울 따름입니다. 선생님이 외부 강연을 할 때면 가끔 따라나섰습니다. 물론 내가 그만큼 선생님을 존경하고 좋아했기 때문이었지만, 선생님은 나를 귀찮게 여기지 않았습니다. 오고가는 동안 철학, 신학, 사회, 교회에 관한 이런저런 이야기를 많이 나누었습니다. 선생님은 그 뒤 전문적인 학문 활동만 하시지는 않고 사회 활동, 교회 활동을 많이 하셨는데, 특히 우리 사회의 초기 시민운동의 1세대 지도자 가운데 한 분입니다.

표정훈 그러셨군요. 이제야 선생님과 네덜란드, 아니 암스테르담 자유대학과의 인연이 좀 분명해지는 것 같습니다. 저도 손봉호 선생님의 활동을 멀리서나마 지켜보면서 '사회적 실천에 충실한 기독교 지성'이라는 표현이 절로 떠올랐습니다.

강영안 이제 그림이 그려지나요? 너무 먼 길을 돌아왔습니다. 손봉호 선생님을 통해서 반 퍼슨 교수를 알게 되었습니다. 그분의 박사 논문 지도교수였지요. 손봉호 선생님이 《몸, 영혼, 정신》영어판을 나에게 빌려 주셨는데, 당시 내가 한창 관심을 기울이던 신체와 정신의 관계를 다룬 책이어서 큰 도움이 됐습니다. 기독교의 성서적 관점에서 몸과 영혼의 문제는 보통 이분법에 바탕을 두어 논의됩니다. 그러나 《몸, 영혼, 정신》을 통해 인간을 전인적 인격체로 보는 관점을 배울 수 있었습니다. 전통적인 신학은 몸과 영혼을 둘로 나누는 이분법이거나 몸, 영혼, 정신 또는 몸, 혼, 영으로 나누는 삼분법이거든요. 그런 신학 전통에 익숙해 있던 내게 반 퍼슨의 책은 생각의 변화를 가져다주었습니다.

표정훈 반 퍼슨의 책 가운데 선생님께 크게 영향을 준 책이 또 있습니까?

강영안 반 퍼슨 교수의 책 가운데 《다시 그분이시다》라는 네덜란드어로 된 책이 있습니다.[4] 이 책을 손봉호 선생님께 빌려 보았지요. 부피는 작지만 매우 중요한 책입니다. 반 퍼슨에 따르면 성서의 언어는 서술하는 언어가 아니라 선포하는 언어입니다. 낡은 계단이 위험스럽게 삐걱거린다고 합시다. 그 위험한 계단을 오르는 사람에게 누군가 "계단!" 하고 소리칩니다. 이때 "계단!"이라는 말은 그게 바로 계단이라고 명명하거나 서술하는 게 아닙니다. "지금 계단이 위험하니까 조심하라"고 경고하는 언어지요. 마찬가지로 성서에서 "하나님은 전능하시다", "하나님은 위대하시다", "하나님은 모든 것을 아신다"라고 할 때, 이것은 마치 우리가 앞에 놓인 사과를 두고 "이 사과는 과일이다", "이 사과는 빨갛다", "이 사과는 맛있다"라고 서술하는 것처럼 그렇게 하나님을 서술하는 것이 아니라는 뜻이지요.

표정훈 서술 대상이 아니면 무엇입니까?

강영안 하나님은 우리의 서술 대상이 아니라 찬양의 대상입니다. 성서의 언어는 현 사태나 사실을 단순히 그려 주는 과학적 언어가 결코 아닙니다. 인간의 삶에서 과학적 언어로 그려 낼 수 없는 영역, 과학적 언어가 별 관심 없어 하는 삶의 다른 차원을 선포하고 드러내는 언어입니다. 성서가 하나님에 관해 얘기할 때도 그것은 사물을 그려 내는 언어가 아니라, 그 언어 자체가 하나님에 대한 찬송이나 감사이고 기도라는 겁니다. 우리가 하나님에 대해 붙이는 술어는 근본적으로 찬양의 술어요 감사의 표현입니다. 그러므로 하나님을 이야기하는 신학은 곧 하나님을 찬양하는 일임을 나는 반 퍼슨 교수님을 통해 배웠습니다. 그분의 책을 접하기 전까지 나는 성서를 마치 어떤 역사와 과학과 인간 삶의 현실에 대한 일종의 이론적·과학적·지적인 체계를 서술해 놓은 것으로 배웠습니다.

표정훈 네덜란드로 향하는 길이 아직 멉니다. 철학으로 향하는 길도 아직······. 아무래도 군대를 다녀오신 뒤 출발해야 할 듯합니다.

강영안 네덜란드어과 6학기를 마치고 입대했지요. 사실 본격적인 철학 공부, 그러니까 철학 텍스트 읽기는 군대 시절에 시작했습니다. 그리고 군 생활 중 반 퍼슨 교수와 네덜란드어로 편지를 가끔 주고받았습니다.

표정훈 우리 군 역사상 네덜란드어 편지가 내무반에 오간 건 그때가 처음이자 마지막일 것 같습니다. (웃음)

강영안 1975년 1월 31일 육군 39사단 창원 훈련소에 입소했습니다. 입소할 때 네덜란드어 성경 한 권을 들고 갔지요. 천만다행으로 당시 내무반 반장이 공무원 시험 준비 중이어서 영어를 배우고 싶어 했어요. 그래서 훈련 일과가 끝나고 취침 직전까지 서머싯 몸William Somerset Maugham의 《서밍업》을 강독해 주었습니다. 내무반장에게 넌지시 책 반입을 할 수 있느냐 물었더니 허락해 주더군요. 그리스어 문법책과 단어장, 손봉호 선생님의 박사학위 논문을 들여올 수 있었습니다. 훈련하다가 허리를 다쳐 2주 동안 내무반을 지키게 되었는데, 그때 부지런히 책을 읽어 훈련소 6주 동안 책 네 권을 읽었습니다.

표정훈 그것도 대한민국 육군 훈련소 사상 신기록이 아닐까 싶습니다. 유지자사경성有志者事竟成, 그러니까 뜻이 있으면 이룰 수 있다는 말처럼 선생님의 군 시절 독서와 공부가 바로 그런 것 같습니다.

강영안 자대 배치받은 다음에는 책 읽는다고 고참들에게 많이 두들겨 맞았습니다. 상병 시절 어느 주일 점심시간이었어요. 나는 28사단 82연대 인사과에 근무하고 있었는데, 인사과 행정실 병사들을 대상으로 갑자기 소지품 검사를 한 겁니다. 그런데 내 몸에서 책이 다섯 권이나 나왔습니다. 독일어, 네덜란드어, 프랑스어 책이었지요. 정말 죽도록 맞았습니다. 나를 혼내려고 고참병이 일부러 소지품 검사를 한 겁니다.

표정훈 선생님의 '아름다운(?)' 군 생활도 그걸로 막을 내렸 겠네요.

강영안 그런데 당시 나를 무던히도 괴롭히고 죽도록 때린 고 참병이 안타깝게도 그다음 주 한탄강에서 익사했어요. 그 뒤부터 고참들이 나를 건드리지 않았지요. 비교적 자유롭게 책을 읽을 수 있었습니다. 병장 말년에는 반 퍼슨 교수의 책을 번역하기도 했습 니다. 《현상학과 분석철학 *Fenomenologie en analytische filosofie*》이라는 책 이었는데, 제대를 앞두고 한 달 동안 초벌 번역을 했습니다. 네덜 란드어, 독일어, 영어 판본을 비교하면서 틈나는 대로 작업을 했지 요. 내무반에 작은 좌식책상을 가져다 두고, 아침 기상해서 구보하 고 점호하고 밥 먹고 난 뒤 9시에 인사과 행정반에 올라가기 전까 지 30-40분, 점심 먹고 잠시, 최고참이니까 저녁 먹고 12시까지, 이런 식으로 번역을 했습니다. 돌이켜 보면 당시에 내가 발휘했던 고도의 집중력은 그 이후로 한 번도 다시 경험하지 못했습니다. 내 가 유학을 떠난 후 손봉호 선생님이 원고 전체를 다시 읽고 고쳐 책으로 내었지요.

표정훈 선생님이 우리 군대 최초 기록을 이렇게 여럿 보유하 고 계신 줄 미처 몰랐습니다. (웃음) 현역 복무 중인 사병으로 학술서 한 권을 번역하셨군요.

선생님이 강의 시간에 아무 말 하지 않고 옆 사람과 서로 얼굴을 바라보라 하셨던 게 생각납니다. 수강생들이 그렇게 하고 있는 동안 선생님은 시계로 1분의 시간을 재셨지요. 1분이 지난 뒤 저희에게 이렇게 말씀하셨습니다. "지금 여러분이 서로 얼굴을 마주보고 있던 시간은 불과 1분이다. 그런데 어떻게 느껴지는가? 매우 길다고 느꼈을 것이다. 우리 인생은 이런 1분들이 모인 것이다. 그러니 시간 없다고 핑계대지 마라." 지금도 정신없이 바쁠 때면 선생님의 그 말씀을 떠올리곤 합니다.

강영안 시간은 시계의 시간으로만 말할 수 없지요. 군대 시절과 비교하면 지금은 정말 시간이 많습니다만, 그 시절의 집중력은 먼 추억으로만 남아 있어요. 돌이켜 보면 군대에서 읽은 철학 책이 데카르트의 《방법서설》, 《성찰》, 비트겐슈타인의 《논리철학논고》, 피아제의 《발생 인식론》, 라이프니츠의 《단자론》, 후설의 《엄밀한 학으로서의 철학》, 칸트의 《프롤레고메나》, 《순수이성비판》의 일부 등이었어요. 모두가 원서였습니다.

표정훈 외국 원서는 어디에서 구하셨습니까?

강영안 독일어 책은 주로 서울 충무로에 있던 소피아서점에서 구했습니다. 손봉호 선생님이 가지고 계신 책을 빌려 보기도 하였습니다. 그 밖에 어떤 경로인지는 알 수 없으나 외국 원서를 입수해 팔거나 복사·제본해 팔던 곳들이 있었지요. 휴가 나올 때마다 그런 곳을 들르는 게 큰 즐거움이었습니다. 바쁜 틈을 내어 10분, 15분 동안 데카르트를 읽을 때 느끼는 재미! 이제는 느낄 수 없는 재미지요. 칸트에 대한 관심도 그때부터 싹텄다고 볼 수 있습니다. 손봉호 선생님의 박사 논문이나 칸트의 《프롤레고메나》를 군대 시절에 읽은 것도 그렇고, 카울바하Friedrich Kaulbach(1912-1992)의 《칸트》도 군대 시절에 읽었으니까요. 지금도 가지고 있는 카울바하의 《칸트》와 칸트의 《프롤레고메나》, 그리고 후설의 《엄밀한 학으로서의 철학》에는 탄가루가 시커멓게 묻어 있어요. 당시 군대 내무반 난방 시설인 페치카 곁에서 책을 읽다가 그렇게 된 거지요.

표정훈 사람들이 요즘 책을 읽지 않는다고들 하는데, 만일 책 읽기를 금지시키면 사람들이 너도나도 책을 읽으려 들지 않을까 합니다. 금지된 것의 유혹이랄까요.

강영안 그렇겠지요. 금지는 욕망을 낳으니까요. 언제든 그리고 무엇이든 읽을 수 있었다면, 그렇게 열심히 읽지 않았을 겁니다. 심지어 보초 서면서 손전등으로 책을 읽었거든요. 연대장 관사 보초가 우리 몫이었는데 그러고 있었으니. 지금 생각하면 정말 아찔합니다. 영창감이지요. 그러다가 눈을 상해 한참 고생했습니다. 그런 나를 보시더니 손봉호 선생님이 눈 조심하라고 이르시더군요. 공부를 오래하려면 눈을 아껴야 한다고요. 그 당시 거의 철학책만 읽었습니다만, 책을 읽는 것은 그 자체가 곧 의미였고 목적이었습니다. 누구를 가르치거나 글 쓸 목적 없이 그냥 좋아서 읽은 것이지요.

표정훈 초병이 책을 읽다니! 휴전선 철책이 아니라 연대장 관사 초병이어서 다행이었습니다. (웃음) 그런데 반 퍼슨 교수님과는 어떤 편지를 주고받으셨습니까?

강영안 반 퍼슨 교수가 쓴 〈뇌와 정신 *Hersen en geest*〉이라는 논문이 있었는데, 그 논문에 반 퍼슨 교수의 주소가 인쇄돼 있더군요. 그래서 그 주소로 항공 엽서를 써 보냈더니 답장이 왔어요. 네덜란드어를 곧잘 쓴다고 칭찬하시고는 철학 공부를 하는 데 필요한 충고와 기본적으로 읽어야 할 책 8권의 목록도 써 보내 주셨지요. 플라톤의 《파이드로스》, 데카르트의 《방법서설》과 《성찰》, 안셀무스의 《프로슬로기온》, 어빙 코피의 《논리학개론》, 칸트의 《프롤레고메나》 등이 그 목록에 있었던 걸로 기억합니다. 이렇게 반 퍼슨 교수와 편지를 주고받는 일과 철학 텍스트 읽기가 답답한 군대 생활에서 유일한 즐거움이었습니다.

표정훈 복학하신 다음에는 계속 네덜란드어를 주로 공부하셨습니까?

강영안 철학을 더 많이 공부했지요. 당시 다른 대학들과 달리 외대에서는 반드시 부전공을 선택해야 했습니다. 정치외교, 경제, 문화, 이렇게 크게 세 분야가 있었지요. 군대 가기 전에는 인문학 전반을 공부하는 문화를 부전공으로 했습니다. 제대하고 다시 학교로 돌아왔더니 부전공이 세분화되어 철학 부전공이 생겼더군요. 이명현 선생님이 가르치다가 서울대로 가시고 강성위 선생님이 오셔서 주로 지도하셨지요. 힐쉬베르거의《서양철학사》를 번역하신 분인데, 철학하는 사람이면 대부분 한 번 읽는 책이지요. 당시 외대에서 가르치신 분들은 강성위 선생님, 손봉호 선생님을 포함해서 모두 쉽게 이해할 수 있도록 가르치셨습니다. 철학이란 뭔가 심오하고 알쏭달쏭한 이야기라는 인상과는 거리가 멀었습니다. 그래서인지 외대에서 철학 교수도 여럿 배출되었고, 나중에는 철학과도 만들어졌습니다.

표정훈 선생님 말씀을 들어보면 어느 상황에서도 스승이 계셨던 걸 알 수 있습니다. 심지어 군대 시절에도 책과 스승이 늘 곁에 있었던 셈이었으니까요. 공부는 기본적으로 혼자 하는 거지만, 고비마다 길잡이가 되어 주는 좋은 스승이 없으면 독단의 마魔에 빠지기 쉽다고도 하지요.

강영안 그렇습니다. 중·고교 시절은 물론, 신학대학 시절과 외대에서 배울 때 늘 곁에 선생님들이 계셨습니다. 직접 배우지는 않았지만 경희대 철학과에 계시다가 연세대로 옮기신 박순영 선생님도 저에게는 각별했습니다. 외대에서는 손봉호 선생님, 루뱅에서는 후설연구소장을 했던 에이슬링Samuel IJsseling 선생님, 스피노자 전문가 헤르만 드 데인Herman de Dijn 선생님, 암스테르담에서는 반 퍼슨 선생님이 계셨습니다. 늘 스승이 계셨다는 것에 대해 하나님께 감사합니다. 이것이 은혜가 아니면 무엇이겠습니까?

표정훈 박사학위를 받은 날이 1985년 10월 3일이라 들었습니다.

강영안 10월 3일, 개천절이었지요. 고조선의 하늘이 열린 날 학위 논문 심사를 받는다고 말한 적이 있습니다. 1978년 10월 초 벨기에 루뱅으로 떠나온 지 만 7년 만이었지요. 그해 여름 학위논문 인쇄에 들어가기 전 서문을 쓰느라 자유대학 철학과 연구실에 앉아 있었습니다. 공부를 마치기까지 나를 도와준 분들, 기관과 관련된 분들, 나의 부모와 형제자매들, 아내와 아이, 선생님들, 목사님들, 이분들을 한 분 한 분 떠올렸습니다. 50명이 넘는 얼굴이 스쳐 지나가더군요. 그때 다시 깨달았습니다. "나의 나 된 것은 하나님의 은혜로다!" 하나님께서 이분들의 손길을 통해 부족한 나를 이끌어 주시고 키워 주셨다는 것을 알게 된 것이지요.

표정훈 선생님의 삶이 선생님의 능력이나 힘으로 된 것이 아니란 말씀인가요?

강영안 나는 벨기에 정부가 주는 장학금을 3년간 받았습니다. 학비와 생활비, 의료보험료 전체가 포함된 장학금이었습니다. 네덜란드에서는 레이든 대학 철학과 전임강사로 발령을 받아 강의하는 동안은 월급으로 생활했지만, 첫 1년과 사표를 내고 학위논문에만 전념하던 마지막 2년은 자유대학에서 주는 전액 장학금을 받았습니다. 그곳 풍속에 따라, 학위를 마친 날 저녁에 그동안신세진 분들을 모시고 중국 식당에서 식사를 했습니다. 식사가 끝나고 일어설 시간이 다가오자 반 퍼슨 교수가 나에게 마지막 인사말을 몇 마디 하라고 권했습니다. 그래서 잠시 머뭇거리다가 박사학위 논문으로 제출했던 책을 손에 들고 이렇게 말했습니다. "이보잘것없는 작업을 하느라 보낸 세월을 생각하면 부끄럽습니다. 그러나 이제 고국으로 돌아갈 수 있도록 여러분이 도와주셔서 고맙습니다."

표정훈 다시 한 번 유지자사경성이겠지요. 학위과정을 마쳤을 때 당시 교수님들의 반응은 좋았습니까?

강영안 네, 좋았습니다. 네덜란드에서는 박사학위를 받을 때 대학 강당에서 공개적으로 논쟁을 합니다. 통상 다섯 명의 전문가들이 반대질문을 하지요. 의전 담당자가 라틴어로 '호라 에스트

Hora est'(시간이 되었습니다)라고 외치면 열띤 토론이 종료됩니다. 공개 논쟁 식장으로 반대 질문 교수들과 행렬을 지어 가는데, 논리학을 맡아 가르치던 빔 드융Wim de Jong 교수가 귓속말로 그러더군요. 이 문제에 대해서는 너만큼 아는 사람이 없으니 자신만만하게 답하라고. 반 퍼슨 교수도 퍽 만족스러워했습니다. 내가 떠나고 몇 년 뒤 반 퍼슨 교수가 어느 독일학자와 인터뷰하면서 나에 대해서 이렇게 언급했더군요.

칸트에 관해 매우 좋은 박사 논문이 하나 발표되었습니다. '도식론과 상징'에 관한 내용인데, 전에 말씀드린 적이 있었지요? 매우 흥미로운 연구입니다. 칸트 학계의 반응이 매우 좋았습니다. 강영안이라는 한국인이지요. 아주 젊고 똑똑합니다. 지금 한국에서 잘하고 있습니다. 거기서 교수가 되었어요. 내가 그걸 쓰도록 자극을 주었지요. 나 자신도 칸트의 도식론에 관해서 조금 쓴 적이 있었지요. 레이든 교수 취임 강연에서도 그 문제가 중요한 역할을 했습니다. 그것을 한번 엄밀하게 연구해볼 가치가 있다고 말했지요. 그는 매우 잘했어요. 그를 지도하면서 오히려 내가 많이 배웠어요.

표정훈 스승이 제자에 대해 할 수 있는 최상의 칭찬으로 보입니다.

강영안 송구스럽기도 하고, 감사할 따름이지요. 날 퍽 젊게 보셨던 모양입니다. 박사학위를 받을 때가 우리 나이로 서른넷이 었는데도 말이지요. 지금은 세상을 떠나셨습니다만 가끔 그분 생각이 납니다. 참 좋은 분이었어요.

표정훈 박사학위 논문 심사는 어떠셨습니까?

강영안 큰 어려움은 없었지요. 나중에 알았지만 헹크 헤이르쯔마Henk Geertsema라고, 매우 까다로운 질문을 준비해 온 분이 계셨는데, 시간을 잘못 알아 공개 논쟁이 끝난 뒤에 도착하는 바람에 사실 좀 쉬웠습니다. (웃음) 그분이 나중에 질문지를 건네주시더군요. 늦어서 미안하다고 하면서 말이지요. 나는 아니라고 했지요. (웃음)

표정훈 '천만에요'라는 표현이 더없이 적절한 상황이었네요. 논문 심사와 관련해 각별히 기억나는 일이 있습니까?

강영안 학위 논문 심사 때 아직도 기억나는 질문이 하나 있습니다. 이론 심리학과 심리철학을 맡아 가르치던 산드르스Sanders라는 교수가 나에게 물었습니다. "그대의 지도교수는 아시아 문화에 관심이 많고, 그런 관심을 가지고 글을 많이 썼습니다. 그런데 그대의 논문을 처음부터 끝까지 읽었지만, 이름만 가리고 읽는다면 동양 사람이 썼다는 것을 전혀 알 수 없습니다. 어찌된 것입니까?" 논문과 직접 관련은 없었지만 가슴을 뜨끔하게 한 질문이었지요.

표정훈 당시 상황에서는 뜻밖의 질문이었겠습니다. 물론 의미심장한 질문이기도 하고요. 그래서 어떻게 답하셨습니까?

강영안 이렇게 답을 했지요. "나는 서양철학을 서양 사람이 하는 것처럼 안에서부터 이해해 보고자 애썼습니다. 내가 아시아에서 온 사람이란 점을 논문을 통해 전혀 볼 수 없었다는 것은 비난이라기보다는 서양철학을 외부의 눈으로 보지 않고 안에서부터 보는 일에 성공했다는 칭찬으로 듣겠습니다. 그러나 나의 공부는 첫걸음에 지나지 않습니다. 교수님의 질문 명심하겠습니다."

세월이 지난 지금, 다시 생각해 보면 부끄럽기 짝이 없습니다. 아직도 산드르스 교수의 질문에 대해 자신 있게 답할 수 없는 나를 발견하기 때문이지요. 2003년 미국에서 고대 중국철학을 가르치느라 집중적으로 공부하기도 하고, 주희에 관한 논문도 몇 편 쓰기 시작했지만, 아직 한참 멀었기 때문이지요. 또한 지난날을 생각하면 선생님들로부터 엄청난 사랑의 빚을 졌는데, 그 빚을 내 학생들에게 충분히 갚지도 못했습니다. 이러다가 이 지상의 삶을 끝내게 되지는 않을까 두렵기도 합니다.

표정훈 학위를 받았을 때, 누가 제일 먼저 생각나시던가요?

강영안 아버지였지요. 열두 살 이후로는 보지 못한 아버지 생각이 많이 났습니다. 이상하지요. 막상 고생스러울 때는 아버지를 생각한 적이 없었는데 말이지요. "아버지, 제가 이렇게 컸습니다. 이역만리 네덜란드에 와서 이제 공부를 마치고 집으로 돌아갑니다." 그렇게 말씀드리고 싶었는지 모릅니다. 제 아버지는 한학을 하셨고 신식 공부는 못 하신 분입니다. 그래도 아시는 것이 많고 글을 참 잘 쓰셨어요. 얼마 전 큰형님으로부터 아버지가 어릴 적에 천자문을 한 주 만에 익히셨다는 얘길 들었습니다. 명민하신 분이 었지요. 좌익 활동을 하셨고, 그 때문에 고초를 겪어 몸이 많이 상하셨던 것 같아요. 자유당 시절 시의원도 몇 번 하셨는데 5·16 이후 돌아가셨습니다. 학위를 받고 귀국해 계명대 교수가 되었을 때 고향 교회를 찾은 적이 있습니다. 아버지와 같이 좌익 운동을 했던 고향 교회 장로님이 그러시더군요. "네 아버지, 사회주의 이론 강의를 참 잘했어!" 그 아들이 철학 교수가 되었으니, 그 아버지에 그 아들인가요?

중학교 2학년 때 모습. 초등학교 6학년 때 아버지가 돌아가셔서 1년 늦게 중학교에 입학했다.

군대 시절. 신학을 공부하다가 군에 입대했고, 군복무 기간 동안 집중해서 철학 텍스트를 읽었다.

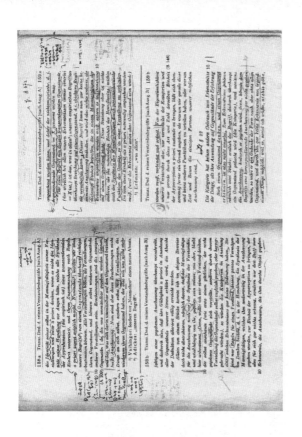

《실천이성비판》《판단력비판》과 더불어 칸트의 3대 비판서로 불리는 《순수이성비판》.
군복무 기간 동안 여러 번 읽고 공부했다.

Den Haag 30 augustus 1976.

Beste Young-ahn Kang,

          Dank voor de brief van 19 augustus, die weer
in goed Nederlands geschreven was!
          Mijn advies is het volgende: maak de studie
in Korea eerst af. Wanneer deze voltooid is (is dat dan een
M.A.-graad?) dan moeten de stukken in fotocopie (examenbul,
lijst van afgelegde vakken en onderdelen enz.) aan de Nederland-
se Ambassade in Seoul gegeven worden, met het verzoek deze door
te sturen naar de Minister van Onderwijs in Nederland. Daarbij
moet een voerschrift gevoegd worden: een brief waarin je op
grond van het in Korea afgelegde M.A.-examen toelating vraagt
tot de doctoraalstudie in de wijsbegeerte in Nederland.
          In Nederland beoordeelt de minister, mede
na advies van de universiteit, de aanvraag. Ik vermoed dat
dan toelating gegeven wordt tot de studie in Nederland, met
vrijstelling van het kandidaatsexamen, maar met de verplich-
ting enkele "inhaaltentamens" (korte examens die de kandidaats-
stof vervangen) te doen.
          Het zou ook goed zijn als je in Korea reeds
zo veel mogelijk wijsbegeerte deed. Kan dat bijvoorbeeld als
bijvak bij het M.A.-examen Nederlands gedaan worden?
          Ook kun je in Korea reeds werken aan de
genoemde inhaaltentamens (na goedkeuring van de toelating kun
je van de Filosofiefaculteit in Nederland te opgave van de
leerstof krijgen).
          Ik geef al enkele werken op die daarbij
waarschijnlijk goed van pas komen:
A.H.Armstrong, An introduction to ancient philosophy. London
1963 (Methueh paperback).
Plato, Phaedrus. translated and introd. bu R.Hackforth.
Julius R.Weinberg,a short history of Mediaeval philosophy.
  Princeton 1964 (of: G.Leff, Middele.wijsbeg. Aula (vert)312.
Anselmus, Proslogion (transl.w. introd. M.J.Charlesworth.Oxford
1965
Duns Scotus. uit: Philos.Writings ed. trnasl.b.A.Wolter. Edin-
burgh 1962. daarvan hfst. I en V.
I.Kant. Prolegomena (kan ook in Eng. vert. gelezen worden).
Twee boeken over moderne logica: goed kennen. Bv.I.M.Copi,
Introduction to Logic.
S.Körner, Fundamental questions of Philosophy.Penguin 1973.

Overleg ook over dit alles met Dr.Son. Ik hoop dat je mijn
vorige brief (antwoord op een vroegere brief) hebt ontvangen.
Kennis van klassieke talen (Grieks, Latijn) is niet nodig.
Wel van Engels, zo mogelijk passieve kennis van Duits.
          Veel succes. Als er verdere vragen zijn
schrijf mij dan. Doe ook de groeten aan heer en mevrouw Son.
Hartelijke groeten,

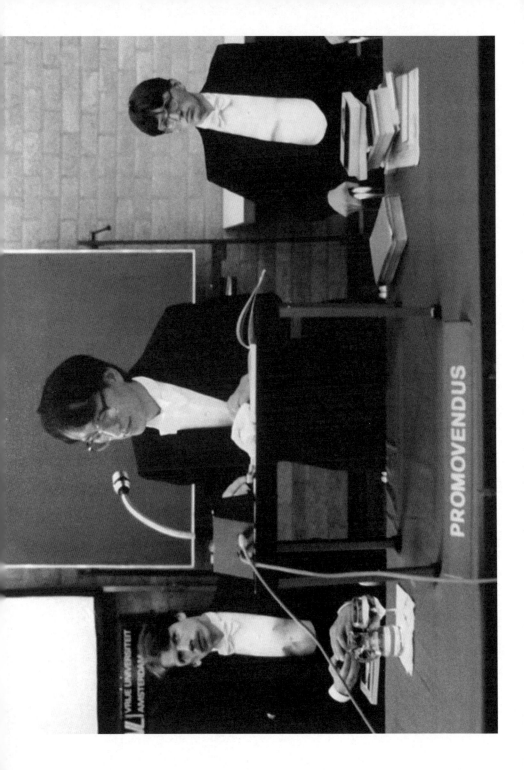

루뱅에서 공부를 마치고 암스테르담의 공부방에서.

철학의 길로 이끈 손봉호 교수(오른쪽)와 반 퍼슨 교수(가운데).

루벵 대학 철학과에서 공부하고 있던 학생들과 함께 메르시에 추기경 동상 앞에서(1996).
왼쪽부터 강영안, 최철병(작고), 서동욱(현 서강대 교수), 손화철(현 한동대 교수).

루뱅 대학에서 칸트를 공부하도록 충고해 준 베르넷 교수.

루뱅 대학 철학과 건물.

2

신앙인으로

철학한다는

것

루뱅의 학풍과 스승들

표정훈 우리 이야기의 진행에 따르면 선생님은 아직 한국을 떠나지 않았는데, 벌써 고향으로 돌아온 얘기를 하셨습니다. 시간을 돌려 선생님이 김포공항을 떠나는 얘기를 해보도록 하지요.

강영안 나는 군 복무를 끝낸 다음 복학해서 외대를 1년 더 다녔습니다. 복학한 뒤 반 퍼슨 교수와 유학 문제로 편지를 주고받았는데, 반 퍼슨 선생은 네덜란드에서 장학금 받기가 쉽지 않으니 일단 서울대 철학과 대학원에서 학위과정을 밟고 있으면 자신이 한국에 와서 공동 지도를 할 수 있는 방법을 찾아보겠다고 제안했습니다. 그런데 마침 그때, 벨기에 정부 장학생 선발 시험이 있다는 소식을 접했어요. 그런데 원서를 내려고 하자 자격이 안 된다는 거였습니다. 알고 보니 당시 문교부에서 현직 교사나 교수 가운데서 선발하기 위해 지원 자격을 중·고등학교 정교사 자격증 소지자와 현직 교수로 제한했던 겁니다.

그래서 실망하고 있었는데 이런 사정을 알고 주한 벨기에 대사가 나서 주었습니다. 벨기에 대사가 외무부를 통해 당시 문교부 장관에게 공문 서신을 보낸 겁니다. "외대 강영안에게 응시할 자격을 주라"는 내용이었습니다. 그때 외대 유급 조교로 있었는데 이것을 인정해 줄 테니 시험에 응시하라고 문교부에서 통보가 왔습니다. 결국 시험에 합격해서 벨기에 정부 초청 장학생으로 1978년 10월 유학길에 올랐습니다.

표정훈 벨기에의 루뱅 대학 시절은 어떠셨습니까?

강영안 한편으로는 참 고생스러웠습니다. 아직 결혼하기 전이었는데, 혼자 밥해 먹고 빨래하고 하면서 그 빡빡한 강의와 시험 스케줄을 따라가기가 벅찼습니다. 첫해에는 불면증이 심해 무척 고생했습니다. 낮밤이 완전히 바뀌어서 밤새 수업 준비를 하고, 수업을 갔다와서 자는 악순환이 계속되었습니다. 건강이 무척 나빠졌지요. 원룸을 빌려 혼자 살다가 이듬해부터는 벨기에 친구들이 생활하는 곳으로 들어가 살았지요. 슬라위스스트라트Sluisstraat 11번지였는데, 우리나라에도 수입해 오는 스텔라 아르투아 맥주 공장 근처였습니다.

표정훈 학생과 맥주, 퍽 잘 어울립니다.

강영안 루뱅은 전형적인 중세 대학 도시이면서 동시에 맥주 도시이거든요. 1425년에 대학이 세워졌지만 맥주 공장은 이미 1366년부터 있었으니까요. 맥주 하면 사람들은 독일을 꼽지만, 사실 유럽에서 알아주는 맥주는 벨기에 맥주입니다. 물이 워낙 나쁘기 때문에 맥주를 거의 음료수처럼 마시는 곳이 벨기에입니다. 루뱅시 중심부에 있는 성 베드로 교회 광장에 '폰스크Fonske'('작은 우물'이라는 뜻)라는 동상이 있습니다. 한 손에는 책을 들고 읽으면서 다른 한 손으로는 맥주를 머리에 부어 넣는 모습을 하고 있습니다.

표정훈 저를 포함한 많은 사람들의 학창 시절을 돌이켜 보게 만드는 동상이네요. 아무래도 저희들은 책보다는 맥주에 대한 기억이 더 많지만 말입니다. (웃음) 생활은 어려우셨지만 공부는 어떠셨습니까?

강영안 생활은 힘들었지만 공부만큼은 제대로 할 수 있었던 것에 대해 지금도 참 감사하게 생각합니다. 루뱅은 여러 가지 면에서 철학을 공부하는 데 더할 나위 없이 좋은 곳이었어요. 무엇보다도 서양철학의 모든 것을 두루 배울 수 있었다는 게 좋았습니다. 고대철학과 중세철학 전통을 제대로 배울 수 있는 건 물론이고, 현대철학의 다양한 흐름도 빼놓지 않고 배울 수 있었지요. 루뱅의 선생님들 절반 정도가 신부님들이었지만, 그렇다고 교조적이거나 가톨릭 중심적이지는 않았습니다. 매우 다원적이고 개방적인 철학 풍토였다고 할까요.

표정훈 새로웠던 점은 무엇이었습니까?

강영안 모든 것이 새로웠지요. 도시 냄새가 독특했습니다. 불행히도 그 이후로는 처음 유럽 도시에서 맡았던 냄새를 맡지 못하게 되었습니다. 사실 철학만큼은 이미 익숙한 것이었지요. 그러나가자마자 배우게 된 칼 포퍼Karl Popper, 토마스 쿤Thomas Kuhn, 라카토스Imre Lakatos, 파이어아벤트Paul Karl Feyerabend의 과학철학과 미셸푸코의 철학은 당시에 새로운 것이었습니다. 그래서 그때 새로접한 사상을 토대로 한국에 글을 써 보냈는데, 하나는 당시 국내에서 일어나고 있던 '전 국민의 과학화' 운동을 과학철학적 관점에서 비판하는 글이었고, 다른 하나는 미셸 푸코의 담론 이론에관한 글이었습니다. 앞의 글은 〈외대학보〉에 실렸고, 푸코에 관한 글은 외대 영자 신문 〈아거스Argus〉에 영문으로 실었습니다.

표정훈 그 당시에 푸코가 우리나라에 소개되었던가요?

강영안 모르긴 해도 국내에서 푸코에 관해 처음 발표된 글이 아니었나 싶습니다. 그때가 1979년이었는데, 사람들이 푸코Foucault를 '푸콜트'라고 발음하고 있었으니까요. 푸코 외에도 레비나스, 리쾨르 등을 루뱅에서 본격적으로 공부할 수 있었습니다. 지금은 그 분야에 관심을 기울이지 않고 있지만, 라캉Jacques Lacan이나 프로이트의 정신분석학도 많이 공부했습니다. 후설, 하이데거, 메를로 퐁티, 사르트르 등 현상학 전통은 말할 것 없고, 고·중세철학과 근대철학도 열심히 해야 했습니다.

표정훈 철학 백화점 같은 환경 속에서 특정 분야를 선택해 집중하셔야 했을 텐데, 처음에는 어느 분야에 관심을 두셨습니까?

강영안 루뱅에 유학 갈 때 학업 계획서에는 현상학과 분석철학을 비교하고 연결하는 공부를 중점적으로 해보겠다고 썼습니다. 그리고 하이데거와 메를로 퐁티 연구로 유명한 알퐁스 드 발른스Alphonse de Waelhens(1911-1981)를 지도교수로 하겠다고 썼습니다. 정보가 없었던 탓이지요. 루뱅에 도착해 보니 그분은 이미 은퇴하셔서 금요일 하루 인식론 강의를 진행할 뿐이었습니다. 그분 인식론 시간에 뭘 했는지 아세요? 나는 그분에게 2년간 수업을 들었는데 매번 프로이트를 독일어로 읽고 주석을 붙이는 수업이었습니다. 어느 학생이 수업 중에 질문을 했습니다. "교수님, 프로이트와 인식론이 무슨 상관이 있습니까?" 그랬더니 이렇게 답하더군요. "인식론은 뭘 하는 건가? 이론과 실천의 통합 아닌가? 정신분석만큼 이론적 지식과 실제가 통합될 수 있는 지식이 어디 있는가?" 무척 수사학적인 답변이었습니다. 그러고는 수업을 계속 진행했습니다.

표정훈 그러니까 도착하자마자 드 발른스 교수를 직접 만나지는 못하셨군요.

강영안 루뱅에 도착한 다음 날, 그분에게 전화를 드렸더니 어느 과정에 입학했느냐고 묻고는 철학과 학무담당 교수에게 가라고 하더군요. 그분이 스피노자 전공자인 헤르만 드 데인 교수였습니다. 나중에는 이분과 친해져서 가끔 점심을 같이 하곤 했지요. 네덜란드에서 온 학생들을 제외하고는 네덜란드어로 진행하는 과정을 듣는 유일한 외국 학생이어서인지 나에게 퍽 잘해 주었습니다. 루뱅에서는 한국의 대학 과정 학력을 절반만 인정했기 때문에, 철학과 학사 과정의 전공 26과목 가운데 13과목을 이수해야 했습니다.

표정훈 언젠가 선생님께서 루뱅에는 필기시험이 없다고 말씀하신 적이 있지 않았습니까? '루뱅 학생들 부럽다'는 생각을 하기도 했었는데요.

강영안 루뱅에는 필기시험이 없었습니다. 모두 교수와 일대일 구두시험이었죠. 시험을 치르고는 친구에게 편지를 썼습니다. 질문해 오는 교수들마다 모두 사냥개 같다고 말입니다. 교수의 질문에 답을 하면 어떻게 그렇게 약한 점을 잘 꼬집어 물고 늘어지던지, 지금 생각해도 등골이 오싹합니다. 그러니 필기시험이 없다고

[2. 신앙인으로 철학한다는 것]

부러워할 게 결코 아닙니다. 그러나 나에게 용기를 주었던 교수님이 계셨어요. 칸트의 《자연과학의 형이상학적 원리》를 가지고 한 학기 세미나를 진행했던 판 드 빌르van de Wiele 신부님이었는데요, 가자마자 그 수업을 들어야 했죠. 시험 날짜가 다가오자 판 드 빌르 교수님이 중앙도서관 근처에 있는 자기 아파트로 오라고 했습니다. 어떻게 구두시험을 치면 되는지 연습을 해보자는 것이었지요.

그래서 약속한 날 저녁 찾아가 시험의 주제를 가지고 그분과 함께 질문하고 답하는 연습을 했습니다. 마치고 나니 교수님이 이것으로 자신과 칠 시험을 대신하겠다고 하시더군요. 그렇게 해서 13과목 시험을 하나도 낙제하지 않고 이듬해 7월에 모두 마쳤는데, 8월과 9월 두 달 동안 장학금 없이 지내는 불상사가 생겼습니다. 한 과정을 마쳤기 때문에 장학금 지원이 되지 않는다는 얘기를 나중에 벨기에 정부로부터 들었지요. 그런 줄 알았다면 한두 과목 낙제를 했을 텐데, 그걸 몰랐지요. 10월부터 석사 과정을 시작하면서 장학금을 다시 받게 되었습니다. 나중에 외대 교수가 된 한국현 선배의 도움으로 두 달 동안의 어려움을 무사히 넘길 수 있었습니다.

표정훈 학사 과정을 마치고 석사 과정은 그래도 많이 적응이 되셨겠군요.

강영안 루뱅의 석사 과정은 사실 어떤 의미에서 학사 과정의 연장이었습니다. 중요 철학 고전 텍스트를 직접 다룬 것이 학사 과정과 달랐다면 달랐지요. 그러나 학부처럼 주로 강의 중심이었습니다. 독창적인 사고보다는 수동적인 지식 유입의 성격이 강했지만, 서양철학 전 분야에 관해서 사실 제대로 훈련받을 수 있는 기회였습니다. 지금도 가끔 제 가까운 학생들에게 말합니다. 한국에 와서 내가 온갖 과목들을 가르칠 수 있는 것은 전적으로 루뱅의 교육 덕분이라고요.

표정훈 석사 논문은 무얼 다루셨습니까?

강영안 석사 과정 동안 모두 스물여섯 번의 구두시험을 쳤습니다. 26과목을 이수한 것이지요. 무엇으로 논문을 쓸까 많이 고민했습니다. 석사 과정에 들어가서는 다른 분야에 비해 현상학 공부를 많이 했거든요. 그리고 손봉호 선생님의 박사학위 논문을 통해 후설 현상학의 주요 개념과 문제를 진작부터 알고 있었고요.

그래서 후설 철학 가운데 한 주제를 가지고 논문을 쓸까 생각했는데, 당시 제일 젊은 교수에 속했던 루돌프 베르넷Rudolf Bernet 교수가 나에게 후설을 연구하기 전에 칸트를 먼저 하는 게 좋을 것이라는 충고를 해주었습니다. 좀 더 고전적인 철학을 하는 게 철학을 길게 공부하는 데 도움이 된다는 거였지요. 칸트는 이미 어느 정도 읽은 게 있었기 때문에 베르넷 선생의 충고를 따르기로 했습니다.

표정훈 다른 분야는 전혀 생각하지 않으셨습니까?

강영안 중세철학을 가르치던 스떼일Carlos Steel이란 교수가 있었는데, 이분이 우리 철학과 파티석상에서(루뱅에서는 매년 3월 7일이 되면 철학과의 수호성인인 토마스 아퀴나스의 선종善終을 기념해서 파티를 연다) 토마스 아퀴나스를 하라고 권하더군요. 칸트의 독일어를 읽어 내는 거나 토마스 아퀴나스의 라틴어를 읽어 내는 실력이 비슷하니, 토마스를 해보면 어떻겠냐고 하더군요. 그 자리에서는 "그렇습니까? 그것도 재미있겠습니다"라고 답했지만, 토마스 아퀴나스로 석사 논문을 쓰고 싶은 마음은 없었습니다.

표정훈 칸트에서 어떤 주제를 잡으셨습니까?

강영안 칸트를 쓰기로 했지만 막상 논문 주제 잡기가 그리 쉽지 않았습니다. 그래서 우선 칸트의 《순수이성비판》을 정말 집중해서 열심히 읽었습니다. 지금은 나의 아내가 된 사람에게 부탁해서 최재희 선생이 번역한 《순수이성비판》을 구해 읽었는데 무슨 말인지 잘 모르겠더군요. 그래서 그냥 독일어로 계속 읽었습니다. 그러던 중 반 퍼슨 교수가 쓴 "철학적 전망에서 본 모형"이라는 논문을 읽으면서 눈이 번쩍 열렸습니다.[1] 여기에서 '모형'은 과학철학에서 말하는 '모델'인데, 바로 칸트의 도식론과 연관 지어 논하는 글이었지요. 무척 흥미로웠습니다. 이걸 단서로 삼아 칸트의 생물학 이론, 그러니까《순수이성비판》에 나오는 세 가지 생물학 이론과 범주의 관계를 다뤄 볼까 생각했어요.

표정훈 사뭇 흥미로운 착안을 하셨던 것 같습니다. 세 가지 생물학 이론에 관해 설명을 해주시겠습니까?

강영안 세 가지 생물학 이론이란, 자연발생spontaneous generation, 예정조화preformation, 후생epigenesis에 관한 이론을 말합니다. 자연발생설은 생명체가 물질에서 나왔다는 주장으로 이미 아리스토텔레스에게서 그 단서를 볼 수 있습니다. 후생설이란 생명체는 생명체에서 나온다는 이론입니다. 그러나 생명체의 성장은 환경과의 상호관계를 통해서 가능하다고 보는 것이지요. 예정조화설은 예컨대 정자나 난자에 앞으로 발전될 수 있는 완전한 형태의 생명체가 존재한다고 봅니다.

표정훈 그러고 보니 예정조화설을 따르는 사람들 사이에 논쟁이 있었다고 들은 적이 있습니다.

강영안 17-18세기 생물학을 보면 이른바 '난자론자'와 '정자론자' 사이에 치열한 싸움이 있었습니다. 사람이 어디에서 오는가 하는 것을 두고 싸운 것이지요. 난자론자들은 난자 속에 완전한 인간이 들어 있는데, 정자가 다만 그것이 인간으로 생성되도록 촉발

한다고 생각했습니다. 정자론자들은 정자 속에 앞으로 인간으로 발전될 요소를 완전히 갖춘 인간이 들어 있는데, 난자는 일종의 밭 역할을 한다고 본 것이지요. 정자론자 가운데 한 사람인 네덜란드의 니콜라스 하르트수크르Nicolaas Hartsoeker의 '소인간homunculus' 그림이 유명합니다. 정자 안에 사람 모양의 아이가 웅크리고 있는 모습이지요. 나는 이 그림을 《중국의 과학과 문명》으로 유명한 조지프 니덤Joseph Needham이 중국 과학사에 관심을 갖기 이전에 쓴 《태생학의 역사》(1934)란 책에서 처음 보았습니다.

표정훈 이제 본격적인 철학 강의가 시작될 것 같습니다. 자세를 다시 바로잡고 여쭤 보겠습니다. 그 이론과 칸트 철학이 무슨 관계가 있습니까?

강영안 칸트는 이 세 가지 이론을 범주와 경험의 관계를 해명하는 데 사용했습니다. 《순수이성비판》에서 칸트는 후생설을 지지했습니다. 자연발생설과 달리 모체가 없이는 생명이 출현할 수 없다는 것이지요.

표정훈 그래서 석사 논문에서는 칸트와 생물학의 관계를 다루셨나요?

강영안 좀 곡절이 있었어요. 이 주제를 두고 과학철학을 가르치던 룰란쯔Roelants 교수와 얘기를 나누었습니다. 그랬더니 루뱅-라-뇌브(프랑스어권 루뱅 대학)의 장 라드리에르Jean Ladrière(1921-2007) 교수를 소개해 주었습니다. 그분과 두 시간 정도 토론을 하면서 생각이 많이 달라졌습니다. 앞으로 계속 깊이 천착할 주제가 아니라는 생각이 들었습니다. 그래서 칸트의 도식론을 좀 더 살펴보았습니다. 그러고는 반 퍼슨 교수를 만났습니다. 반 퍼슨 교수는 루뱅에서 공부하던 나를 가끔 헤이그 자택으로 불러 주말을 함께 지내도록 주선하셨는데, 어느 날은《순수이성비판》의 도식론을 펴놓고 저녁 내내 세미나를 하기도 했습니다. 반 퍼슨 교수는 루뱅 시절부터 사실상 나를 지도하신 셈입니다. 그래서 칸트의 도식론에 관한 논문으로 루뱅에서 석사를 마쳤습니다.

표정훈 선생님의 유학 시절에 관한 말씀을 들어 보면, 스승과 제자가 강의실은 물론이고 일상의 다양한 자리에서 서로 학문적으로 끊임없이 교류하는 모습이 떠오릅니다.

강영안 그렇지요. 하지만 루뱅의 공부는 상당히 힘든 과정이었습니다. 루뱅 대학 철학과 학부 과정에 들어갔을 때 나와 동급반 학생이 50명이 넘었습니다. 이 학생들이 입학할 때는 100여 명이었는데 이미 일차 평가 단계에서 50명이 탈락한 상태였습니다. 그 가운데 다시 25명이 탈락하고 나머지 25명이 석사 과정을 함께 시작했는데, 마지막에는 나를 포함해서 5명만이 졸업했습니다. 루뱅의 시험은 살벌했습니다. 시험 기간 중에 자살을 시도한 친구도 있었고 병원에 실려 간 친구도 여럿 있었습니다. 신체적으로나 정신적으로 견디기가 쉽지 않았습니다.

표정훈 석사학위를 마칠 때까지 생존율이 5퍼센트 정도네요. 루뱅에서 공부만 하셨습니까? 뭔가 다른 낙도 있어야 견딜 수 있을 것 같은 지적知的 유격 코스로 보입니다만.

강영안 돌이켜 보면 공부만 한 셈입니다. 가끔 여행 가는 것이 공부 외에 낙이라면 낙이었습니다. 그 가운데 가장 기억에 남는 여행은 1979년 여름, 암스테르담 자유대학에서 공부했던 미국 친구 로저 헨더슨Roger Henderson(도르트 대학 교수)과 함께 프랑스로 자전거 여행을 갔다 온 일입니다. 자전거를 타고 루뱅을 떠나 프랑스 북부를 거쳐, 유명한 성당이 있는 랭스까지 자전거로 달려 그곳에서 하루 지내고는, 다시 기차를 타고 파리로 들어가 일주일가량 미술관을 돌아보았습니다. 그 후 파리는 종종 들렀지만 자전거로 다니던 그때보다 재미가 덜했습니다.

표정훈 루뱅에서 공부를 마치고 네덜란드로 가셨지요. 선생님이 경험하신 네덜란드는 어떤 곳이었습니까?

강영안 벨기에와 비교해서 이야기하면 쉽게 이해할 수 있을 듯합니다. 루뱅은 전형적인 벨기에 문화가 녹아 있는 대학입니다. 물론 대단히 국제화된 대학이지요. 영어, 독일어, 프랑스어 등 다양한 언어를 통해 세계 철학을 현장감 있게 호흡할 수 있는 보기 드문 곳이니까요. 그러나 벨기에 사람들의 생활에는 인간관계나 사회의식 면에서 전통적인 색채가 강하게 남아 있습니다. 예컨대 가족주의가 있습니다. 주말이면 학생들은 기숙사를 떠나 집으로 돌아갑니다. 일요일 저녁이나 월요일 아침에 기숙사로 돌아오지요. 가능하면 가족과 함께 주말을 보냅니다. 심지어 시험 기간에는 부모가 음식을 싸들고 기숙사를 찾는 일도 흔합니다. 벨기에 문화와 사회가 다분히 가톨릭적이고 공동체주의적이며 보수적이라 한다면, 네덜란드는 프로테스탄트적이고 개인주의적이며 진보적입니다. 상대적으로 사회주의적이라고 할까요. 그렇게 분위기가 다릅니다.

표정훈 그렇게 가족들이 오순도순 지내는 상황에서 괴로워지는 건 만리타향에서 온 유학생이겠습니다.

강영안 그렇습니다. 그런 상황에서 유학생으로 산다는 게 결코 즐거운 일은 아니지요. 그러다 보니 자연히 주말에는 영화를 많이 보게 되었습니다. 프랑스, 독일, 미국, 일본 영화를 두루 볼 수 있었는데, 구로사와 아키라黑澤明 감독의 〈카게무샤影武者〉가 특히 인상에 남았습니다.

철학과 기독교

표정훈 선생님이 서강대에 부임하신다는 소식을 듣고 사실 저는 많이 궁금했습니다. 선생님이 독실한 기독교 신앙인이라는 사실을 알고 있었는데, 모름지기 철학이란 독실한 신앙인과 양립할 수 없는 것 아닌가 싶었던 거지요. 기독교인으로서 철학한다는 자의식을 예전부터 지니고 계셨는지요?

강영안 그렇습니다. 그런 자의식이 나에게 강하게 자리하고 있었습니다. 나는 내 신앙과 무관하게 철학을 한다고는 생각하지 않습니다. 혹시 모르겠습니다, 내가 처음부터 대학 공부를 철학과로 시작했으면 그런 자의식이 약했을지도. 먼저 신학에 관심을 두고 공부를 시작했고, 다음에는 네덜란드어를 공부했습니다. 철학은 세 번째 택한 공부입니다. 그 중간에 언어학 공부에 한창 몰두한 적도 있었습니다. 외대 다닐 때 서반아어과 김현창 선생의 로망스 언어학과 영어과 박순함 선생의 일반 언어학 수업을 들었는데, 박순함 선생님이 내가 숙제로 제출한 스와힐리어 분석을 보고는 나중에 따로 부르시더군요. 그때 박순함 선생님이 언어연구소 소장을 하고 계셨는데, 언어학을 전공하라며 연구소 조교로 와 있으라 했지요. 그래서 군 입대 전까지 1년 동안 언어연구소에 있으면서 언어학자들의 발표를 많이 들었습니다.

표정훈 언어학의 유혹에서 어떻게 벗어나실 수 있었습니까?

강영안 역시 손봉호 선생님 덕분이었습니다. 손 선생님도 유학 떠나시기 전에 서울대 대학원에서 언어학을 잠시 전공하신 적이 있습니다. 그 자체가 재미는 있지만, 신학에 뜻을 둔 내가 엉뚱한 길에 들어선다는 생각에서 만류하시지 않았나 싶습니다.

표정훈 손봉호 선생님이 아니었다면 오늘 이런 자리도 없었겠습니다. 그 대신 언어학자 강영안 선생님을 인터뷰하는 언어학과 제자가 이 자리에 있었을지도……. (웃음)

강영안 기독교인으로서 철학한다는 자의식 얘기를 더 하자면, 사실 많은 사람들이 '어떻게 기독교인이 철학을 공부하는가' 하며 의아해합니다. 외대 재학 시절 이문동 하숙집 아주머니도 궁금해하시더군요. 유학을 앞둔 어느 날, 하숙집 학생들과 함께 아침을 먹고 있었어요. 학생은 외국 가서 뭘 공부하나 물으시기에 철학 공부하러 간다고 했지요. 아주머니가 눈을 크게 뜨고 이렇게 말하시더군요. "학생, 기독교인이잖아. 그런데 왜 철학을 공부하러 가?" 조금 머뭇거리자 아주머니가 말을 잇더군요. "예수 믿는 사람이 어떻게 철학관 열겠어?" 그때 같이 밥 먹고 있던 학생들이 한꺼번에 다 웃었습니다. 아주머니는 철학을 미아리 학파의 철학으로 알고 계셨던 겁니다. 이 정도는 아니더라도 철학과 기독교 신앙은 물과 기름이 아닌가 생각하는 사람들이 많습니다. 하이데거도 '기독교철학'이라는 것은 없다고 말하면서 그것은 마치 "나무로 된 쇠ein hölzernes Eisen"[2]와 같다고 한 적이 있지요.

표정훈 선생님은 그러면 "나무로 된 쇠"를 찾으셨던 건가요?

강영안 아니지요. 하이데거의 그 말도 사실 20세기에 와서야 할 수 있었던 겁니다. 철학의 역사를 돌이켜 보면, 그리스철학 시대가 끝나고 기독교 신앙 전통과 철학이 만난 뒤에, 그러니까 헬레니즘과 헤브라이즘이 만난 이후 대략 19세기 초까지만 해도 기독교와 철학이 어떻게 연관될 수 있는가 하는 문제는, 문제 자체로 거의 등장하지 않았습니다. 적어도 1,500년 가까이 철학자는 곧 기독교인이었지요. 지금 생각해 보면 새삼스럽지만, 전혀 새삼스러울 게 없는 일이었습니다. 교부 가운데 테르툴리아누스는 "예루살렘과 아테네가, 교회와 플라톤의 아카데미아가 무슨 상관이 있느냐?"라고 질문하기도 했지만, 그렇게 아주 예외적인 경우들을 제외하면 서양철학은 그 역사를 통해 기독교와 불가분의 관계에 있었습니다.

표정훈 언제부터 분리해 생각하게 되었습니까?

강영안 철학과 기독교를 분리시켜 보는 것은 19세기 중반 이후의 일이라고 해도 지나친 말이 아닐 겁니다. 계몽주의의 영향을 받은 철학 개념의 결과라고도 볼 수 있지요. 그런데 최근에는 유럽 철학이나 영미철학 모두 오히려 종교에 대한 관심이 커진 걸 볼 수 있어요. 기독교 신앙에 대한 철학적 반성이나 기독교 신앙을 기반으로 한 철학적 노력이 상당이 많이 이루어지고 있거든요.

표정훈 최근에 그런 경향이 있다는 말씀이시지요?

강영안 나중에 또 언급하게 되겠지만 자니코Dominique Janicaud(1937-2002)라는 사람은 "프랑스 현상학의 신학적 전회"라는 말을 이미 1991년에 하거든요.

프랑스 현상학자들 가운데 레비나스Emmanuel Levinas (1906-1995), 폴 리쾨르Paul Ricoeur(1913-2005), 미셸 앙리Michel Henry (1922-2002), 장-뤽 마리옹Jean-Luc Marion(1946-) 같은 이들이 모두 기독교 신앙의 토대에서 철학을 하고, 철학을 통해 기독교 신앙을 반성하는 철학자들입니다. 심지어 리오타르Jean-François Lyotard(1924-1998)도 아우구스티누스에 관한 저작을 남겼고, 데리다 Jacques Derrida(1930-2004)의 말년의 저작도 종교와 깊은 관련이 있습니다.[3] 최근에는《불가능한 신: 데리다의 신학*Impossible God: Derrida's Theology*》이라는 책이 나올 정도입니다.

표정훈 미국 철학계도 비슷한 경향이 있습니까?

강영안 미국 철학계도 사정은 비슷하지요. 우리나라에
《언어철학》으로 이름이 알려져 있는 윌리엄 올스톤William Alston
(1921-2009), 위튼 대학의 아서 홈즈Arthur F. Holmes(1924-2011), 노트
르담 대학의 앨빈 플랜팅가Alvin Plantinga(1932-), 예일 대학의 니
콜라스 월터스토프 등이 1978년 기독교철학자회Society of Christian
Philosophers를 시작한 후, 약 1,300명이 회원으로 가입하여 활발하게
활동하고 있습니다. 나도 2004년에 회원으로 가입했습니다. 기독
교철학자회가 내는 학술지 〈신앙과 철학Faith and Philosophy〉을 보면
논문 수준이 대단히 높고 주제가 다양합니다.

표정훈 그렇다면 선생님 개인 차원에서 기독교 신앙과 철학
의 관계는 어떻게 말씀하실 수 있을까요?

강영안 상보적 관계가 있는 것 같아요. 기독교 신앙을 통해
철학을 하는 토대가 될 수 있는 세계관을 얻었다고나 할까요. 그러
니까 인간과 자연과 역사를 보는 어떤 관점을 얻었지요. 다시 말하
면 창조의 관점에서 바라보는 건데, 나무 한 그루나 별 하나, 그 밖
에 모든 것들이 물질 그 자체라기보다는 어떤 방식으로든 창조주
와 소통하고 관계 맺고 있는 존재들이라는 것, 일종의 인격적 관계
이자 존재라는 세계관입니다.

표정훈 인간에 대해서는…….

강영안 파스칼의 말을 빌리자면 '인간을 높이려 할 때 낮추고 낮추려 할 때 높이겠다'는 인간관이지요. 인간은 신도 아니고 물질 덩어리도 아닌, 그러나 귀한 인격적 존재라는 겁니다. 신학적으로 표현하면 하나님의 형상으로 지어진 존재가 되겠지요. 인격적 교류가 가능하고 자신과 타인에 대해 책임을 질 수 있는 존재가 바로 인간입니다. 요컨대 자연주의적 관점과 달리 인격주의적 관점에서 인간과 세계를 본다는 게 내가 기독교 신앙에서 배운 중요한 철학적 전제라고 할 수 있습니다.

표정훈 인격주의적이긴 하지만 낙관적이지 않습니까?

강영안 하지만 그럼에도 자연세계나 역사나 인간이나, 뭔가 정상적으로 작동하지 않는 측면, 다시 말해서 창조주가 본래 원하는 방식으로 움직이는 게 아니라 단절과 균열과 틈과 일탈이 있는 것으로 보지요. 이걸 아브라함 카이퍼는 '비정상론'이라 부릅니다. 기독교 용어로는 '죄의 영향'이라 합니다. 창조의 관점에서 말하면 하나님이 지으신 세상이 참으로 아름답고 선하지만, 타락과 죄의 관점에서 보면 부정적 요소, 악의 요소가 인간의 삶의 질서를 교란하고 있습니다.

이렇게 창조의 긍정과 부정적 악의 요소의 인정으로 그치는 게 아니라, 그리스도의 십자가에서의 죽음과 부활이 죄로 인해 왜곡된 본래의 창조 세계를 회복하는 우주적 사건이자 역사라는 걸 나는 받아들입니다. 내가 기독교 신앙을 통해 배우고 받아들인 것은 내가 철학을 하는 전체적인 방향을 보여 주는 세계관이라 할 수 있습니다.

표정훈 그렇다면 선생님의 기독교 신앙에 철학이 미친 영향은 어떤 것일까요?

강영안 신앙의 반성에도 철학적 훈련이 중요한 구실을 합니다. 전통 신학은 하나님이라는 실체가 있고, 그 실체는 이러이러한 속성이 있다고 봅니다. 여기 음료수 병이 하나 있으면 음료수 병이라는 실체가 있고, 둥글고 길쭉하고 파랗다는 식으로 서술하는 게 전통적인 신학에서 하나님을 이야기하는 방식이지요. 이런 방식은 아리스토텔레스 이후 실체 형이상학에서 사물을 서술하는 일종의 '사물 존재론'이란 말이지요. 전통 신학은 하나님을 존재신학적으로 가르쳤습니다. 그것의 한계를 철학을 통해 깨달을 수 있었습니다.

표정훈 하나님을 존재신학적으로 서술할 수 없다면…….

강영안 하나님은 존재신학적으로 서술할 수 있는 분이 아니라 다만 찬양받으실 분이라는 깨달음이지요. 아우구스티누스의 《고백록》 첫 줄을 보면 "주님, 당신은 큰 분이시고, 크게 찬양받으실 만한 분입니다Magnus es, Domine, et laudabilis valde"라는 구절이 나오지요. 이야말로 존재신학을 뛰어넘는 표현입니다. 하나님은 우리의 개념으로 이러저러하다 이야기할 수 있는 존재가 아니라, 우리의 개념, 그러니까 우리가 인식하고 파악할 수 있는 한계를 뛰어넘어 계신다는 겁니다.

표정훈 무엇을 통해서 그것을 깨달으셨습니까?

강영안 프랑스 철학자 장-뤽 마리옹은 두 가지 우상을 들어 설명합니다. 하나는 눈으로 볼 수 있는 우상입니다. 다른 하나는 개념의 우상입니다. 기독교 전통을 보면, 손으로 만든 우상은 쉽게 떨쳐 버릴 수가 있었습니다. 그러나 개념의 우상은 그리 쉽지 않습니다. 개념이란 말을 보십시오. 개념이라는 말 자체, 그러니까 영어의 '콘셉트concept'나 독일어의 '베그리프Begriff'는 모두 '쥐다', '거머쥐다'는 뜻이지요. 이렇게 보면 개념화는 내가 파악하고, 관리하고, 통제한다는 의미입니다.

신神을 개념화하면 신은 더 이상 찬양받을 분이 아니라 나의 손아귀, 내가 제한하는 권력의 범위 안에 들어오는 존재가 되어 버립니다. 이걸 막으려 했던 철학자가 데카르트였어요. 물론 거슬러 올라가면, 위僞 디오니시우스로까지 올라갈 수 있습니다. 그러나 근대 철학자 가운데서 찾자면 데카르트René Descartes(1596-1650)를 들 수 있습니다. 데카르트가 신의 개념을 세속화시켰다고요? 아닙니다. 데카르트가 말한 신은 '이념으로 오시는 분'입니다. 그러니까 우리가 그분이 누구인지 생각하기는 하지만, 그 생각의 원천과 근원은 우리 자신이 아니라 그분입니다.

표정훈 무한자, 즉 신이라는 무한자의 이념을 말씀하시는 거군요.

강영안 그렇지요. 데카르트가 생각하기에 유한자인 내가 무한자라는 이념의 원천은 아니라는 겁니다. 물론 데카르트는 이 차원에 머물 뿐 찬양의 언어, 고백의 언어는 찾아볼 수 없기에 외관상 존재신학 전통과 가까워 보입니다. 하지만 결국 무한자로서의 신은 내가 좌지우지할 수 없는 신입니다. 나에게, 우리에게 찾아오실 때 만날 수 있을 뿐입니다. 《전체성과 무한》을 쓴 레비나스가 데카르트의 무한자 개념을 20세기 철학에서 다시 살려 냅니다. 레비나스는 우리가 만나는 인격적 타자도 '무한자'라 일컫습니다. 이때 '무한자'는 내 손에 쥘 수가 없고, 나에게 동일자의 영역으로 환원할 수 없다는 의미를 담고 있습니다. 이렇게 데카르트, 칸트, 레비나스를 공부하면서 기독교 전통의 하나님은 결코 우리의 개념 속에 집어넣을 수 없는 하나님, 인격적이고 무한하신 하나님이라는 걸 절감하게 되었습니다. 어떤 사변적 언어, 개념적 언어로 하나님을 그려 내려는 노력보다는 찬양과 고백, 감사의 관점에서 하나님에 대해 이야기할 수 있는 것이지요.

표정훈 기독교 신앙과 철학이 선생님의 개인적 삶에서 상보적인 관계라는 것이 이제 분명히 이해가 됩니다. 저의 우문愚問에 대한 선생님의 현답賢答이 계속 이어지리라는 예감이 듭니다.

강영안 철학과 신앙이 어떻게 조화가 되느냐 하는 것은, 철학 안에서 신앙인으로 살고 또 신앙 안에서 철학을 하는 이에게는 '조화의 문제'가 아니라 '일관성의 문제'에 속합니다.

칸트적인 나라, 네덜란드

표정훈 다시 네덜란드 이야기를 더 듣고 싶습니다. 네덜란드적인 것이라 할까요? 그런 것을 말씀해 주시면 좋겠습니다.

강영안 글쎄요. 지금 생각해 보면 네덜란드적인 것, 네덜란드적 삶과 문화의 특징은 무엇보다도 깔끔하다는 걸 먼저 들고 싶습니다. 네덜란드 말로 '까이스헤이트Kuisheid'라고 하는데 '깨끗하다, 깔끔하다' 정도가 되겠습니다. 모든 것이 질서 있게 배치되어 있는 모습. 네덜란드 사람들의 인간관계도 그렇고, 일처리 방식도 그렇고, 네덜란드 사람들의 집을 봐도 그렇습니다.

표정훈 들기로는 네덜란드 사람들은 밤에도 커튼을 열어 둔

다지요?

강영안 네, 그렇습니다. 네덜란드 사람들은 저녁 시간에도 커튼을 열어 둡니다. 그래서 지나가는 사람들이 안을 훤히 들여다볼 수 있지요. 알고 보면 제네바에서 온 전통입니다. 칼뱅이 교회개혁을 할 당시에 '우리는 밤에도 죄를 짓지 않고 정결하게 살고 있다'는 것을 나타내기 위한 전통이었습니다. 창문을 통해 들여다본 집 안 모습은 아기자기하고 오밀조밀하게 정돈되어 있지요. 사실 네덜란드는 사람들 체구를 제외하고는 큰 것과 무관한 나라입니다. 어떤 크고 위대한 것, 나아가 심오한 것을 추구하지 않습니다. 뭔가 심오하고 신비로운 것보다는 명료한 것, 깔끔한 것, 이쪽이나 저쪽으로 기울지 않은 것을 추구한다고 할까요.

표정훈 우리나라에서 종종 쓰는 '더치페이'라는 말에서도 볼 수 있듯이 네덜란드 사람들이 일종의 깍쟁이 기질이 있는 것 같습니다만.

강영안 그런 측면을 좀 더 포괄적으로 말하면 네덜란드어의 '소브르헤이트Soberheid'라고 할 수 있을지 모르겠습니다. 깨어 있음, 건전함, 검소함, 절약 등을 뜻하지요. 뭔가 유징하고 거창하게, 또는 사치스럽게 내세우거나 표현하지 않는 태도입니다. 별다른 치장이나 군더더기 없이 아껴 가면서 담박淡泊하고 검소하게 생활

합니다. 네덜란드 사람들의 일반적인 생활 태도는 매우 검소합니다. 집, 자동차, 의복에서도 그렇지만 철학에서도 유장하고 화려한 언어보다는 매우 절제된 표현을 씁니다.

그리고 세 번째 특징이 되나요? 일종의 현실성을 들 수 있을 겁니다. 철학적 사유를 하더라도 늘 현실적 연관을 찾으려 애씁니다. 신비한 체험으로 가기보다는 끊임없이 현실을 되돌아보고 엄밀하게 가늠합니다. 이걸 네덜란드어로 '누흐뜨르헤이트 Nuchterheid'라고 표현할 수 있겠습니다. 사변적이거나 허황된 꿈보다는 지금 여기에서 구체적으로 뭘 할 수 있는가, 다시 말해서 실현가능성을 추구합니다. 네덜란드가 세계적인 무역대국으로 성장할 수 있었던 이유도 이와 무관하지 않을 것입니다.

표정훈 선생님 말씀을 듣고 보니 저는 네덜란드에서 못 살 것 같습니다. (웃음) 우리는 뭔가 좀 푸짐하고 넉넉하게, 객기도 부려가면서 사는 걸 좋다고 보는데 말입니다.

강영안 그렇습니까? 사실 우리 정서와는 많이 다르지요. 어느 쪽이 더 낫다고 말하기는 힘들고, 각자의 특징에 모두 장단점이 있겠지요. 네 번째로 들고 싶은 특징은 윤리적 관심입니다. 예컨대 이론적인 철학을 하더라도 그 윤리적 함축과 의미가 뭐냐에 늘 관심을 갖습니다. 우리가 사는 현실이 근본적으로 윤리적 문제와 깊은 관련이 있다고 보는 태도입니다. 미국 철학자 힐러리 퍼트

넘Hilary Putnam(1926-2016)의 말을 빌리면, "사실은 가치를 담고 있고 가치는 사실을 담고 있다The facts are value-laden, and the values are fact-laden"라고 할까요.

네덜란드 사람들의 일반적인 문화적 성향이자 네덜란드 철학의 지향은 사실과 가치를 엄밀하게 분리하거나 과학과 신앙을 엄격히 분리하기보다는, 서로 밀접한 관계에 있다고 봅니다. 미국을 '세계의 경찰'이라 일컫기도 합니다만, 네덜란드 주변국 사람들은 네덜란드를 가리켜서 '세계의 목사'라 일컫습니다. 보스니아 사태나 이라크 전쟁 같은 국제 문제에서 네덜란드는 정부나 언론, 시민사회 차원에서 사태의 윤리적 정당성을 따져 묻는 경우가 많습니다. 과거 남아프리카공화국에서 인종차별 정책을 펼 때, 아마도 그 나라에 대해서 가장 비판적인 발언을 많이 한 나라가 네덜란드일 겁니다.

표정훈 선생님 말씀을 들으니 국제사법재판소가 네덜란드 헤이그에 있는 게 우연 같지만은 않습니다. 네덜란드 사람들이 여러 외국어를 비교적 능숙하게 구사할 수 있는 것도 유명합니다만.

강영안 그렇지요. 그래서 나는 마지막 특징으로 네덜란드의 국제성 또는 개방성을 들고 싶습니다. 네덜란드 사람들은 초등학교에서부터 영어, 독일어, 프랑스어 등을 배워서 자유롭게 대화할 수 있는 수준에 도달하지요. 워낙 작은 나라인 데다 변변한 자원도 없는 나라라 중요한 생존 방식이 바로 국제성, 개방성이라고도 볼 수 있습니다. 이 면은 우리가 배워야 하지 않을까 생각합니다. 우리도 영어뿐만 아니라 중국어나 일본어를 초·중등학교에서부터 가르쳐야 하지 않나 생각합니다.

여하튼 네덜란드 문화는 민족주의라기보다 국제주의적 문화라고 할 수 있습니다. 독일어에는 '하이마트Heimat'라는 단어가 있습니다. 우리말의 '고향'과 그 의미가 거의 정확히 대응하는 단어입니다. 독일 시인 횔덜린Friedrich Hölderlin을 읽으면서 이 단어가 독일 사람들에게 얼마나 중요한지 알 수 있었습니다. 그런데 네덜란드 사람들은 향수鄕愁랄까 귀향歸鄕 의식이랄까, 그런 게 희박합니다. 정들면 고향, 발붙여 오래 살면 고향이라고 할까요. 어딜 가든 고향으로 삼을 수 있는 적응력이 뛰어난 셈이지요. 17세기 우리나라에 표착한 네덜란드인들, 그러니까 우리나라에서는 박연朴燕으로 알려져 있는 벨트브레이Jan Weltevree(1595-1657)나 하멜 Hendrick Hamel(1630-1692)이 조선 생활을 오래 견뎌 낸 것에도 네덜란드인 특유의 국제성이 작용했을지 모릅니다.

표정훈 네덜란드에서 철학 공부를 하신 것이 선생님께 미친 영향이 있을까요?

강영안 글쎄요. 만일 독일이나 프랑스에서 공부했다면 독일 철학, 프랑스철학만을 공부했겠지요. 내가 칸트로 박사 논문을 썼고 지금도 칸트 학자로 알려져 있습니다만, 벨기에와 네덜란드에서 공부할 때는 독일철학뿐 아니라 고·중세 전통부터 현대의 다양한 철학을 두루 공부했습니다. 예를 들어 나는 지금도 철학적 통찰은 프랑스철학에서 얻는 경우가 많지만, 적어도 엄밀성 면에서는 영미 분석철학이 뛰어나다고 생각을 합니다. 다양한 철학이 어우러져 다채로운 무늬를 그려 내는 곳이 네덜란드라면, 아무래도 그런 배경에서 철학을 배웠으니 나도 모르게 영향을 받지 않았을까요?

표정훈 선생님의 관심 분야나 글 쓰시는 주제가 다양한 것이 네덜란드 문화 전통에서 공부한 덕분이라고도 볼 수 있겠습니다.

강영안 그런 면이 있겠지요. 네덜란드적인 것에서 한 가지 빠뜨린 게 있네요. 네덜란드 문화 전통을 보면, 독일 문화나 프랑스 문화에서 볼 수 있는 일종의 영웅적 요소가 결여돼 있습니다. 그보다는 시민적 요소, 시민 문화가 강하지요. 네덜란드 국민과 문화의 특징에 대해 관심을 가졌던 요한 하의징아Johan Huizinga(1872-1945)는 "네덜란드 문화는 본질적으로 시민적burgelijk"이라고 말했습니다.[4]

네덜란드 사람들은 귀족이나 사제 계층의 우월 관념이 희박합니다. 평등한 공동체의 일원, 곧 시민으로 자리 잡은 거지요.

네덜란드에는 대략 17세기 이후부터 시민 문화가 형성되었습니다. 이를테면 시골을 가더라도 시민적, 도시적인 풍토가 강합니다. 도시민으로서의 정서와 사고가 강한 반면 정으로 뭉친 일종의 농촌적 공동체주의가 희박한 편이거든요. 농촌조차도 독립적, 개인주의적, 합리적인 사고와 생활 방식이 강한 곳이 네덜란드입니다.

표정훈 말씀을 듣고 보니 네덜란드가 매우 칸트적인 나라가 아닐까 하는 생각이 듭니다. (웃음)

강영안 네덜란드는 전형적인 근대 국가입니다. 네덜란드어는 독일어와 가깝지만 이미 12세기부터 고유한 모습을 갖춥니다. 하지만 하나의 국가로서 성립된 것은 네덜란드 역사에서 '80년 전쟁'(1568-1648)이라고 부르는, 우리는 '30년 전쟁'(1618-1648)이라고 기억하고 있는 전쟁의 결과이지요. 1648년 베스트팔렌 뮌스터와 오스나부르크에서 있었던 조약에서 비로소 네덜란드를 하나의 국가로 인정했으니까요. 지금은 오히려 가톨릭교회에 속한 교인들이 많이 늘었습니다만, 네덜란드는 전형적인 프로테스탄트적인 국가요 사회라고 할 수 있습니다.

네덜란드인들은 전통이나 권위, 공동체, 민족과 같은 것들을 우상화하지 않습니다. 전통을 무시하지 않지만 늘 새로운 것을 추구하고, 권위와 공동체도 인정하지만 개인의 자유와 판단을 무엇보다 소중하게 생각하며, 고향이나 민족보다 세계 자체를 고향으로 삼는 일종의 세계시민적 성격이 강합니다. 그러기에 16세기 이베리아 반도에서 피난 온 유대인들이 암스테르담에 와서 둥지를 틀고 살 수 있었습니다.

표정훈 네덜란드 예술도 근대의 시민적 성격이 드러난다고 볼 수 있을까요? 네덜란드는 특유의 회화 예술 전통으로도 유명합니다만.

강영안 그렇습니다. 17세기 네덜란드 회화를 예로 들어 보지요. 렘브란트Rembrandt(1606-1669)의 경우, 신화적 인물이나 교회 전통적인 모습의 성인들이 그의 그림에서 사라집니다. 렘브란트도 성경에서 소재를 많이 빌려 왔습니다. 삽화들을 모아 '렘브란트 성경'을 만들 정도니까요. 하지만 성경에 등장하는 인물조차도 주변에서 볼 수 있는 지극히 평범하고 일상적 모습으로 그렸다는 데 관심을 둘 수 있을 겁니다. 성스러운 아우라가 있는 모습보다는 일상적 삶 속에서 그야말로 평범하게, 그러나 거룩하게 살아가는 사람들의 모습입니다. 성聖과 속俗의 간격이 사라진 것이지요. 얀 스떼인Jan Steen(1626-1679)의 경우, 평민들의 모습이 전면에 등장합니다. 아이가 담뱃대를 물고 있는 모습이라든지 난장판이 된 식당의 정경이라든지 하는 것들도 묘사되지요.

렘브란트와 더불어 17세기 네덜란드 회화의 거장으로 불리는 페르메이르Jan Vermeer(1632-1675)에 이르면, 일상적 삶이 오히려 거의 성스러운 모습으로 등장합니다. 우유를 따르는 여인이나 편지 읽는 여인, 빗자루로 거리 청소하는 모습의 그림에서 일종의 성스러움을 느끼게 하지요. 일상성의 발견을 근대성의 특징 가운데 하나라고 한다면, 이런 변화를 시각적으로 가장 잘 포착할 수 있는 통로가 17세기 네덜란드 화가들의 그림입니다.

철학이란

무엇인가?

철학, 그리스적인 것?

표정훈 선생님께서 철학개론이 사실은 가장 중요하고도 어려운 과목이라고 하셨던 것이 기억납니다. 배우는 입장에서도 그렇고 가르치는 사람도 마찬가지라고 말씀하셨지요. 철학개론을 대부분 학부 1학년 때 첫 과목으로 수강하지만, 좀 더 심화된 철학개론 과목을 개설해서 졸업하기 전 마지막 학기에 수강하게 할 필요가 있다고도 하셨고요. 선생님께서 부임하시기 전까지는 철학과 학생들이 다른 학과 학생들과 함께 철학개론을 수강했는데, 선생님이 오신 다음부터는 철학과 학생들만 수강하는 철학개론이 신설되고, 강의도 전임교수님들이 하게 된 걸로 기억합니다.

강영안 철학개론이 왜 어려운가 하면, 학생들 입장에서는 철학과에 들어와 처음 배우는 과목이어서 어려울 수 있겠지만, 교수 입장에서는 어느 정도 학문적으로 원숙해진 다음에야 제대로 가르칠 수 있는 과목이기 때문입니다. 철학에 입문하는 사람, 그러니까 막 문을 들어서는 사람과 이제 철학을 떠나야 할 사람이 만나는 자리라고 할까요. (웃음)

표정훈 그런데 대학 현실은 다르지 않습니까? 철학개론을 대부분 강사 선생님들한테 배우고 있습니다.

강영안 그렇지요. 대학에서 철학개론은 대개 젊은 강사들이 맡는 경우가 많습니다. 철학에서 어느 특정 분야의 학위논문을 막 쓴 사람들이라고 할 수 있는데, 철학의 여러 양상, 여러 분야를 두루 공부하고 연구해 보지는 못한 경우가 많을 겁니다. 철학사를 통틀어 인식론, 존재론, 윤리학, 논리학, 미학 등등을 속속들이 들어가 공부한 경험이 필요하지만, 그렇게까지 충분히 공부하지 못한 상황에서 철학개론을 가르치는 경우가 대부분입니다. 이게 아마 대학에서 철학이 외면당한 이유이기도 할 것입니다.

표정훈 '철학개론'을 선생님은 어떻게 이해하시는지요?

강영안 '철학개론'은 말 그대로 철학에 대한 개괄적인 논의이지요. 영어로 보면 'Introduction to philosophy', 즉 철학이라는 공부 안으로(intro-) 이끌어 주는(-duce) 과목이거든요. 철학이라는 영역 안으로 이끌어 주는 논의의 장이라 할 수 있으니, 그렇게 이끌어 줄 수 있는 사람은 당연히 철학 안에 있는 사람이어야 하지요. 철학 바깥에 있는 사람을 철학 안으로 이끌어 주려면, 이미 철학을 그 안에서 충분히 경험하고 익히고 삶을 통해서 체현한 사람만이 제대로 할 수 있습니다. 그러니 쉬운 일이 아니지요.

표정훈 철학개론 이야기를 꺼낸 까닭은 이 질문을 드리고 싶어서입니다. "철학이란 무엇입니까?"

강영안 철학이란 무엇인가? 사실 그렇게 묻는 것 자체가 철학이지요. 우리 아이가 "아빠 하는 게 뭐야?"라고 묻기에 "철학"이라고 했더니, "철학이 뭐야?" 이렇게 묻더군요. "그렇게 묻는 게 철학이야"라고 답했지요. 그래도 잘 이해가 안 되는지 다시 묻기에 철학은 곧 "지혜 사랑"이라고 했지요. 그리스어로 '필로소피아 philosophia', 곧 '지혜 사랑'이지요. '필로-'의 어근인 '필레인philein'에는 친구 사랑이란 뜻도 있으니, '지혜의 친구'라고 해도 되겠네요. 여기에서 질문을 더 심화시키면 지혜가 무엇이고, 사랑이 뭐냐고 물을 수 있겠습니다. 여하튼 철학이라는 말의 어원으로만 답하자면 철학은 '지혜 사랑'이라고 해야겠지요.

표정훈 철학, 그러니까 '필로소피아'는 그 어원과 역사적 출발에서부터 그리스적인 것이 아닌가 하는 질문도 던져 볼 수 있겠습니다. 철학사의 첫머리는 고대 그리스인들이 장식하고 있으니까요. 이것은 철학의 특수성과 보편성 문제로도 이어질 듯합니다.

강영안 '철학'이란 말과, 우리가 알고 있는 철학 활동은 대부분 그리스에서 시작했습니다. 그러므로 이런 질문이 가능합니다. '철학은 그리스적인가?', '그리스를 벗어난 지역에는 철학이 없었는가?' 가다머Hans-Georg Gadamer(1900-2002)는 하이데거의 견해에 따라 철학을 본질적으로 유럽적이고 특히 그리스적인 것으로 봅니다. 그것은 인도나 중국에는 철학이 없었다고 보는 입장이지요.

가다머가 그런 입장을 취하는 중요한 근거는, 그리스철학은 정치, 종교, 예술 등과 분명하게 구별되어 시작되었다는 데 있습니다. 그리스 서사시, 극작품, 정치, 전통 종교 등과 분명하게 구별되면서 철학이 출발했다는 거지요. 철학이 다른 영역과 구별되는 영역으로, 그러니까 철학만의 독자적인 영역을 처음부터 확보하면서 출현했다는 뜻입니다.[1]

표정훈 그러면 인도나 중국 전통의 경우는 어떻습니까?

강영안 가다머의 눈으로 보면 중국이나 인도의 철학은 삶의 다른 영역과 분리가 되지 않았지요. 인도에서는 철학이 종교와 분리되기 힘들거든요. 인도철학은 힌두교나 불교와 따로 떼어 생각하기가 어렵지요. 아예 하나라고 해도 좋을지 모릅니다. 중국철학은 정치와 분리하기 힘듭니다. 유가儒家 전통은 물론이거니와 노장

老莊조차도 정치와 분리시켜 생각하기 힘듭니다. 또《포박자抱朴子》 같은 도교 사상은 종교적 색채가 매우 강합니다. 그러니 그리스 전통의 필로소피아, 즉 그리스철학만이 분명한 철학의 독자성을 지니고 출발했다는 주장을 한편 수긍할 수 있습니다.

표정훈 일단 가다머의 견해를 원용하시면서 필로소피아, 즉 철학이 어원과 역사적 연원에서부터 그리스적이었다는 말씀을 하셨습니다. 그렇다면 철학의 보편성 문제는 어떻게 이야기할 수 있을까요?

강영안 가다머나 하이데거가 철학을 그리스적이라고 말할 때, 사실 거기에는 철학에 대한 일종의 근대적인 이해와 해석이 이미 개입되어 있다고 봐야 합니다. 가다머가 말하는 철학은 이론적 태도에 속한다는 거지요. 다시 말해서 현실에 깊이 개입하지 않고 현실과 거리를 두고, 현실의 구조와 의미 그리고 근원이 무엇인가 묻는 행위가 철학이라고 보는 겁니다. 현실과 거리를 두고 관조하는 활동이 곧 철학이라는 입장입니다. 후설도 "이해관계 없는 관조Kontemplation ohne Interesse"라는 말을 하지요. 내가 그걸 통해 어떤 이익을 얻거나 목적을 이루려는 뜻 없이, 순전히 지적 관심, 이론적 관심에서 현실을 이해하고 파악하려는 것이 철학이라는 겁니다. 물론 이런 관점은 고대로 거슬러 올라갑니다.

표정훈 고대 철학자 중 누구에게서 이런 관점을 찾을 수 있을까요?

강영안 피타고라스를 예로 들 수 있겠습니다. 레온 왕이 피타고라스에게 당신이 하는 일이 뭐냐고 묻자 피타고라스는 자신을 철학자라고 소개합니다. 철학자가 도대체 뭐하는 사람이냐고 묻자, 피타고라스는 사람이 살아가는 데는 세 가지 방식이 있다고 답합니다. 경기장의 사람들에 비유한 거죠.

경기를 하느라 열심히 뛰는 선수가 있고, 그것을 구경하는 사람이 있고, 구경꾼 사이에서 장사하는 이가 있습니다. 경기자는 명예를, 장사꾼은 이익을 추구하고, 구경꾼은 오직 구경하는 재미, 기쁨을 추구합니다. 그런 구경꾼spectator이 바로 철학하는 사람이라는 겁니다. 그리스어로는 '테오로스theoros'이지요. 어떤 일에 직접 관여하지 않고 거리를 두고서 사물과 사태를 들여다보는 이라고 할까요.

표정훈 그런 의미에서 철학자는 현실에 대해······.

강영안 초연해야 하지요. 그래야 더 잘 보일 테니까요. 이런 의미에서 철학은 종교, 예술, 정치와 구별됩니다. 철학을 이렇게 보는 관점에는 문제가 많지만, 이것이 그리스철학의 일면이란 점은 부인할 수 없지요.

표정훈 그러나 고대 그리스 전통에서도 철학이 순수한 테오로스의 의미만 지녔던 건 아니지 않습니까?

강영안 사실 그리스철학은 단순히 이론적 활동이 아니라 매우 실천적인 활동이었습니다. 무엇보다도 이론적 활동 자체가 실천을 지향하는 활동이었어요. 이를테면 피타고라스학파만 해도 종교적 교단 성격을 지닌 공동체였거든요. 일상생활에서 지켜야 할 규칙과 금기를 정해 놓고 수학적 탐구 활동을 통해 영혼의 정화, 영혼의 평정, 영혼의 구원을 추구했습니다.

그리스 전통에서 철학은 순수한 지적 탐구로서 어떤 주장이나 주제를 논리적으로 정연하게 표현하고, 그것의 옳고 그름을 이론적으로 따져 나가는 활동이었지만, 이 활동은 삶과 동떨어지지 않고 오히려 삶의 방식으로 제한된 것이지요. 철학은 삶을 살아가는 방식이면서 그 삶을 관조하고 반성하는 행위였습니다.

소크라테스, 철학의 화신

표정훈 철학과 삶의 예를 어디서 찾을 수 있습니까?

강영안 소크라테스가 예가 될 수 있지요. 소크라테스는 철학의 구체적인 화신으로 볼 수 있습니다. 소크라테스라는 한 인물을 통해 철학이 무엇인지 들여다볼 수 있거든요. 소크라테스는 무엇으로 유명합니까? 그의 철학이나 생활도 있지만 못생긴 외모로도 유명하지요. 오죽하면《향연》에서 알키비아데스가 소크라테스를 사티로스 같은 괴물에 견주었겠습니까. 아테네에서 소크라테스는 외모뿐 아니라 실제로 아토포스atopos, 그러니까 토포스topos가 없는 존재, 자리가 없는 존재, 자리매김할 수 없는 존재, 무엇이라 분류할 수 없는 존재, 틀에 넣을 수 없는 존재, 괴팍하고 이해하기 힘든 존재였습니다. 소크라테스가 괴이함, 괴팍함, 불가사의함 때문에 어디에서도 받아들이기 곤란한 존재였다는 사실은 철학과 깊은 관계가 있습니다.

이건 오늘날에도 철학과 철학자에 대한 일종의 선입견으로 이어져 내려옵니다. 2003년과 2004년 안식년 기간에 미국 칼빈 칼리지에서 1년간 정교수 자격으로 가르칠 때의 경험입니다. 교수 식당에서 신문방송학과 교수와 얘기를 나누는데, 지나가는 말로 "철학과 교수들이 괴롭히지 않느냐?" 하고 묻더군요. 왜 그러느냐고 되물었더니 "철학자들은 문젯거리를 만드는 사람들이지요"라고 하더군요. 철학자는 한 무리 속에 편하게 넣을 수 없는 존재라는 선입견을 바탕에 깐 농담이었지요.

표정훈 그런 선입견은 철학과 학부생들이 자주 겪게 됩니다. 저만 해도 철학과에 입학했다고 하니까 당장 주위 친척분들이 걱정을 하시더군요. 철학 공부 한다고 하면 뭔가 별스러운 인간, 상대하기 까다로운 사람이라는 시선을 마주할 때가 드물지 않습니다. 학생 때 미팅 자리에 나가면 그 점이 참 불리하게 작용했지요.

강영안 철학자에 대한 그런 인상을 심은 원조 장본인이 바로 소크라테스입니다. 소크라테스는 추운 겨울에 전쟁에 참전해서도 남루한 얇은 옷에 맨발로 싸웠다고 하지요. 주는 술은 마다하는 경우가 없었고, 옷도 되는 대로 걸치고 다녔다고 합니다. 철학자에 대한 일종의 편견 혹은 선입견은 소크라테스의 삶의 방식과 결코 무관하지 않습니다.

소크라테스는 기존의 질서를 완전히 무시하지 않으면서도, 진정으로 추구해야 할 것이 권력이나 재물, 명예가 아니라 자기 자신에 대한 참다운 지식을 얻는 것이라 생각했기 때문에 '무엇을 입을까, 무엇을 먹을까' 하는 문제는 별로 신경을 쓰지 않았다고 할 수 있겠지요. 소크라테스가 그런 삶의 방식을 아테네인들에게 강조한 것이 그에게는 결정적으로 불리하게 작용했습니다.

표정훈 그 유명한 소크라테스의 재판에서 불리하게 작용했다는 말씀이군요.

강영안 그렇습니다. 시인, 정치가, 장인匠人들이 소크라테스를 기소했습니다. 시인들은 아테네 공동체에서 삶의 지혜를 전하는 일을 맡았지요. 정치가들은 아테네 공동체의 정의를 실현하는 구실을 했고, 장인들은 자기 분야의 기술을 발휘하여 물건을 만들었습니다. 물론 이를 통해 부를 축적한 사람들이기도 하고요. 그들이 소크라테스를 기소해서 결국 소크라테스가 죽게 되는데, 소크라테스가 그 사람들을 무던히도 괴롭혔던 모양입니다.

표정훈 어떤 방식으로 괴롭혔던가요?

강영안 소크라테스의 친구 가운데 카이레폰이 있었습니다. 이 친구가 델포이 신전에 가서 소크라테스보다 더 지혜로운 이가 있느냐 물었고 '그런 사람은 없다'는 신탁을 얻었습니다. 이걸 전해 들은 소크라테스는 생각했지요. '나는 분명 지혜로운 사람이 아닌데, 왜 그런 신탁이 나왔을까?' 결국 소크라테스는 지혜롭다고 이름난 아테네의 시인, 정치가, 장인들을 찾아가 그들이 자신보다 지혜롭기를 기대하면서 질문을 던집니다. 예컨대 시인에게는 '진리란 무엇인가?'를, 정치가들에게 '정의란 무엇인가?'를, 장인들에게는 '기술, 솜씨란 무엇인가?'를 물었지요.

그런데 소크라테스는 그 분야의 최고라는 사람들이 어느 하나도 제대로 알고 있지 못하다는 사실에 놀랍니다. 그런 소크라테스의 모습을 본 젊은이들이 소크라테스를 흉내 내어 그의 질문을 던지며 어른들을 무던히도 괴롭혔습니다. 사실 직접적 기소 이유도 바로 그게 아니었을까 추정할 수 있습니다. 덧붙여, 독재정치를 했던 참주들이 소크라테스와 가까운 사람들이었다는 것도 하나의 이유가 되겠지요. 아테네 정치 체제가 독재정에서 민주정으로 바뀐 뒤 소크라테스는 참주들과의 친분 때문에 찍힌 거지요.

그러나 역시 주된 이유는 젊은이들이 소크라테스 흉내를 내어, 우리 식으로 표현하자면 '어르신들'을 괴롭힌 것이지요. 이것이 젊은이들을 타락시킨다는 기소 내용의 참뜻이었다고 생각합니다.

표정훈 소크라테스의 '무지의 지', '무지의 자각'과 관련될까요?

강영안 소크라테스는 적어도 자신은 문제가 되는 것들에 대해서 모르고 있다는 걸 알고 있었습니다. 무지에 대한 인식, 그러니까 '나는 내가 무지하다는 걸 알고 있지만, 다른 사람들은 무지하다는 것조차 모르고 있다는 것. 바로 그 점에서 다른 사람들보다 내가 지혜롭구나' 하는 인식에 도달한 겁니다. 아는 것과 모르는 것을 구별함, 바로 이것을 지혜라고 본다면, 철학한다는 건 지혜를 추구하는 것이고 '무지의 지'를 깨달음에 참다운 지혜가 있다는 겁니다.

표정훈 '무지의 지'를 어떻게 얻습니까?

강영안 '무지의 지'를 깨우치기 위해 소크라테스가 도입한 것이 '반박술elenctics'로 알려진 문답법입니다. 소크라테스는 이 사람이 정말 지혜로운가 알기 위해 먼저 질문을 던집니다. 그 사람이 어떤 답을 하면, 그 답에 관해 또다시 질문을 던집니다. 그렇게 다시 물을 때 소크라테스의 전제는 '자기 자신은 모르고 있고, 상대는 알고 있다'는 겁니다. 계속된 질문과 대답을 통해 '과연 상대방이 알고 있는 게 사실인가' 묻는 겁니다. 나 소크라테스는 모르지만 상대방은 안다고 전제하고, 그게 사실인지 계속 질문을 던집니다. 이 과정을 통해 상대방이 알고 있는 게 사실은 알고 있는 게 아니라는 결론에 도달하는 것이지요. 반어법적 문답법이라 할까요. 이럴 때 질문을 받는 사람이 얼마나 당혹스러웠겠습니까? 그러니까 소크라테스를 '문제를 일으키는 사람', '골치 아픈 존재'로 여겼겠지요.

표정훈 그것이 어디에 가장 잘 드러나 있습니까?

강영안 소크라테스의 문답법, 그러니까 '무지의 지'에 도달하기 위해 끊임없이 묻고 또 묻는 방법이 잘 드러나 있는 문서는 예컨대 플라톤의 대화편 《에우티프론》입니다. '경건敬虔'이란 무엇인가, 신을 제대로 섬긴다는 것이 무엇인가를 두고 논의가 진행되지요. 논의가 진행되는 동안 에우티프론은 신을 제대로 섬기는 것이 무엇인지 정확히 정의하지도 못하면서 경건한 행동을 한다는 모순에 빠집니다. 결국 에우티프론은 답변을 회피하고 자리를 떠나지요.

표정훈 흔히 소크라테스를 '철학의 아버지', '철학의 화신'이라고 합니다. 무슨 뜻입니까?

강영안 우리가 소크라테스를 '철학의 화신'이라 할 때, 세 가지로 나누어 생각해 볼 수 있습니다. 첫째는 생활 방식입니다. 세상 사람들이 재물이나 명예를 추구하는 것과 달리 지혜를 추구하는 삶의 방식을 선택한다는 것 자체가 소크라테스에게는 철학이었다는 겁니다. 삶의 방식에 대한 선택이 되겠지요.

두 번째는 철저하게 근거를 물어 간다는 것, 즉 질문을 던진다는 뜻입니다. 철학의 어떤 전형적인 모습이 여기에 있습니다. 하이데거가 말했지요. "질문은 사유의 경건이다." 깊이 생각하는 태도를 지속시켜 주고 떠받쳐 주는 경건은 다름 아니라 질문하는 것이라는 뜻입니다. 소크라테스에 대해 아테네 사람들은 질문의 고수라고 생각했습니다. 정작 자신은 답은 내놓지 않으면서 질문을 던지는데, 그 질문에 빠지면 헤어 나오기 힘들어지는 겁니다.

표정훈 왜 질문을 그렇게 던질까요? 보통 사람이 볼 때는 참 고약한 방식인데 말입니다. 정말 갈 때까지 한 번 가보자는 식으로 코너에 몰아대는 태도로 비칠 테니, 그런 사람을 좋아할 사람은 드문 게 당연해 보입니다.

강영안 그렇습니다. 바로 그런 측면에서도 아테네 사람들이 소크라테스를 좋아하기 힘들었지요. 그러나 질문을 던진다는 건 결국 우리 삶이 근거가 있는 삶, 이유가 있는 삶이어야 한다는 요청에서 비롯된 것입니다. 이런 진지한 고민이 소크라테스가 철학하는 태도의 밑바탕에 깔려 있습니다. 여기에서 말하는 '근거', '이유'가 그리스어로 바로 '로고스logos'입니다.

소크라테스는 이렇게 말하지요. "캐묻지 않는 삶은 살 가치가 없는 것이다." 다시 말해서 따져 묻고 검토해 보고 반성해 보지 않는 삶은 살 가치가 없다는 겁니다. 여기에서 철학은 삶의 반성, 삶의 근거에 대한 물음, 근거 있는 삶, 이유 있는 삶에 대한 요구이자 요청, 그 자체라고 볼 수 있습니다.

표정훈 그렇다면 이론이 아니라 철저하게 삶에 주안점을 두고 있는 셈입니다.

강영안 그렇습니다. 세 번째로, '로고스가 있는 삶'이란 지식이나 이론 추구의 삶이 아니라 인간답게 잘 사는 삶입니다. 인간답게 잘 사는 삶이라는 게 결국 '덕스러운 삶'이라고 할 수 있는데, 여기에서 덕, 곧 '아레테arete'는 인간으로서 가장 훌륭하고 빼어난 삶을 사는 것입니다. 물건을 자르는 칼의 덕은 날카로움이고, 글씨를 쓰는 데 사용하는 만년필의 덕은 글씨가 잘 써지는 것입니다. 소크라테스가 인간으로서 가장 훌륭한 삶을 산다고 할 때의 삶은 신체적이고 감각적인 삶이라기보다는 영혼을 돌보는 삶입니다.

표정훈 신체적 삶을 부정적으로 본 것은 플라톤 아닙니까?

강영안 물론 대화편이 소크라테스 자신이 아니라 그 제자 플라톤에 의해 작성됐다는 점도 감안해야겠지요. 영혼을 중시하는 플라톤의 경향이 개입됐을 가능성이 있다는 겁니다. 그러나 여러 자료에 나와 있는 소크라테스의 삶의 태도를 볼 때, 소크라테스도 신체보다 영혼을 귀하게 여겼다고 보는 게 타당합니다. 소크라테스는 물질 추구나 명예 추구가 아니라 영혼을 돌보는 방식의 삶을 선택하는 것을 신의 소명으로 보았습니다.

여기에서 신이란 아폴론 신을 말합니다. 요컨대 영혼을 돌보는 삶을 아폴론의 소명으로 보고, 그런 삶을 살도록 다른 사람들을 격려하고 충동질하고 이끄는 것이야말로 소크라테스 자신이 아테네에 사는 이유라고 생각했습니다. 그래서 소크라테스는 자신을 '잠자는 아테네 사람을 일깨우는 쇠파리'라고 자처하지요. 결국 소크라테스 자신의 철학적 태도나 삶은 아테네인들의 물질주의적이고 현세적인 삶의 방식에 불편을 가져다줄 수밖에 없었습니다.

표정훈 영혼이나 죽음에 관한 소크라테스의 입장을 어디서 볼 수 있습니까?

강영안 플라톤의《파이돈》이지요.《파이돈》은 플라톤 중기 저작에 속하는데, 소크라테스보다 플라톤의 목소리가 상대적으로 많이 개입됐을 가능성이 큰 작품입니다. 여하튼《파이돈》에서 소크라테스는 철학을 '죽음의 연습melete thanatou'이라 말하지요. 죽음은 몸과 영혼이 분리되는 것인데, 이것은 결국 영혼이 몸에서 해방되고 자유로워져 정화됨을 뜻합니다. 죽음은 분리chorismos, 해방eleutheria, 정화katharsis, 이렇게 세 가지로 규정됩니다.

죽음은 신체로부터의 분리이되, 단순한 분리가 아니라 신체의 속박으로부터의 해방이요, 죽음을 통해서 비로소 영혼이 신체의 오염을 벗어나 깨끗함을 받을 수 있다고 본 것이지요. 그래서 소크라테스는 자신의 죽음을 기꺼이 받아들일 수 있었지요. 소크라테스만큼 즐거워하며 죽음을 맞는 모습을 보인 경우가 아마 없을 것입니다.

표정훈 그렇다면 진정한 삶은 죽음 이후에야 가능하다고 보아야겠군요.

강영안 소크라테스의 죽음에 대한 태도를 보면 애당초 죽음 자체를 그다지 중요하게 여기지 않은 듯합니다. 생명이 철학보다 더 중요하다고 여기지 않았다고 할까요. 죽음을 하나의 해방의 사건이요 정화의 계기로 보았기 때문에, 죽음을 통해 영혼이 육신에서 해방되어 참된 인식에 도달하리라 기대했던 겁니다. 물론 여기에도 플라톤 사상이 개입되었을 가능성이 크다는 점을 감안해야 합니다. 여하튼 영혼을 돌본다는 것은 감각을 통해 획득할 수 없는 인식에 도달하는 것이고, 그렇게 하자면 지금, 여기에서 '죽음의 연습'을 해야 하는 것이지요. 만일 철학이 지금, 여기에서 하는 '죽음의 연습'이라면 육신으로 맞이하는 죽음을 두려워할 이유는 없겠지요.

삶의 방식으로서의 철학

표정훈 다시 철학의 실천성이랄까, 삶으로서의 철학 문제를 생각해 보면, 그리스철학이 결국 순수 이론적 측면뿐 아니라 생활 방식이기도 했다는 말씀으로 들립니다.

강영안 분명 그리스철학은 철저하게 문제를 논리적으로 따져 나가는 이론적 색채를 강하게 지닙니다. 그러나 철학은 특별한 생활 방식의 의도적이고 자발적인 선택hairesis이기도 했습니다. 이것은 소크라테스 본인뿐 아니라 그에게서 연원한 여러 철학 학파에서도 볼 수 있지요. 소크라테스의 제자 가운데 안티스테네스Antisthenes(BC 445?~365)는 인간 존재의 목적은 쾌락에 있는 것이 아니라 '탁월함', 곧 덕德의 실현에 있다고 보았습니다. 그래서 엄격하고 금욕적인 태도로 살았습니다. 이 점에서 나중에 스토아주의에 영향을 미칩니다. 디오게네스Diogenes(BC 412?/404?-323)가 바로 이 안티스테네스의 제자였지요.

표정훈 그 많은 일화를 남긴 디오게네스 말씀이신가요?

강영안 '개 같은 디오게네스Diogenes ho kuon'라고 불린 철학자이지요. 철학사에서 '견유犬儒학파'라고 부르는 이들이 여기서 나왔습니다. 금욕주의자 안티스테네스보다 더 쾌락을 멀리한 철학자로 온갖 종류의 사치나 평판, 재물이나 안락함을 거부하고 산 것으로 알려져 있습니다. 권력과 부, 명성 등 모든 세속적인 가치에서 자유롭게 살고 행동했다는 뜻에서 '삶의 방식'으로서의 소크라테스적 철학에 철두철미하게 헌신한 사람이라 하겠지요.

표정훈 일화 가운데 어떤 것이 있습니까?

강영안 낮에도 등불을 들고 정직한 사람을 찾아다녔다는 얘기나 알렉산드로스 대왕이 뭘 가지길 원하느냐고 물었을 때 "자기와 해 사이를 제발 가로막지 말아 달라"고 했다는 얘기는 너무 유명하지요. 다른 일화도 있습니다. 디오게네스가 알렉산드로스 대왕에게 무슨 계획을 가지고 있느냐고 물었더니, 그리스를 정복하려고 한다고 답합니다. 그다음 뭘 할 계획이냐고 했더니, 소아시아를 정복하려고 한다고 했지요. 그다음에는 뭘 계획하느냐고 했더니, 세계를 정복할 것이라고 했지요. 다시 물었습니다. 세계를 정복한 다음에는 뭘 할 것인가. 그때는 좀 쉬면서 즐기겠다고 했습니다. 그랬더니 디오게네스가 이렇게 말했다고 합니다. "대왕이여, 지금 쉬면서 즐기지 않고 왜 그렇게 사서 고생을 하려고 하십니까?"

표정훈 저도 디오게네스와 알렉산드로스 대왕의 그 일화를 접하고 새삼 제 삶을 돌이켜 봤던 기억이 새롭습니다. '지금 내가 삶에서 추구하는 목적이나 계획이 과연 어떤 의미인가?' '왜 나는, 아니 우리는 현재를 미래에 저당 잡힌 채 살아가고 있나?' 이런 자문이었습니다. 소크라테스 제자 가운데 철학을 삶의 방식으로 계승한 사람은 또 누가 있습니까?

강영안 아리스티포스Aristippus(BC 435?-356)가 있지요. 그는 주어진 상황이면 어떤 것이든 수용하고 쾌락을 누리는 것을 삶의 목표로 설정합니다. 쾌락주의로 분류되는 에피쿠로스주의에 영향을 주었지요. 반면에 플라톤은 학문적인 방향으로 간 제자입니다. '아카데미아'를 결성해서 수학과 철학을 연구하는 연구 공동체이자 생활 공동체를 꾸려 나갔지요. 플라톤을 이은 아리스토텔레스는 '리케이온Lykeion'을 중심으로 연구 공동체를 결성했습니다. 이들로부터 서양철학의 엄밀한 학문적 전통이 나옵니다. 소크라테스 이후, 금욕주의든 쾌락주의든, 아니면 플라톤이나 아리스토텔레스의 학문적 전통이든, '철학'이 단순한 논변에 그치지 않고 논

증하고 논변하는 것대로 살아가는 삶의 방식이었다는 점이 중요
합니다.[2]

표정훈 그렇다면 오늘날의 철학은, 말씀하신 그리스 전통의
철학적 측면이 사라진 게 아닐까요?

강영안 그게 이상한(?) 형태로 남아 있는 것이 바로 철학자에
대한 사람들의 선입견이겠지요. 여름에 겨울 외투 입고 다닌다는.
하지만 오늘날 학문으로서의 철학은 어디까지나 이론적 활동, 엄
격한 지적 활동, 학문 활동으로 보는 관점이 지배적입니다. 철학
을 엄밀한 지적 활동이라 보게 된 것은 서양 고대철학 전통이 기
독교화되었던 것과 깊은 관련이 있다고 생각합니다. 기독교와 철
학이 만나면서 철학 자체의 정체성에 커다란 변화가 생긴 것이지
요. 이런 점에 착안하여 철학사를 기술한 것을 나는 아직 보지 못
했습니다.

표정훈 철학이 기독교와 만나면서 어떻게 변했습니까?

강영안 나는 서양 고대철학과 기독교가 만나면서, 철학이 지
향하던 삶의 방식은 기독교적 삶의 실천으로 대치되었다고 봅니
다. 기독교 신앙이 철학으로 간주된 것이지요. 우리가 '교부敎父'라
고 부르는 초대 교회의 지도자들이 이런 경향을 보입니다. 기독교

신앙이 진정한 의미의 철학이라는 거지요. 참된 진리를 찾고 영혼의 평정을 얻을 수 있는 참된 철학이 기독교라는 겁니다. 고대 그리스철학 전통에서 추구했던 영혼의 정화, 마음의 평정과 자유를 기독교 신앙을 통해 얻을 수 있다고 보았습니다.

표정훈 제가 교부들에 관해 무지한 탓에 좀 더 구체적으로 말씀해 주시면 좋겠습니다.

강영안 초기 기독교 교부들, 이를테면 순교자 유스티누스, 오리게네스, 아타나시우스, 그리고 이들의 전통을 이은 카파도키아 교부들이 모두 기독교 신앙이야말로 '참된 철학'이라고 생각했습니다. 지금은 터키 지역인 카파도키아에서 활동했던 닛사의 그레고리우스Gregory of Nyssa와 나지안주스의 그레고리우스Gregory of Nazianzus를 예로 들어 보도록 하지요.

철학 곧 '필로소피아'가 무엇입니까? '지혜 사랑'이지요. 그런데 지혜를 어디서 얻을 수 있습니까? 카파도키아 교부들에게 하나님은 지혜의 원천일 뿐 아니라 '지혜 자신autosophia'인 분이었습니다. 따라서 '지혜 사랑' 곧 철학을, '지혜 자신'인 하나님을 사랑하는 것으로 이해하였습니다. 따라서 자신이 곧 지혜이신 하나님을 진실로 사랑하는 신자야말로 진정한 철학자요, 신성한 철학자인 기독교인이 해명하고 드러내는 것이야말로 '참된 철학he alethe philosophia'이라고 보았습니다. 그리고 그 지혜를 따라 윤리적으로 사는 삶을 '철학적 삶의 방식tropos philosophos'이라고 카파도키아 교부들은 이해했습니다. 기독교 신학뿐만 아니라 복음을 따른 진정한 윤리적 삶이야말로 '기독교철학' 또는 '진정한 철학'이라는 생각은, 카파도키아 교부들 이후로도 아우구스티누스, 보나벤투라, 에라스무스, 칼뱅 등을 통해 고스란히 전승됩니다.

표정훈 그렇군요. 기독교 전통에서 이른바 '이교' 철학 전통을 배격한 이유를 알겠습니다. 만일 철학을 참된 삶의 방식이라고 정의하고 기독교 신앙이야말로 참된 삶의 방식이라 본다면, 기독교 신앙이 곧 철학이기 때문에 이교 철학을 필요로 하지 않게 되는군요. 그런데도 서양 중세를 보면, 제법 긴 세월 일종의 동면冬眠을 거쳐 철학이 다시 학문으로 자리 잡게 되지 않습니까?

강영안 그렇습니다. 기독교 전통에서 철학은 다만 그리스도를 모범으로 두고 살아가는 것으로 충분하다고 본 겁니다. 이렇게 삶의 방식으로서의 철학은 기독교 신앙이 완전히 흡수하게 됩니다. '그렇다면 철학은 폐기 처분해야 될 것인가?' 이런 물음이 당연히 등장합니다. 한편, 중세에 이르러 담론의 방법, 논증의 방법론이라는 철학의 측면이 부각됩니다. 신약성서 베드로전서 3장 15절을 보면, 베드로는 "너희가 소망을 둔 것에 대해서 그 이유(로고스)를 묻는 자들에게 답할(아폴로기아: 변증, 변호) 준비가 되어 있으라"고 말합니다. 기독교 신앙인이 소망을 둔 것의 이유와 근거, 즉 로고스를 묻는 이에게 답할 수 있는 준비를 하라는 거지요. 철학은 바로 그런 준비의 방법이 된 겁니다. 중세 신학자요 철학자였던 안셀무스Anselm of Canterbury(1033-1109)의 말을 빌려 표현하자면 '알기를 추구하는 신앙fides quaerens intellectum'의 수단으로서 철학이 본격적으로 자리 잡기 시작했다는 말입니다.

표정훈 중세의 대표 철학자요 신학자로 우리는 토마스 아퀴나스Thomas Aquinas(1224?-1274)를 듭니다. 아퀴나스가 철학을 논증 방법으로 사용한 신학자의 전형적인 예가 될 수 있을까요?

강영안 아퀴나스 이전에 이미 철학적 논리를 정교하게 전개한 대표적 신학자로 안셀무스와 아벨라르Pierre Abélard(1079-1142)를 들 수 있습니다.

표정훈 아벨라르라면, 나중에 빠라끌레 수녀원의 원장이 된 엘로이즈와 그 유명한 연애 사건이 있었던 신학자 말씀인가요?

강영안 네, 아벨라르와 엘로이즈의 연애 이야기는 매우 유명하지요. 두 사람의 사랑과 이별, 그리움을 서로 위로하며 나눈 편지는 아직도 읽는 이의 심금을 울리기에 충분합니다. 수녀원장의 입에서 나온 "저는 황제의 아내이기보다 오히려 당신의 창녀이기를 바랍니다"라는 등 지금 들어도 파격적인 내용의 편지는 읽는 사람을 놀라게 하지요.

표정훈 그 연애 사건과 관련된 책이 출간되기도 했지요.

강영안 나도 '동서고전세미나' 시간에 두 사람 사이에 오고
간 편지를 다루면서 그 책을 학생들에게 소개하기도 했습니다.
안셀무스와 아벨라르는 그리스철학에서 논리학을 적극적
으로 신학에 도입했습니다. 물론 중세 신비신학자 가운데 한 사람
인 클레르보의 베르나르Bernard de Clairvaux(1090?-1153)같이 신학에
논리학을 도입하는 것을 적극 반대한 지도자들도 있었지만요. 그
러나 안셀무스와 아벨라르는 신학적 명제들을 주장 명제와 반대
주장 명제로 나누어, 그 둘을 대립시켜 어느 것이 참인지를 밝히는
방식을 사용했습니다. 이 점에서 이들은 이른바 '스콜라철학'의
선구자가 된 셈이지요. 중세신학과 중세철학의 교과서《신학명제
집》을 쓴 페트루스 롬바르두스Petrus Lombardus(1100?-1160)는 아벨라
르의 제자였지요.

논증으로서의 철학

표정훈 토마스 아퀴나스는 지금 선생님과 얘기하는 주제와
관련해 어떤 위치에 있습니까?

강영안 매우 단순화해서 이야기하자면, 토마스 아퀴나스는 이교도들에게도 하나님을 알 수 있는 이성적 능력이 있다고 믿었습니다. 성서를 기초로 한 '계시신학revealed theology' 외에도 모든 민족에게 고르게 분배된 이성에 기초한 '자연신학natural theology'이 가능하다고 본 것이지요. 그러므로 기독교 전통 바깥, 특별히 그리스와 로마 전통에서도 일종의 신지식神知識과 도덕의식을 발견할 수 있다고 믿었습니다. 따라서 기독교 신앙에 의해 완전히 대치된 그리스와 로마의 철학을 훨씬 적극적으로 수용할 수 있었던 것이지요.

표정훈 이성적 능력의 보편성을 승인한 셈인데, 그렇다면 그때 말하는 철학이란 혹시 논리학이었습니까?

강영안 토마스 아퀴나스는 철학을 단순히 논리학에 국한하지 않았습니다. 안셀무스나 아벨라르는 철학을 주로 논리학과 관련해 생각했지만, 토마스 아퀴나스는 형이상학과 인식론, 윤리학, 정치학 등 그리스의 이론철학과 실천철학을 적극적으로 수용합니다. 《신학대전Summa Theologiae》에는 누구인지는 밝히지 않고 "철학자가 말했다"라는 구절이 자주 나오는데, 여기서 말하는 철학자는 아리스토텔레스이지요. 아리스토텔레스의 개념과 사고 형식을, 신앙의 진리를 해명하고, 문제를 따져 가고, 논변을 펼칠 때 적극적으로 사용하고 있습니다.

표정훈 철학을 단순히 논리학에 국한하지 않은 데는 어떤 이유가 있습니까?

강영안 아리스토텔레스의 재발견이 아마도 가장 중요한 이유가 되지 않았을까 생각합니다. 그때까지만 해도 사실 고대철학은 부분적으로 알려져 있을 뿐 오늘날 우리가 볼 수 있는 것처럼 문헌이 충분히 정리되어 있지 않았습니다. 그러나 아랍인들의 아리스토텔레스 번역에 자극을 받아, 일부 기독교인들과 유대인들이 아리스토텔레스의 저작을 직접 그리스어에서 라틴어로 번역하게 되지요. 그 가운데 한 사람이, 지금의 벨기에 지역 플랑드르 출신의 무르베이크의 빌름Willem van Moerbeke(1215-1286)이지요. 그는 말년에 그리스 코린트의 주교를 지내면서 기존의 아리스토텔레스 번역을 수정하거나, 《정치학》 같은 저작을 번역했습니다. 문체는 딱딱했지만 그 번역의 정확성은 지금도 인정받고 있습니다. 토마스 아퀴나스는 그 당시로는 가장 좋은 번역으로 아리스토텔레스를 읽을 수 있었습니다.

표정훈 그랬군요.

강영안 토마스 아퀴나스와 같은 뛰어난 신학자들 덕분에 아리스토텔레스의 논리학 외에도 형이상학, 윤리학, 정치철학 등 철학의 다양한 분야가 적극적으로 수용되어 기독교적 진리를 철학적 언어로 번역·표현할 수 있었지요. 철학이 '신학의 시녀ancilla theologiae'라는 이름을 얻게 된 결정적 이유이기도 하지만 철학이 점점 정교화·전문화된 것도 역시 중세였습니다.

피에르 아벨라르, 토마스 아퀴나스, 보나벤투라, 둔스 스코투스, 오캄의 윌리엄은 뛰어난 신학자인 동시에 뛰어난 철학자였습니다. 이들을 통해서 플라톤과 아리스토텔레스가 이어지지 않았다면 서양 근대철학을 생각하기 힘들지요.

표정훈 중세 교육 제도 안에서의 철학도 알고 싶습니다. 중세 대학의 구조를 보면, 지역이나 시대에 따라 약간 차이가 있다 하더라도 공통점이 있었다고 알고 있습니다. 당연히 대학에는 신학부가 있었고 그 외에도 법학부와 의학부가 있었습니다. 철학은 이러한 학부들 가운데 어느 하나에 들어가서 전문 지식을 배우기 전에, 일종의 교양으로 배운 것이 아니었습니까?

강영안 그렇지요. 큰 틀에서 보면 철학은 이른바 '아르테스 리베랄레스artes liberales', 영어로는 'Liberal Arts', 우리말로 번역하자면 '자유 학예' 정도로 할 수 있을까요? 자유인으로서 갖추어야 할 기본 지식을 일컫는 것이었죠. 요즘 같으면 인문학과 기초적인 자연과학을 포함한 공부입니다. '소리vox'와 관련해서 문법, 수사학, 논리학, 그리고 '사물res'과 관련해서 산수학, 기하학, 천문학, 음악이 있었지요. 철학은 논리학이라는 이름으로 이 가운데 들어가 있지요. 대학의 출현과 철학의 정체성은 매우 중요한 관계가 있습니다.

표정훈 어떤 의미에서 그렇습니까?

강영안 대학의 출현과 함께 책의 존재 의미, 그리고 철학의 위치, 아니 철학의 정체성에 본질적인 변화가 왔다고 나는 생각합니다. 조금 자세히 설명해 볼까요?

서양의 수도원 전통에서는 책이 무척 중요합니다. 움베르토 에코가 쓴 《장미의 이름》이라는 소설을 아시지요? 수사관으로 나오는 윌리엄 수사가 조수 아드소를 데리고 수도원에 도착했을 때 수도원장이 이렇게 말하지요. "책이 없는 수도원은 음식 없는 식탁, 약초 없는 정원, 꽃이 없는 들판, 잎사귀 없는 나무와 마찬가지입니다. 우리 수도회는 노동과 기도라는 두 가지 명제 아래 성장하여 우리에게 알려진 인간 지식의 창고가 되고, 화재·약탈·지진으로 소멸 위기에 처한 고대 학문의 구원자이며, 새로운 저술의 원천임과 동시에 옛 문헌의 증가에 힘쓰기도 하며……. 이런! 당신도 알다시피 우리는 지금 대단한 암흑시대에 살고 있습니다."

표정훈 《장미의 이름》은 책과 관련해 일어난 살인 사건을 다루고 있지요.

강영안 아리스토텔레스의 《시학》 가운데 희극에 관한 책을 두고 사건이 발생하지요. 웃음을 악마적이라고 보는 수도사 호르헤가 그 책을 도서관의 가장 찾기 어려운 곳에 감추고, 책에다 독을 발라 두지요. 호기심 때문에 그 책에 접근한 사람이 책장을 넘기느라 손가락에 침을 바를 때 혀를 통해 독이 침투해 죽게 되도록 만들었지요. 중세 수도원은 학문 연구의 장이기보다 책을 필사하고 보존하는 역할을 했습니다. 만일 중세 수도원이 없었다면, 우리가 알고 있는 고·중세 서적들은 오늘에 전해질 수 없었을 것입니다.

표정훈 성 베네딕토는 《수도회칙》에서 수도사가 해야 될 가장 중요한 일로 '기도와 노동'을 규정했다고 알고 있습니다.

강영안 그래서 '기도하라 그리고 일하라ora et labora'라는, 수도원의 삶을 대변하는 말이 나왔습니다. 그러나 기도에 앞서 하는 일이 '독서lectio'입니다. 공동의 독서이든 홀로 하는 독서이든, 수도원에서는 독서를 강조했습니다. 이때의 독서는 물론 소리 내어 읽는 것이지요. 그리고 독서와 아울러, 하나님의 말씀을 하루 종일 입으로 웅얼거리면서 마치 소가 되새김질하듯 곱씹어 영혼의 양식으로 삼는 일이 중요합니다. 수도사들이 필사실에서 일하는 모습을 꿀벌들이 꿀을 따면서 내는 소리에 비유하기도 했습니다. 소리 내어 읽고, 귀로 듣고, 마음에 새기는 것이지요. 독서는 이렇게 일종의 '영적 수련' 과정이었습니다.

표정훈 그런데 대학이 생기면서 변화가 왔다는 말씀인가요?

강영안 그렇지요. 대학의 독서 방식, 이른바 '스콜라적 읽기 lectio scholastica'는 '수도원의 독서 방식lectio monastica' 또는 '거룩한 독서lectio divina'와 본질적으로 달랐습니다.

수도원을 중심으로 실행하던 읽기 방식인 '렉시오 디비나' 곧 '거룩한 독서'는 우선 소리 내어 읽기lectio가 앞서고, 다음으로 그것을 되씹는 묵상meditatio, 이것을 토대로 한 기도oratio, 그리고 관상contemplatio으로 이어집니다. 그 목적은 어디까지나 영적으로 성품이 형성되고 성숙되는 것이지요.

오랜 수도원 전통의 독서 방법을 체계적으로 정리한 문헌도 있습니다. 카르투시오 수도회 9대 장상을 지낸 귀고 2세Guigo II 의《수도사의 사다리 Scala Claustralium》입니다. 오랫동안 아우구스티누스와 베르나르의 글로 오인되어 왔던 작품이지요. 다행히 허성준 신부님의《수도전통에 따른 렉시오 디비나》(분도출판사, 2003) 부록에 번역·게재되어 있습니다.

스콜라적 읽기는 주어진 명제나 텍스트를 읽고, 그 말뜻을 이해하고 분석하고 참과 거짓을 가려내는 비판 작업을 거칩니다. 여기서 읽기란 일종의 수행修行 과정이기보다는 정보 획득과 진위 구별, 수정과 반박 과정이라 할 수 있습니다. 인격과 무관한 방식이지요.

표정훈 철학하는 방식에 변화가 있는 것은 당연하겠습니다.

강영안 그렇습니다. 앞에서 우리는 소크라테스 후예들이 여러 방향으로 분화되었다는 얘기를 했습니다. 크게 보자면 플라톤의 학문적 전통과 안티스테네스와 아리스포스의 실천적 전통으로 나눌 수 있겠지요. 실천적 전통은 이른바 견유학파, 스토아학파, 에피쿠로스학파를 들 수 있겠지요. 이들에게 철학이란 곧 정신적, 영적 수련 과정입니다. 그러므로 긴 인용문이나 논증보다는 짧은 인용문, 경구警句 등이 암송과 묵상의 수단으로 사용되었지요.

예컨대 짧은 경구 형식으로 되어 있는 에픽테토스나 마르쿠스 아우렐리우스의 글들이 이런 수단으로 이용되었지요. 물론 이론적 탐구와는 거리가 멀었습니다. 오히려 묵상을 통해 자신을 살피고, 욕망을 떠나 이성을 따른 삶을 추구한 사람들이 철학자들이었지요. 수도원 전통은 그리스와 로마의 이 전통과 밀접한 연관이 있습니다.

표정훈 수도원에서는 이들의 경구보다는 성구聖句가 암송과 묵상의 대상이 되었겠습니다.

강영안 그렇지요. 그러나 대학에서는 이런 방식으로 공부할 수 없었습니다. 책을 읽더라도 중요한 것은 질문을 던지고, 질문에 대한 답을 시도하지요. 그리고 다시 그 답에 대해 반론을 하고, 재반론하는 방식으로 진행되었지요. 이것이 이른바 '스콜라적 방법'의 전형적인 모습입니다. 1128년에 나온 휴고Hugo de St. Victor의《디다스칼리콘Didascalicon》에는 '독서법modus legendi'이라는 부제가 붙어 있습니다. 이 책은 중세의 과도기적 성격을 보여 줍니다. 수도원적 읽기를 강조하면서도 이른바 '스투디움studium' 곧 연구를, 공부 방법으로 제안하고 있지요. 순수한 수도원적 읽기는 연구가 아니었습니다. 씹고 또 씹어 자신의 삶의 영양분으로 만드는 행위였지요. 연구는 벌써 텍스트와 읽는 이 사이에 거리를 만듭니다.

표정훈 스콜라적 읽기란 그런 행위와 달리 문제 제기, 따져 나가기, 진위 판정 등이 중요하겠군요. '철학의 읽기, 읽기의 철학', 이런 말도 가능하겠습니다.

강영안 토마스 아퀴나스의《신학대전》은 그런 방식으로 구성이 되어 있습니다. 먼저 물음이 있고, 물음에 대한 답이 주어지고, 그것과 정반대의 답이 다시 주어지고, 그것들을 차근히 논리적으로 문제의 성격에 따라 따져 나가, 결국 어느 답이 옳은지 판정을 내리지요. 사실 여기서 우리는 비판적 철학 태도를 만날 수 있습니다. 그런데 이 방식은 논리적으로 문제를 다루고 결론을 내리게 하지만, 수도원 전통의 영적 훈련과 다릅니다. 이 점에서 중세

스콜라 철학 전통은 플라톤과 아리스토텔레스 전통을 고스란히 근대로 전달해 주는 역할을 할 수 있게 되는 것이지요. 철학의 이론적·학문적 전통은 신학자들을 통해 보존되고 발전되었다고 할 수 있겠습니다.

표정훈 결국 기독교 신앙의 근거를 변호하고 체계화하고, 또 그것에 대한 공격에 답하기 위한 도구로 철학을 사용하게 된 것이군요.

강영안 그래서 중세에 들어와 철학을 '신학의 시녀'라고 일컫게 된 거지요. 신학적 작업을 해나가는 지적 도구로 철학을 사용하였지만, 역설적이게도 이를 통해 중세철학이 발전한 겁니다. 사실 중세까지만 해도, 아니 중세 말 혹은 데카르트 이전까지만 해도 기독교 신앙 그 자체가 참된 철학이라는 생각이 지배적이었습니다. 이를테면 칼뱅도 마찬가지였어요. 그에게 '기독교철학'이란 '기독교적 삶의 경건', '경건한 삶'이었으니까요. 그의 대표작인 《기독교강요基督教綱要》에 그런 생각이 흐르고 있습니다. 적어도 중세 이후로 16세기 중반까지 철학은 다른 학문의 예비 단계로, 그리고 신학의 논증 수단으로 이용되었습니다.

표정훈 그렇다면 철학이 신학으로부터 언제 독립하게 됩니까?

강영안 그 질문은 이렇게 바꾸어야 하지 않을까 싶습니다. "중세 이후, 사제나 신학자가 아니면서 이론적인 철학을 한 사람이 누구인가?"라고 말이지요. 만일 이렇게 바꾸어 질문할 수 있다면, 아무래도 데카르트라고 답할 수 있겠습니다. 미셸 드 몽테뉴 Michel de Montaigne(1533-1592)를 먼저 꼽고 싶기도 하지만, 그는 이론으로서의 철학보다는 스토아 철학이나 에피쿠로스 전통처럼 그야말로 '삶의 기술'로서의 철학을 펼쳤다고 할 수 있습니다. 이 전통은 파스칼, 쇼펜하우어로 이어진다고 할까요? 삶의 지혜를 쉽게 외울 수 있고 되씹을 수 있는 경구 형식으로 표현한 분들이지요. 철학이 신학에서 독립하여, 신학과 별도의 위치에서 일종의 심급자審級者로 구실하게 되는 것을 우리는 데카르트에게서 볼 수 있습니다.

표정훈 데카르트를 그러면 중세와 단절한 인물로 볼 수 있습니까?

강영안 그렇지 않습니다. 데카르트조차 고·중세 전통에서 철학을 일종의 영적 수련, 영혼의 자유를 획득하기 위해 밟아야 할 수련 과정으로 보는 관점을 완전히 벗어나지는 않았습니다. 그가 쓴《성찰》의 구조만 봐도 알 수 있지요. 6일 동안 하루에 한 단계씩 자기 자신을 들여다보는 구조거든요. 첫날에는 회의에 관해, 둘째 날에는 생각하는 존재의 확실성에 관해, 이런 방식으로 묵상

Meditatio을 하고 있지요. 내용은 물론 형이상학적 주제이지만 적어도 형식 면에서는 수행修行 전통을 따르고 있습니다.

데카르트가 예수회 신부들이 세운 학교에서 근 10년을 공부했기 때문에 이냐시오 로욜라Ignatius de Loyola(1491-1556)의 《영신수련》의 수행법을 소상하게 알고 있었다고 가정해도 전혀 무리가 아닙니다. 이 수행법은 중세 수도원 전통에 따른 것이지요. 요컨대 캐물어 보는 삶의 전통으로 이어진다고 볼 수 있습니다. 따라서 데카르트에게조차 철학은 완전히 이론적인 것이 아니라 영혼의 정화와 구원을 얻기 위한 과정, 삶을 검토하는 것이었습니다.

표정훈 이 전통이 데카르트에게서 끝이 나나요?

강영안 아니요. 칸트에게서도 발견됩니다. 칸트의 '세계시민의 관점에서 본 철학'은 단순히 지식의 체계가 아니라 참다운 삶의 지혜를 추구하는 활동이거든요. 칸트에게 학문으로서의 철학은 현실이 아니라 하나의 이념이었습니다. 다시 말해서 완전한 체계를 이룬 철학은 현실적으로는 존재하지 않는다는 거죠. 다만 우리는 이념을 향해 나아가고 있다고 보았습니다.

진정한 철학자는 이념에서 지식의 완전성뿐 아니라 삶에서 도덕적 완전성까지 보여 줄 수 있는 사람이어야 합니다. 칸트는 이것을 일컬어 철학자는 이성의 기술자가 아니라 인간 이성의 입법자라고 말했습니다. 가장 이상적인 삶의 방식을 선택하고 그 방식에 따라 삶을 살아가는 사람이 칸트가 생각한 진정한 의미의 철학자입니다.

표정훈 철학자의 현실과 이념, 또는 전문적인 학술 개념으로서의 철학과 철학자의 이념 사이에 일종의 긴장이 생길 법합니다.

강영안 사실 그 두 측면이 칸트 철학 안에서 긴장을 조성합니다. 칸트는 철학을 모든 지식의 체계로도 이해했거든요. 그렇다면 그런 체계 개념과 칸트가 추구하려 하는 철학자 개념이 정확히 일치하기는 힘들다고 할 수 있습니다. 그런 불일치의 어려움 혹은 긴장이 발생할 수밖에 없는 지점에서 동양철학에 관해 물어볼 수 있지 않을까요?

수양으로서의 철학

표정훈 '동양철학은 과연 철학인가? 철학이라는 말을 붙일 수 있는 그 어떤 것이 동아시아에도 있었는가? 퇴계, 율곡, 주희, 왕양명 등을 과연 철학자라 일컬을 수 있는가?' 이런 질문이 되겠습니다.

강영안 전통 동아시아 지식인들은 서양 전통에서 철학이라는 이름으로 해온 활동과는 다른 활동을 했다고 말하는 것이 옳으리라 생각합니다. 지금까지 해온 얘기를 바탕으로 해서 보면 그들은 삶의 방식으로서 철학을 했지만, 엄밀한 의미에서 논증적인 철학을 한 것은 아닙니다. 넓게는 사상의 범주에 넣을 수 있다고 하더라도 철학의 범주에 넣기를 주저하는 사람들이 많다는 것을 생각해 보아야겠지요.

표정훈 그러나 동아시아 전통에도 그 나름의 논증 방식은 있다고 볼 수 있지 않겠습니까?

강영안 물론입니다. 퇴계와 고봉이 '사단칠정四端七情' 문제에 관해 주고받은 편지를 자세히 읽고 크게 놀랐습니다. 서양의 논리 구조와는 물론 다르지만, 자신의 주장을 뒷받침하는 근거와 논리를 내세우며 서로 따져 묻는 정연한 방식이 있다는 걸 알았거든요. 그러니 동아시아에는 논변이 없다는 단적이고 일률적인 주장은 성립되기 힘듭니다. 중국 고대 사상에서 묵가墨家나 명가名家에서도 일종의 논리 사상을 발견할 수 있지요.

다만 전체적으로 볼 때는 서양 철학자들에서 볼 수 있는 논리적 검토는 찾기 힘들지요. 예컨대 주희朱熹(1130-1200)와 비슷한 시기에 철학을 했던 안셀무스, 아벨라르, 아퀴나스 등을 읽어 보면, 하나의 질문 혹은 주제와 그에 대한 주장, 또 그 주장에 대한 반대 주장, 그런 주장들에 관한 치밀한 논리적 검토 등이 이루어지고 있지요.

표정훈 그렇다면 동아시아 전통 사상에서 어떤 철학성 같은 걸 찾는다면 논변과 담론, 체계로서의 철학이 아니라 삶의 기술로서의 철학 또는 수양으로서의 철학에서 찾아야 하겠습니다.

강영안 앞서 말한 적 있습니다만 서양 고대 전통에서 철학이란 단순히 담론이나 논변이 아니라 생활 방식의 선택이자 생활 방식 그 자체였습니다. 삶의 방식 또는 삶의 기술이라고 할 수도 있지요. 이렇게 본다면 동아시아 전통에도 분명 철학적인 것을 찾을 수 있습니다. 더구나 그런 삶의 방식, 삶의 기술에 관한 일정한 담론을 형성해서 텍스트를 이룩하지 않았습니까? 유가적 삶의 방식에는 《논어》와 《맹자》 텍스트가 있고, 노장적 삶의 방식에는 《도덕경》과 《장자》 텍스트가 있고, 묵가적 삶의 방식에는 《묵자》 텍스트가 있으니까요.

표정훈 그러나 미국 같은 곳에서는 예컨대 중국철학은 동아시아학과에서 다루지 않습니까? 중국 '철학'이 아니라 어디까지나 중국 사상사나 지성사가 되겠지요. 미국에서 동아시아 사상을 '철학'으로 연구하고 가르치는 곳은 하와이 대학이 사실상 유일하다는 말도 들은 적이 있습니다.

강영안 미국의 경우, 유학이나 불교, 도교와 관련된 연구는 대개 동아시아학과에서 할 뿐, 철학과에서는 꺼리고 있는 것이 사실입니다. 대단히 부당하다고 생각할 수 있지만, 한 걸음 물러나 바라보면 수긍할 부분도 있다고 생각합니다. 지난 세기에 유학이나 노장 사상을 마치 서양철학 하듯이 한 결과가 무엇입니까? 역사적 지식은 많이 쌓았을 수 있지만 그 사상이 겨냥하는 목적은 상실했다고 보아야 할 것입니다.

서양철학 전통과 동아시아 전통을 포괄해서 연구하고 가르치기를 원한다면 '철학과'라는 이름보다는 '철학사상과' 정도로 하는 것이 어떨까 합니다. 이것이 훨씬 폭이 넓지요. 그러나 이렇게 한다고 해도, '삶의 방식', '생활 방식'으로서의 철학의 이념을 실천하기에는 여전히 부족하지요.

표정훈 선생님이 쓰신 주희의 공부법에 관한 논문을 흥미롭게 읽었습니다. 특히 주희의 공부법으로 대표되는 전통 동아시아의 공부법과 서양 전통을 비교하는 대목이 흥미로웠습니다. 전통 동아시아의 공부법 또는 공부론이란 수양론修養論이나 심성론心性論과도 불가분이지요.

강영안 나는 그 논문을 쓰면서 동아시아 전통과 서양 전통 사이의 일치점을 보았습니다. 전체 서양철학 전통을 일컬어서 소크라테스 전통이라 할 수 있는 지점 또는 어떤 기반이 있다면, 그것은 바로 자기 자신에 대한 관심입니다. 여기에서 자기 자신에 대한 관심이란, 이기적 관심보다는 자기 자신을 돌보는 데 관심을 기울인다는 뜻입니다. 그렇게 자기 자신을 갈고닦아 나가는 것이 소크라테스 전통의 핵심이지요.

이것을 곧바로 유가의 말로 바꾸면 '위기지학爲己之學'이 됩니다. 주희는 제자들에게 공부에 관해 설명하면서 '위인지학爲人之學'(타인을 위한 공부)을 하지 말고 '위기지학'(자신을 위한 공부)을 하라는 걸 누누이 강조합니다. 바꿔 말하면 과거시험 공부도 해야 하지만 더 중요하고 근본적인 것은 자기 수양, 그러니까 성인聖人이 되기 위한 공부, 즉 성학聖學이 되겠지요. 체계로서의 철학이 아니라 수양으로서의 철학이라고 할까요.

표정훈 실제로 조선 선비들의 큰 고민들 중 하나도 과거시험 공부와 자기 수양으로서의 공부 문제였습니다. 율곡의 《격몽요결擊蒙要訣》을 봐도 그런 대목이 나옵니다. 더 넓게는 이른바 출처出處의 문제, 그러니까 사회와 역사와 노동의 세계에 적극적으로 투신해서 세계를 개선하기 위해 노력하느냐(出), 아니면 바른 뜻과 선한 본성을 온전하게 지키면서 자연과 은일隱逸의 세계로 물러나 있느냐(處) 하는 거였지요.

강영안 칸트 철학에서도 갈등이 있습니다. 칸트는 적어도 겉으로 보기에는 체계로서의 철학을 지향합니다. 칸트가 남긴 철학적 저술의 대부분이 체계로서의 철학에 해당하지요. 칸트의 비판철학이라고 할 때 비판은 우리의 인식 능력(지성과 감성), 욕구 능력(의지), 쾌와 불쾌의 능력(감정) 등의 힘과 범위와 한계를 검토하는 것을 뜻합니다. 그런 비판철학의 과제를 수행하는 칸트의 구체적인 작업은 체계로서의 철학을 지향하는 것처럼 보입니다.

그러나 칸트는 역시 인간이 되는 게 가장 중요한 철학의 과제라고 봅니다. 체계로서의 철학보다 수양으로서의 철학을 우위에 두는 거지요. 실제로 칸트는 실천이성을 이론이성보다 우위에 놓습니다. 단순히 우위에 있는 게 아니라 절대적으로 우위에 있다고 해도 지나친 말이 아닙니다. 인간이 그 도덕성을 실현하는 것, 거룩한 존재가 되는 것, 다시 말해서 성인이 되는 것이 사실상 칸트 철학의 궁극적 지향점입니다.

표정훈 유가 전통과 흡사합니다.

강영안 유가 전통에서 말하는 성인의 학, 곧 성학聖學이지요. 개인적 이해관계를 뛰어넘어 보편적 도덕 세계를 구성하는 것이 칸트가 파악한 성인의 경지라 하겠습니다. 정언명법을 떠올려 보면 됩니다. 동아시아 지식인들이 경전 공부를 하는 것은 궁극적으로 위기지학을 하는 하나의 방법이었습니다. 경전 공부는 단순히 경전 내용을 익히고 그것을 연구하고 어떤 경학의 체계를 세우는 데 목적이 있는 게 아닙니다. 동아시아 지식인들은 자꾸만 흐트러

지려는 마음을 다잡아 늘 깨어 있고자 했습니다. 그렇게 깨어 있는 마음에 오직 집중하여 주일무적主一無適하는 것이 경전 공부의 지향점이었지요.

표정훈 아까 안식년 때 미국에서 동아시아 사상을 강의했다고 하셨는데, 실제로 가르쳐 보니 어떠셨는지요? 흔치 않은 흥미로운 경험이었을 것 같습니다만.

강영안 미시간 주 그랜드래피즈에 있는 칼빈 칼리지에서 정교수 자격으로 14개월 동안 다섯 과목을 가르쳤습니다. 서양철학 세 과목, 중국 고대 철학, 그리고 3주 집중 강의로 '한국 문화와 사상'을 가르쳤습니다. 중국 고대 철학은《논어》,《도덕경》,《장자》,《맹자》,《묵자》,《순자》,《한비자》등 중국 사상 텍스트 영역본을 읽고 해설하는 강의였어요. 그쪽 철학 교육의 방식이 어떤 텍스트를 함께 읽고 단순히 이해하는 것보다는, 텍스트에 나타난 주장을 정리하고 그것에 대한 논변을 요구하는 방식이지요. 이른바 '논변 argument'이 있고 '논쟁debate'이 있어야 하는 방식입니다. 논증적 방식의 수업이라고 할까요. 그러나 동아시아 전통 일반에 대해 익숙하지 못한 수강생들에게 그런 방식을 요구하기는 힘들었습니다. 자칫하면 이도저도 아닌 수업이 되어 버릴 수 있거든요. 그래서 아무래도 논증적 방식보다는 텍스트를 여러 차례 읽으며 숙지시키는 방식을 취해야 했습니다.

흥미로웠던 것은 학생들이 《순자》나 《묵자》는 생각보다 빠르게 이해한다는 점입니다. 사실 우리가 보더라도 《순자》와 《묵자》 텍스트는 상대적으로 체계적이고 논리적이지요. 그들이 가장 어려워한 건 뜻밖에도 《장자》였어요. 사실 《장자》는 우화 형식의 문학 작품이기도 하기 때문에 다른 중국 고전 텍스트보다 쉽게 이해할 줄 알았는데, 그게 아니더군요. 《장자》의 사고 구조, 표현 방식을 매우 낯설어하는 걸 볼 수 있었습니다.

지혜의 사랑, 사랑의 지혜

표정훈 소크라테스 전통이 서양철학 전체를 아우른다고 한다면, 선생님은 그것이 오늘날에 와서도 또 미래에도 의미가 있을 것이고 따라서 그런 전통을 계속 살려 나가야 한다고 생각하십니까?

강영안 20세기에 소크라테스 전통을 가장 잘 보여 준 철학자로 비트겐슈타인Ludwig Wittgenstein(1889-1951)을 꼽고 싶습니다. 사실 그의 《논리철학논고》나 《철학적 탐구》에 나타나 있는 방식은 엄밀한 의미의 論證的 방식은 아닙니다. 프레게, 러셀 등과 더불어 언어분석철학의 창시자들 가운데 한 사람으로 꼽히는 비트겐슈타인이지만, 논리적 방식, 논증적 방식보다는 잠언적 성격이 강합니다. 오히려 니체, 쇼펜하우어, 키에르케고어에 가까운 철학자로 볼 수 있을 겁니다. 비트겐슈타인은 삶에 대한 물음을 그 근원에서부터 철저하게 묻고, 그런 물음과 답을 단순히 이론 차원이 아니라 삶으로 살아가는 모습을 보여 주었습니다. 이렇게 본다면 오늘날 연구자들이 내놓는 많은 분석철학 논문들은 비트겐슈타인과 거리가 있지요.

표정훈 철학과 삶, 삶과 철학, 철학을 살아 낸다는 것. 참 어려운 문제입니다.

강영안 유럽철학이든 분석철학이든 동아시아철학이든, 오늘날 아카데미즘의 영역 안에서 우리가 하는 철학은 삶으로서의 철학, 삶의 방식으로서의 철학이기보다는 일종의 이론이자 연구 대상으로서의 철학입니다. 예컨대 노장老莊철학을 연구한다고 해서 반드시 노장적으로 살지는 않지요. 그리스철학을 한다고 해서 소크라테스적으로 살지도 않고요. 바꿔 말하면, 한 인간의 성품을 형성하지 못하는 철학이 되어 버린 셈입니다. 이러한 철학의 이분화, 즉 삶의 방식으로서의 철학과 학문적 논증으로서의 철학이라는 '두 철학two philosophies'을 완전히 하나로 통합시키는 건 뭐랄까요, 하나의 이상이겠지요. 하지만 철학은 이 간격을 느끼면서 본래의 실천적 의미를 회복하기 위해 노력해야 합니다.

표정훈 '두 철학', 의미심장한 표현입니다. 철학에 대한 수요라고 표현해 본다면, 전문적인 철학에 대한 수요도 많지만 삶의 문제를 다루는 철학에 대한 수요도 만만치 않습니다. 물론 철학하는 분들은 삶의 문제도 전문적인 철학의 견지에서 다루어야 한다고 말씀하실지 모르지만……. (웃음)

강영안 오늘날 철학은 고도로 세분화, 전문화되었습니다. 특히 미국철학이 그렇습니다. 논리학, 과학철학, 심리철학 분야의 논문을 읽어 보면, 해당 분야를 전문적으로 연구해 온 사람이 아니면 제대로 읽어 내기 힘들 정도입니다. 이렇게 본다면 철학도 하나의 과학이 되어 가는 것 같습니다. 철학도 하나의 과학으로서, 대학이라는 제도, 교육 체제 안에서 살아남으려고 발버둥치는 상황이라고 할까요. 나는 그런 상황을 부정적으로만 보고 싶지는 않습니다. 철학이 하나의 과학으로서의 생존력을 확보하고 나름의 중요한 구실을 할 수도 있다는 거죠.

학문의 발전사를 보면 경제학, 심리학, 수리논리학 같은 분과 학문들이 철학에서 갈라져 나와 훨씬 더 세련된 모습으로 발전하지 않았습니까? 그렇게 철학이 분화되어 나가는 것을 나는 그대로 인정하고 싶습니다. 다만 그러면서도 철학에 대한 기대, 그러니까 삶의 의미에 대한 물음을 던져 주고 답을 모색해 달라는 기대는 여전합니다. 그리고 그런 기대는 매우 근본적이고 중요하지요. 왜냐하면 그런 물음에 과학이 답할 수는 없으니까요. 과학이 삶의 전체적인 구조와 의미, 가치, 지향점 등을 탐색하기는 힘들다고 생각합니다. 그러니 철학만의 고유한 영역이랄까, 그런 것에 대한 기대와 수요는 계속되리라 봅니다.

표정훈 최근에는 진화론이나 사회생물학 같은 분야가 인간과 삶에 대한 근본적인 설명 혹은 답을 내놓을 수 있지 않을까 기대하는 사람들도 많아졌습니다.

강영안 글쎄요. 삶에 내재하는 근본적 가치나 의미를 상대화하는 결과를 가져오지 않을까요? 살 만한 가치가 있는 삶, 삶의 의미를 추구하지는 못할 겁니다. 근본적인 철학적 갈망, 철학적 욕구를 충족시켜 주지는 못할 것이라 생각합니다.

표정훈 삶의 방식, 삶의 기술로서의 철학이 하나의 학문이 된 것은 언제부터입니까?

강영안 플라톤, 특히 아리스토텔레스로부터 서양의 거의 모든 분과 학문의 싹이 텄지요. 하이데거가 "철학은 하나의 학擧이 되었다"고 말할 때 이는 플라톤을 염두에 둔 것이지요. 하이데거는 "학은 사유하지 않는다Die Wissenschaft denkt nicht"고도 말합니다.[3] 플라톤에서부터 철학은 벌써 사유하는 활동, 진정한 의미의 철학이 아니라 하나의 학, 그러니까 일종의 과학이 되어 버렸다는 뜻이 되겠네요. 물론 좀 지나친 발언이기는 합니다만 오늘날 학문으로서의 철학이 처한 현실을 보면 하이데거의 발언의 취지를 충분히 이해할 수 있습니다. 한편으로는 학으로 발전할 수밖에 없지만, 학문으로서 철학의 구실을 다하지 못하는 이중적 운명이랄까요. 결국 철학은 삶의 의미에 대한 질문일 수밖에 없다고 생각합니다.

레비나스가 《시간과 타자》에서 매우 인상적인 말을 했어요. "철학은 셰익스피어에 대한 묵상에 지나지 않는다."[4] 철학이 삶의 의미에 대한 물음이라면, 철학에 대한 예비 과정 그러니까 철학의 진정한 입문이 될 수 있는 것은 가령 톨스토이나 도스토옙스키, 셰익스피어의 문학 작품이라는 거죠. 우리는 먹고, 입고, 거주하고, 사랑하고, 아이를 낳고, 노동하고, 구경하고, 투쟁하고, 절망하고, 슬퍼하고, 고통스러워합니다. 이런 삶의 다양한 양상들에 대한 깊은 물음과 생각을 통해서 비로소 철학은 삶의 의미 추구에 기여할 수 있습니다.

표정훈 문학, 사회과학, 자연과학 등이 철학에 대해 요구하는 것은 말씀하신 담론과 논증과 이론으로서의 철학인 것 같습니다. 예컨대 문학비평하는 분들을 만나 보면 문학이론, 문학비평의 이론적 토대나 인식론적 근거를 철학에게 요구합니다.

강영안 그런 요구에 대한 응답은 분명 가치 있는 일입니다. 철학이 해나갈 수 있고 또 해나갈 수밖에 없는 일이기도 하지요.

간호학과 대학원생과 교수들을 상대로 특강을 한 적이 있어요. 내가 간호학에 관해 무얼 알겠습니까? 고통의 문제, 보살핌의 문제 같은 것을 주제로 강의했습니다. 분과 학문으로서의 간호학이 문제 삼지 않는 삶의 문제, 다시 말해서 간호학이 터 잡고 있는 근본적인 삶의 문제를 다룬 거지요.

정확히 같은 맥락은 아니겠습니다만, 칸트가 말한 이성의 기술자로서의 철학자의 역할도 분명 필요합니다. 대학이라는 체제 속에서 철학이 할 수 있는 기능이 많습니다. 그러나 역시 이 세상을 살아가는 사람들의 보다 나은 삶을 위해 고민하고 반성하는 삶의 철학, 그러니까 삶에 대한 반성과 삶의 방식으로서의 철학에 대한 욕구와 기대도 소중한 것입니다. 철학에 대해서 분과 학문의 차원에서 제기되는 전문가 그룹의 요구도 있고, 인간의 보편적 관심에서 제기되는 생활인들의 요구도 있다고 하겠습니다.

표정훈 선생님, 철학이란 무엇입니까?

강영안 이거 처음부터 다시 시작해야 하나요? (웃음) 철학은 역시 그 오랜 이름 그대로 '지혜 사랑', '지혜에 대한 사랑'입니다.

표정훈 그건 이미……. (웃음)

강영안 레비나스의 말을 빌려 '사랑의 지혜'라고 해보도록 하지요. 생각해 보십시오. 철학은 문자 그대로 '지혜 사랑'입니다. 무엇에 대한 지혜입니까? 돈 버는 지혜, 정치적 삶의 지혜, 글 잘 쓰고 말 잘하는 지혜일까요? 무엇보다 자기 자신이 누군지 깨닫는 지혜이겠지요. 나를 아는 것만큼 중요한 지혜가 어디 있겠습니까? 그런데 나는 누구입니까? 나는 사랑의 선물입니다. 나의 존재 자체가 타자의 선물입니다. 내가 마시는 물과 공기, 나와 관계 맺고 있는 타인, 이 모든 것을 통해 나의 존재를 가능하게 해주고 나를 떠받쳐 주는 창조주 하나님의 사랑이 나를 있게 하고, 나를 나 되게 합니다.

철학은 이 사랑을 깨닫는 지혜이고 이 지혜를 추구하는 활동입니다. 이것이 철학의 철학됨의 출발점이라 생각합니다. 여기서 철학의 다른 모든 분과들의 지적 활동이 의미를 가질 수 있다고 봅니다. 레비나스가 윤리학을 철학의 한 분과가 아니라 제1철학이라 했던 이유가 이것입니다. 타자 사랑이 모든 다른 철학적 활동의 기초가 된다고 보았기 때문이지요.

표정훈 직접 사랑하는 것, 그러니까 실천을 포함하는 의미에서 인간을 사랑하는 것과, 그렇게 사랑하는 것에 관한 지혜를 추구하고 사랑하는 것. 이런 겹사랑이 철학이라고 이해해도 될까요?

강영안 겹사랑, 그것 참 좋습니다.

4

철학적

근대성에

관하여

르네상스 휴머니즘과 종교개혁

표정훈 고대와 중세 그리고 근대로 이어지는 철학의 얼개를 그려 주셨습니다. 이제 근대, 정확히 말하면 철학적 근대성 또는 철학사에서 근대에 관하여 좀 더 깊은 이야기를 들려 주셨으면 좋겠습니다. 일반적으로 근대 혹은 근대성의 중요한 계기, 조건, 요소로 '민족국가의 출현'과 '자본주의의 형성'을 들곤 합니다. 이걸 역사적 근대성이라 일컫는다면, 그것과 분리시켜 말하기는 힘들 겠지만 일종의 철학적 근대성도 이야기해 볼 수 있을 듯합니다.

강영안 물론 민족국가의 출현이나 자본주의 형성은 (역사적) 근대성에서 핵심 중의 핵심이지요. 그러나 철학적 근대성으로 보자면 아무래도 르네상스 휴머니즘, 종교개혁, 근내과학의 발전이 상대적으로 더 중요하다고 할 수 있습니다. 민족국가나 자본주의 형성도 그 사상적 기반을 보자면 역시 르네상스 휴머니즘, 종교개혁, 근대과학의 발전을 말하지 않을 수 없으니까요. 이 세 가지 역사적 사건 혹은 계기에 대한 성찰과 반성은 물론, 그 연장선상에서 인간, 자연, 사회, 역사, 신의 문제까지 아우르는 모종의 새로운 논의들이 철학적 의미의 근대성을 형성합니다.

표정훈 르네상스 휴머니즘을 어떻게 규정할 수 있을까요?

강영안 르네상스란 기본적으로 그리스 고전이나 라틴 고전을 다시 또는 새롭게 읽어 내어, 그 속에서 드러나는 인간의 전형적인 유형 또는 본성을 찾아내려는 시도입니다. '휴머니즘'은 독일의 교육자 니트하머 F. J. Niethammer(1766-1848)가 1808년 중등교육 과정에서 시행하는 그리스와 라틴어 문헌을 중심으로 한 고전 교육을 일컫는 말로서, '후마니스무스 Humanismus'란 말을 썼을 때 역사에 처음 등장하였습니다. 그러니까 휴머니즘에는 고전 연구를 통해서 인간다운 삶의 전형을 발견하고 체득한다는 이념이 들어가 있습니다. 플라톤적으로 말하면 '인간 영혼의 형성' 내지는 '교육', 즉 '파이데이아 paideia'가 되겠고, 키케로적으로 말하면 '스투디아 후마니타티스 studia humanitatis', 곧 '인간성의 연구', 다시 말해 '인문학'이 되겠지요.

표정훈 일상적인 언어생활에서는 '휴머니스트' 하면 인간적으로 훈훈한 사람이라든지, 그런 뜻부터 떠올리게 됩니다만 철학적·사상적 맥락에서 휴머니스트는 그것과는 다른 뜻이겠군요.

　　강영안 '휴머니스트'란 그리스 고전과 라틴 고전, 즉 고대 문헌을 전문적으로 읽어 내는 사람, '인문학자'를 뜻했어요. 그러므로 르네상스 휴머니즘은 계몽주의 시대의 이른바 '세속적 휴머니즘'과 엄밀히 구별해야 합니다. 후자의 경우는 신본주의에 대항하는 '인본주의'라고 할 수 있지만, 전자의 경우는 고전 연구를 통해 그 안에 드러난 도덕적 인간성의 회복을 소망한 경우이지요. 그런 의미에서 굳이 번역해 쓰자면 '인문주의'라고 하는 것이 옳지요.

　　표정훈 종교개혁과 르네상스 인문주의는 어떤 연관이 있습니까?

　　강영안 종교개혁도 르네상스 휴머니즘과의 연장선상에서 보지 않으면 제대로 이해할 수 없습니다. 르네상스 휴머니스트, 예컨대 토마스 모어Thomas More(1478-1535)나 에라스무스Desiderius Erasmus(1466?-1536) 같은 사람은 복음의 가르침에 따라 이웃을 사랑하고 용서하며, 검소하고 절제하면서 나누는 삶을 이상적 삶으로 생각하였습니다. 기독교인들의 이런 삶을 강조한 칼뱅의 사상을 앙드레 비엘레Andre Bieler가 '사회적 휴머니즘le humanisme sociale'이라고 이름 붙인 것은 매우 적절했습니다.

표정훈 르네상스 휴머니즘과 종교개혁을 연결시키는 데 에라스무스가 중요하군요.

강영안 그렇지요. 몇 년 전 미국에 머무는 동안 에라스무스의 《엔키리디온 밀리티스 크리스치아니 *Enchiridion militis Christiani*》라는 책을 재미있게 읽었습니다. 흔히 '기독교 전사戰士의 교본'이라고 번역되지요. '엔키리디온'은 교본, 교범이란 뜻이 있지만, 이보다는 사실 병사가 손에 들고 싸우는 단검短劍이 원뜻에 더 가깝습니다. 이 책에서 에라스무스는 그리스도인으로서의 삶을 끊임없는 영적 전쟁 상태로 보고, 이 가운데서 그리스도인으로서 합당한 성품을 빚어 가는 데는 두 가지 단검이 필요한데, 그것은 기도와 하나님의 말씀을 통해 얻을 수 있는 지식이라고 분명히 말합니다. 이를 통해 진정한 회개, 진실로 복음을 따라 사는 삶이 가능하다고 본 것이지요.

표정훈 종교에서 외적 수단은 중요하지 않은가요?

강영안 에라스무스는 예배 참석이라든지 고해성사는 물론 종교적 의식이나 제도, 교회 등은 경건한 삶과 직접 관련되지 않는다고 보았습니다. 이렇게 보면 전통 가톨릭교회에 대한 반항자, 곧 프로테스탄트는 루터라기보다 에라스무스라고 해야 할 겁니다. 르네상스 휴머니즘을 기독교와 대립해서 보는 것은 낡은 해석입니다. 예컨대 네덜란드 출신이지만 독일에서 오래 활동하다가 은 퇴 후 미국으로 간 헤이코 오버만Heiko Obermann(1930-2001), 르네상 스 연구의 대가 폴 크리스텔러Paul Oskar Kristeller(1905-1999)의 연구는 낡은 관점을 완전히 수정해 주었습니다.[1]

표정훈 루터에게서도 르네상스 휴머니즘과의 연관을 볼 수 있습니까?

강영안 얘기가 자연스럽게 종교개혁으로 넘어갈 수 있게 됐 네요. 종교개혁을 사상적으로 보면 중세 신학 사상이 아니라 기독 교 복음의 원천으로 돌아가 근원적 진리를 재발견하자는 움직임 으로 요약할 수 있어요. '아드 폰테스ad fontes', 즉 '근원으로 돌아 감'이지요. 근본적으로 르네상스 휴머니스트의 전통과 연관되어 있지요. 종교개혁가들의 인간 내면과 영혼에 대한 관심도 휴머니 즘 전통과 연결해서 보아야 할 것입니다. 이들은 인간의 행위, 공 적·외적 수단, 제도 등을 통해서 하나님과 가까워질 수 있는 게 아 니라고 보았습니다. 하나님께 다가가고 함께할 수 있는 길은 오직 우리의 내면적인 삶의 형성을 통해서 가능하다고 본 것이지요. 성 서 읽기와 기도와 같은 영적 투쟁은 이런 과정에서 매우 중요한 역 할을 합니다. 이 전에서 에라스무스와 루터 사이에는 본질적 차이 가 없습니다.

표정훈 방금 말씀하신 루터의 사상이 잘 나타난 글이 있습니까?

강영안 루터가 1539년 비텐베르크에서 독일어판 저작집을 내면서 붙인 서문을 보면 이것이 잘 나타나 있습니다. 루터는 신학자에게 필요한 것으로 세 가지를 들고 있습니다. 첫째가 오라치오 Oratio 곧 '기도'이고, 둘째가 메디타치오 Meditatio 곧 '묵상', 셋째가 텐타치오 Tentatio, 독일 말로는 안페흐퉁 Anfechtung 곧 유혹에 맞선 '영적 투쟁'입니다.[2] 이것을 좀 더 확대해 모든 인간에게 적용시키면 인간의 외면성이나 의례儀禮가 아니라, 인간의 내면성 가운데에서 혹은 내면성을 통해서 비로소 온전하게 하나님께 다가갈 수 있다는 생각과 쉽게 연결됩니다. 다시 이걸 헤겔식으로 말하면 주체성 혹은 주관성의 발견이라고도 할 수 있겠지요. 결코 빼놓을 수 없는 종교개혁의 큰 의미, 사상사적·철학사적 의미입니다.

표정훈 에라스무스와 루터를 흔히 대비시키지 않습니까?

강영안 에라스무스와 루터는 의지의 자유문제를 두고 서로 논쟁을 했지요. 그리고 개혁 사상을 가진 에라스무스가 종교개혁에 참여하지 않는 것에 대해 루터는 섭섭하게 생각했습니다. 그러나 신앙을 철저하게 내면적 삶의 질서와 실천으로 보는 점에서 나는 에라스무스가 루터보다 훨씬 더 급진적이라고 생각합니다. 루

[4. 철학적 근대성에 관하여]

터는 종교개혁을 해가면서 자신이 처음에는 별로 가치 부여를 하지 않았던 교회의 예식이나 제도적인 면을 다시 그대로 수용하게 되거든요. 루터는 어떤 방식으로든 교회 공동체를 이루고자 한 반면, 에라스무스는 외적인 교회에는 관심이 없었습니다.

자연과 자유: 주체의 탄생

표정훈 그렇다면 마지막으로 근대과학이 근대나 근대성에 미친 영향은 무엇입니까?

강영안 근대과학이 출현하면서 자연의 의미가 크게 바뀝니다. 자연을 새롭게 발견했다고 말할 수 있지요. 자연이 독립적인 실체로 등장한 거지요. 독립적 실체인 자연은 정신적·영적 존재가 아닌, 순수한 물질인 자연이지요. 양자역학자인 베르너 하이젠베르크Werner Karl Heisenberg가 비판한 '영혼이 빠진 자연', '자아 또는 인격이 배제된 자연', 그러니까 철저하게 인과법칙에 따르는 기계론적 자연이 새롭게 발견, 아니 새롭게 발명된 것이지요. 네덜란드의 과학사학자 데익스트르하위스E. J. Dijksterhuis는 이 같은 변화를 일컬어 '세계상世界像의 기계화'라 부릅니다.[3] 근대과학은 정신과는 다른 물질세계를 새롭게 발견한 셈이고, 그 물질세계에는 인과법칙이 적용되니까 자연을 연구한다는 건 자연 속의 인과법칙을 발견한다는 뜻이 되지요.

표정훈 종교개혁에 관해서는 주체성 혹은 주관성의 발견을 말씀하셨고, 근대과학에서는 자연의 발견을 말씀하셨습니다.

강영안 그렇습니다. 근대 혹은 근대성에서 중요한 두 가지 발견을 든다면, 하나는 물질로서의 자연의 발견이 되겠고, 다른 하나는 자유의 주체로서의 인간의 발견이 되겠지요. 철학계나 대중에게 별로 알려져 있지 않습니다만, 이와 관련해서 이탈리아의 르네상스 사상가인 피코 델라 미란돌라Giovanni Pico della Mirandola(1463-1494)의 〈인간의 존엄성에 관한 연설〉은 인간에 대한 이해를 극명하게 보여 주는 중요한 철학적 문서입니다.

표정훈 어떤 내용인가요?

강영안 피코는 창조주가 아담을 지어 세계의 중앙에 두시고 다음과 같이 말했다고 쓰고 있습니다. "아담아, 우리는 너에게 어떤 고정된 위치나 고유한 외모나 어떤 특별한 재질을 주지 않았다. 너는 너 자신의 위치와 외모와 재질을 너 자신의 소원과 판단에 따라 스스로 선택해야 한다. 다른 존재자들은 우리가 만든 법칙을 따라 고정된 본성을 가지고 있다. 너는 어떤 제한도 받지 않을뿐더러 너의 본성은 너 자신의 의지에 맡겨 두었다. 너 자신이 그것을 규정해야 한다. 나는 너를 세계의 중앙에 두노니 네 주변을 둘러볼 때 세계에 무엇이 있는가를 더 쉽게 관찰할 수 있을 것이다. 우리는 너를 천상적 존재나 지상적 존재로 짓지 않았고, 죽을 존재나 불멸한 존재로 만들지 않았다. 그 때문에 너 스스로 선택한 모습에 따라 너 자신을 만들어 가는 조형자요 창조자가 되는 자유와 영예를 누릴 것이다. 너는 너 자신을 비천하게 만들어 짐승이 될 수도 있고 네가 원한다면 보다 고귀하고 신적인 존재로 다시 태어날 수도 있다."[4]

표정훈 여기서 중요한 생각이 무엇입니까?

강영안 두 가지가 중요합니다. 첫째, 인간은 자신의 존재를 스스로 만들어 갈 수 있는 존재라는 것이지요. 이보다 더 급진적인 생각은, 인간에게 어떤 주어진 본성이나 본질이 없다는 생각일 것입니다. 스스로 선택할 가능성이 인간에게 주어져 있다는 것이지요. 피코는 여기서 인간 존엄성의 근거를 찾습니다. 둘째, 인간의 존엄성은 여러 가지 가능한 것들 가운데 최선의 것을 선택할 수 있는 능력에 있다고 본 것이지요. 인간은 선택 능력을 통해 창조주와 비슷한 자리에 오를 수 있다고 본 것입니다. 이런 의미에서 르네상스 시대의 인간은 "스스로 선택한 모습에 따라 자신을 만들어 가는 조형자요 창조자"로 등장했습니다.

표정훈 그것이 왜 '철학적으로' 중요할까요?

강영안 서양철학 전통에서는 어느 정도 차이는 있지만, 인간을 이해할 때 마치 책상이나 나무에 관해서 말하듯이 '본질'과 '속성'의 도식을 가지고 접근하였습니다. 그러나 르네상스를 기점으로 인간을 '다른 어떤 것'과의 관계에서 규정하는 도식이 두드러지게 나타납니다. 근대 이전에도 인간을 자연, 세계, 신, 동물 등과의 관계를 통해서 규정했다는 사실을 부인할 수 없습니다. 그러나 유의할 것은 이때의 '관계'는 인간과 본질적으로 낯설거나 위협적인 관계가 아니었어요. 오히려 인간을 포괄하고 인간이 그 속에서 몸담고 있는 큰 질서를 생각해 볼 수 있었습니다.

표정훈 관계의 의미가 바뀌게 된 것인가요?

강영안 르네상스를 기점으로 이 '관계'는 이제 인간과 마주 서고, 때로는 인간을 위협하기도 하는 자연과 사회의 관계입니다. 자연과 사회는 과거에 지녔던 '근원적' 의미, 즉 인간이 그 속에서 비로소 자유로울 수 있는 근원으로서의 '자연과 사회'는 상실되고 인간이 규정하고, 이용하며, 관리하고, 통제해야 할, 말하자면 자유와 맞선 존재로 등장하게 되었다고 말할 수 있습니다. 인간은 스스로 자신의 존재를 규정하고 자신을 빚어야 할 존재로, 자연과 사회에 맞선 존재로 등장하게 되었지요. 적어도 이념상으로 이런 변화가 초래된 것이 '서양의 근대'라고 나는 보고 있습니다.

표정훈 인간을 '자신을 스스로 규정하는 존재'로 본다면 자연은 무엇이라고 규정해야 합니까?

강영안 중세까지만 해도 인간을 에워싸고 있는 현실은 그 자체로 의미 있는 것으로 이해되었습니다. 인간도 다양한 의미를 지닌 존재들이 얽혀 있는 그물 속에서 일정한 자리가 있었습니다. 그러나 이제는 이 관계가 도치되었습니다. 우주는 하나의 '우연한' 존재로 이해되고 인간은 우주에 의미를 부여하는 주체로 자리매김하게 된 것입니다. 이제 인간은 세계의 한 모퉁이에서 세계 안에 발생하는 일에 기웃거리는 존재가 아니라 '세계의 중앙'에서 주변을 둘러보며 자연세계를 관찰, 연구, 규정하는 주체로 자신을 정의하게 된 것이지요. 이렇게 이해된 주체는 이제 자기보다 더 큰 우주적 질서에 의존함으로써 자기 존재를 정립하는 자가 아니라, 그 질서와 자기를 '떼어 냄'으로, 문자 그대로 그 질서로부터ab 자신을 분리해solvere 냄으로 스스로 '절대적absolute' 주체, 독립적 주체가 된 것이지요. 한편으로 이것은 엄청난 자유와 책임의 획득이며 다른 한편으로는 일종의 '고향 상실'입니다.

표정훈 선생님의 책 제목《자연과 자유 사이》가 떠오릅니다.

강영안 근대철학은 자연의 축과 자유의 축이 진자운동을 하면서 전개됩니다. 데카르트는 자연과 자유 사이 분명한 이원론을 존재론적으로 정당화한 철학자입니다. 그 이후의 철학자들, 예컨대 말브랑슈Nicolas Malebranche(1638-1715)는 자유의 틀 안에서 인간과 자연을 이해해 보려고 했다고 말할 수 있습니다. 스피노자Benedict de Spinoza(1632-1677)는 자연의 틀 안에서 인간의 자유, 인간의 감정을 이해해 보려고 하였지요. 라이프니츠는 자연 자체를 유기론적으로 이해한 반면, 인간의 자유는 거의 결정론에 가까운 방향으로 이해합니다.《자연과 자유 사이》에서 나는 이 문제를 스피노자, 칸트, 셸링Friedrich Schelling(1775-1854)을 중심으로 다루었습니다.

데카르트, 양면성의 철학

표정훈 대학 시절 제가 수강했던 선생님의 강의 가운데 특히 기억에 남는 게 바로 '대륙합리론'입니다. 왜 기억에 남느냐면, 데카르트에 관한 선생님의 설명을 들으며 크게 놀랐기 때문입니다. 철학사 책에서 몇 줄 읽거나 강의 시간에 한번 슬쩍 듣고 그냥 넘어갈 철학자가 아니라는 걸 깨닫기도 했거니와…….

강영안 슬쩍 듣고 그냥 넘어가면 그만인 철학자를 각별하게 소개하지는 않습니다. (웃음)

표정훈 슬쩍 듣고 그냥 넘어갈 때가 적지 않았는데, 제가 불량 학생이었나 봅니다. (웃음) 이 기회에 선생님께 사과 말씀을……. 여하튼 데카르트가 매우 복합적인 인물이라는 것, 어떤 의미에서는 고도로 이중적인 인물로 보인다는 것에서 놀랐습니다. 중세와 완전히 이별을 고한 인물처럼 보이다가도, 여전히 중세를 살고 있는 인물로 보이기도 하고…….

강영안 제대로 가르쳤던 모양입니다. 데카르트는 여러 가지로 양면적입니다. 사실 철학자가 입장이 너무 선명해서 더 이상 생각해 볼 여지도 주지 않거나, 하나의 이념에 매여 있거나, 한편에서만 해석될 수 있다면 그게 문제지요. 데카르트는 그렇지 않습니다. 그는 급진적이면서 보수적이고, 보수적이면서 급진적입니다. 예컨대 데카르트의 《방법서설》 3부를 보면, 이른바 '임시 도덕'에 관한 이야기가 나옵니다. 진리를 찾아가는 과정은 새로운 거처를 마련하는 것과 같은데, 진리를 발견하기까지, 그러니까 새로운 거처를 마련하기까지 임시로 거해야 할 숙소, 임시 도덕이 필요하다는 겁니다.

표정훈 '임시'라면 잠정적으로 수용한다는 뜻이겠습니다.

강영안 그렇지요. 의심할 여지없는 지식을 발견하여 마침내 최종적인 도덕을 구축하기 전에, 길을 찾는 동안이라도 최소한의 도덕을 필요로 하지요. 그래서 그것을 데카르트가 제시한 것이지요. 첫째, 자기가 사는 나라의 관습이나 종교를 받아들이라. 다시 말해 자기가 살고 있는 나라의 법, 제도, 종교 등과 불필요한 갈등을 일으키지 말고 일단 받아들이라는 겁니다. 진리 추구의 과정만 해도 엄청난 투쟁의 과정이라고 할 수 있는데, 정치적 투쟁·종교적 투쟁까지 벌인다면 곤란하다는 거지요. 둘째, 길을 가는 이가 한 곳에 머무는 것보다는 한 번 끝까지 가볼 필요도 있듯이, 진리를 추구할 때도 결단성 혹은 과단성이 필요하다는 겁니다. 머뭇거리지 말고 끝까지 계속 밀어붙여 나가 보라는 거지요.

표정훈 "모든 것을 의심하라"는 데카르트의 원칙에서 어긋나 보입니다.

강영안 모든 걸 근본적으로 회의하고 따져 보라는 것과 다소 배치되는 측면이 없지 않습니다. 그러니 여기에서도 데카르트는 이중적이지요. 마지막으로 데카르트는 세상을 바꾸려 하기보다 자기 욕망을 바꾸라고 충고하는데, "지금까지 철학은 세계를 해석만 해왔지만, 이제 중요한 것은 세계를 변혁하는 것"이라는 마르크스의 지론과 정반대가 되지요. 이렇게 보면 데카르트 철학은 보수적으로 다가옵니다. 그러나 데카르트 철학은 대단히 혁신적입니다. 데카르트 철학의 철학사적 크기 같은 걸 굳이 가늠해 본다면, 플라톤, 아리스토텔레스, 데카르트, 칸트를 비슷한 반열에 놓을 수 있지 않을까 합니다. 여기에서 철학사적 크기란 시대적 전환의 의미를 포함하는 겁니다. 데카르트는 철학적 근대성의 문을 열었고, 동시에 근대성의 본질에 대한 반성도 했습니다.

표정훈 최근에 와서는 스피노자의 비중이 커지는 느낌입니다. 어떤 이는 스피노자 르네상스라고까지 말하던데요. 스피노자에 대한 관심이 증폭된 까닭을 어떻게 생각하십니까?

강영안 스피노자에 대한 관심은 어떤 의미에서 당연합니다. 그것은 프랑스철학의 맥락과 현대 문명의 전환, 이렇게 두 가지 측면에서 파악할 수 있습니다. 다시 데카르트로 돌아가 보지요. 데카르트는 새로운 근대과학의 출현이라는 현실 앞에서 신학적·기독교적 전통이 그것과 어떻게 조화를 이룰 수 있을지 고민한 철학자입니다. 코페르니쿠스나 케플러의 연구를 통해 전통적 과학과 다른 새로운 근대과학을 알고 있었고, 그 수립에 적극 참여했지요. 근대과학적 세계관에 따르면, 과학의 대상이 되는 세계는 혼이 없는, 정신이 없는 순수한 물질세계입니다. 자아가 없는 거죠. 데카르트는 이에 전적으로 동의합니다.

표정훈 데카르트가 본 물질세계는 혼이 없는 것이군요.

강영안 그렇습니다. 데카르트가 보기에 물질세계에는 혼이 없습니다. 과거 애니미즘animism, 즉 물활론의 전통이나 질료-형상 일체론, 아리스토텔레스의 목적론적 관점을 부정하는 게 일단 옳다고 보는 겁니다. 그다음으로, 그렇다면 "정신의 자리, 정신의 위치는 어디인가? 신의 존재는 도대체 어떤 의미가 있는가?" 이걸 묻는 겁니다. 혼 없는 물질세계의 정당성을 수용하면서도, 다른 한편으로는 전혀 다른 방식의 존재, 사유하는 주체를 확립하고, 그 주체와 세계를 만든 창조주로서의 하나님을 동시에 확보해냅니다. 일단 정신으로서 활동하는 자아의 관점에서 모든 것을 의심하지요. 어떤 확실성도 배제하려 합니다. 전통, 교육, 성격, 감각 등 그 어떤 것을 통해 주어진 확실성도 배제한 뒤에 도대체 무엇이 남는가? 후설의 용어를 빌려 묻자면 일종의 '초월론적 잔여물'이 무엇인가? 그게 바로 나는 있다는 것, 나는 현존한다는 것, 나는 생각한다는 것입니다. "나는 생각한다. 그러므로 존재한다"가 되는 거지요.

표정훈 그다음 데카르트는 어떻게 진행합니까?

강영안 나의 존재를 확보한 다음, 신의 존재를 확정하고, 그러한 신의 존재 및 신의 신실성veracitas Dei을 바탕 삼아, 내가 의심했던 물질 존재의 확실성을 다시 확보합니다. 고유한 정신적 활동으로 존재하는 나의 존재 확보, 나를 포함한 세계를 지으신 창조주 하나님의 존재 확보, 공간을 점유하는 물질 존재 확보. 이를 통해 근대적 세계관과 전통적 기독교적 세계관의 조화를 꾀한 셈입니다. 데카르트에게 천재성이 있다면 바로 여기에서 찾을 수 있을 겁니다.

표정훈 그 천재적인 데카르트의 철학이 지닌 틈새를 스피노자가 파고 든 셈이군요.

강영안 그런 셈이지요. 결과적으로 문제가 되는 건 세 가지입니다. 첫째, 만일 데카르트식이라면 나로부터 출발하여 신으로, 신에서 물질로 가는 건데, 이렇게 한다면 결국 유한과 무한, 유한 실체와 무한 실체를 이분화해야 합니다. 정신이라는 유한 실체와 신이라는 무한 실체 사이에 존재론적 단절이 생기게 된다는 거지요. 피조물과 창조주의 뛰어넘을 수 없는 존재론적 단절과 간격. 그렇다면 결국 데카르트에게는 논리적 일관성이 결여돼 있는 셈입니다. 실체를 이원화시키지 않고 물질, 정신, 신 사이의 존재론적 연속성을 확보하는 것이 스피노자 철학의 출발점입니다. 둘째, 실체가 가지는 무한한 속성들 가운데 두 개를 지목해 낸 것이 정신적인 것과 물질적인 것입니다. 속성으로서 다른 존재 방식을 지닐 뿐, 동일한 실체의 다른 표현인 것이지요. 그렇다면 결코 이원화될 수 없습니다. 스피노자는 속성에서도 정신적인 것과 물질적인 것을 이원화하는 것에 반대하는 겁니다.

표정훈 그리고 세 번째는…….

강영안 자아의 이해에서도 데카르트는 자아를 '사유하는 실체'로만 정의하였지요. 데카르트의 사유는 상상, 판단, 긍정과 부정, 의욕, 감각까지 포함하는 넓은 의미의 사유입니다. 그런데 데카르트의 그런 자아는 신체가 배제된 자아입니다. 스피노자가 볼 때 이건 부당합니다. 자아의 연장성, 즉 신체성도 중요하다는 거죠. 더 심각한 문제는 데카르트에게 자연이란《방법서설》에 드러나듯이, 정신적 존재인 자아의 사용물이고 자아의 소유물입니다. 데카르트 철학의 목적이 실천학을 발전시키는 것이라 할 때, 여기에서 실천학은 인간을 자연의 소유주요 자연의 주인으로 만드는 것이 되겠습니다.

스피노자와 아인슈타인

표정훈 그렇다면 스피노자를 현대의 환경론, 환경철학, 생태주의가 지적 자양분으로 취할 것이 많은 철학자라고 볼 수 있습니까?

강영안 환경론적 관점에서 보면 근대 이후 자연과 인간의 관계 문제가 데카르트 철학에 근거해 있다고도 볼 수 있겠지요. 그것에서 벗어나는 철학적 모범을 보여 주는 이가 바로 스피노자입니다. 스피노자는 오늘날 생태론이나 환경주의적 관심에서 재조명될 여지가 많습니다. 심층생태론의 선구자로 꼽히는 노르웨이 철학자 아르네 네스Arne Naess(1912-2009) 같은 이는 자신의 철학적 기반으로 스피노자를 듭니다. 창조주와 피조물, 인간과 물질세계를 이원화하지 않고 존재론적 연속성에서 이해하려는 스피노자가 생태론의 사상적 근거가 될 수 있다고 본 겁니다.

표정훈 그 밖에 현대철학과 어떤 관련이 있습니까?

강영안 스피노자는 인간과 세계와 신을 세계관적으로 연계시켜 현대의 구조주의와 비슷한 방식의 형이상학을 내놓은 철학자로 평가받기도 합니다. 구조주의의 가장 큰 특징이 무엇입니까? 탈중심화, 탈주체화가 아니겠습니까? 인간은 언어나 제도나 욕망의 주체나 근원이 아니며, 오히려 언어, 제도, 욕망의 산물이라는 거지요. 데카르트 철학을 주체철학으로 이해할 때, 데카르트는 인간이 언어나 제도나 욕망의 근원이라고 본 셈입니다. 그러나 구조주의가 등장하면서 인간을 근원이 아니라 산물로 보게 된 것이지요. 니체가 이미 "나란 곧 결과다"라고 말한 적이 있었지요. 구조주의적 관점이 형이상학적, 세계관적 체계로 가장 잘 표현돼 있는 철학이 바로 스피노자 철학입니다. 그렇다면 구조주의의 철학적 관심의 연속으로 스피노자 르네상스를 이해해 볼 수 있겠지요.

표정훈 스피노자를 '신에 취한 사람'이라 일컫기도 한다고 들었습니다. 물론 여기에서 말하는 신이란 기독교 전통의 인격적인 신과 다르겠습니다만.

강영안 그렇지요. '신에 취한 사람'은 독일 낭만주의 시인 노발리스Novalis가 붙인 이름입니다. 스피노자 철학은 신에서 시작해서 신으로 끝난다고 말할 수 있겠지요. 그가 뜻한 신은 물론 '실체substantia'로서의 신입니다. 신을 실체로 본 것은 근대 형이상학에서 중요한 사건입니다. 데카르트는 과감하게 신을 실체라고 부르면서 실체 개념을 바꾸어 놓았습니다. 물론 신 이전에 데카르트는 사유하는 자아를 일컬어 실체란 말을 썼지요. 데카르트에 따르면, 실체는 '그것이 존재하기 위해서 어떤 다른 무엇을 필요로 하지 않고 스스로 존재하는 것'을 일컫는 말입니다. '나'란 존재, '물질'이란 존재, '신'이라는 존재를 데카르트는 모두 실체라고 불렀지요. 그러나 가만 생각해 보면 '나'나 '물질'은 이 개념에 딱 들어맞지 않아요. 왜냐하면 유한하기 때문이지요. 그래서 데카르트는 무한실체와 유한실체를 구별했던 겁니다.

표정훈 실체의 특징이 스스로 존재하는 것에 있다면 '유한 실체'라는 개념은 자기모순을 안고 있는 듯합니다.

강영안 그렇지요. 스피노자가 보기에 그게 말이 되지 않았어요. 스스로 있으면서 무엇에 의존한다는 것이 어떻게 가능하겠습니까? 오직 신만이 데카르트가 말하는 실체일 수 있다고 생각한 것이죠. 논리적으로, 개념적으로, 일관성 있게 밀고 간 것이지요. 이렇게 보면 신 외 다른 모든 개별적 존재자는 신의 표현이자 양태에 불과하지요. 모든 개별자는 외부로 표현된 신입니다. 이것이 이른바 '범신론pantheism'이라 지칭됩니다. 칸트 이후 독일철학에서 일종의 스피노자 붐이 일어나면서 스피노자 철학의 이러한 측면을 강조했습니다. 그러나 엄밀히 말하면 모든 것들이 신 '안에' 있다는 '범재신론panentheism'이지요.

표정훈 그런 범신론에 대한 관심이 다시 일고 있는 것일까요?

강영안 그렇다고 볼 수 있습니다. 하지만 요즘 스피노자가 주목을 받는 데는 다른 이유가 있습니다. 무엇보다 탈종교·탈신학적 영성의 원천으로 스피노자를 지목할 수 있기 때문입니다. 가령 신비주의 영성가들, 마이스터 에크하르트Meister Eckhart(1260?-1327)나 니콜라우스 쿠자누스Nicolaus Cusanus(1401-1464)는 기독교 전통을 떠나서는 영성을 이야기할 수 없지만, 스피노자는 기독교, 유대교 전통을 떠나서도 여전히 모종의 영성을 이야기할 수 있게 해줍니다. 신체와 분리된 영성이 아니라 신체와 통합된, 자연과 일체를 이루는, 자연과 영혼의 하나 됨의 인식을 추구하는 영성이지요. 종교

이후의 영성의 원천으로 스피노자 철학이 주목받고 있다고 볼 수 있습니다.

표정훈 스피노자가 생각하는 철학자의 이상에 가장 근접한 인물이 아인슈타인이라는 생각이 듭니다.

강영안 아인슈타인은 스피노자주의자였죠. 유신론적 전통에서 말하는 인격적 신 개념, 세계에 어떤 목적이 있다고 보는 목적론적 세계관을 그는 거부했습니다. 그럼에도 '우주적 종교 감정 cosmic religious feeling'을 얘기하고 있습니다.[5] 인격적 존재인 신보다는 우주의 비밀 가장 깊숙이 들어갈 때 만나는 어떤 근원으로서의 신이랄까요. 세계의 필연성을 담보하는 신에 대한 인정을 보여 줍니다. 비종교적 영성이라고 할 수 있을 겁니다. 존재의 신비에 대한 인식이나 이해를 바탕으로 하면서도, 그 신을 예배하거나 경배하지 않고 나 자신을 신의 한 부분이자 표현으로 보는 거지요. 이런 차원에서 삶의 경건성을 확보하고자 하는 현대적 영성의 출발점이 바로 스피노자가 되지요.

표정훈 그런데 그런 영성은 아무나 추구할 수 없는 것으로 보입니다. 철학자나 과학자가 되어야 닿을 수 있는 영성이랄까요.

강영안 스피노자가 두 가지 신앙을 말하고 있다는 사실에 주목해야 합니다. 하나는 '철학적 신앙'입니다. 지극히 소수의 사람만이 걸어갈 수 있고, 수용할 수 있는 철학적 신앙입니다. 《에티카 *Ethica*》 마지막에 나오는 "가장 귀한 것은 가장 드물다"는 구절을 떠올려 봄직합니다. 일종의 좁은 문이지요. 스피노자의 좁은 문은 누구나 다 가는 길이 아니라 철저하게 신의 관점에서 자기를 보고 세계를 이해하는 철학적 신앙입니다. 여기에서 신은 의인화된 모습에서 벗어나 철저히 자연주의적인 신입니다. 아인슈타인의 신이라고 할까요.

표정훈 다른 신앙은 어떤 것인가요?

강영안 '일반 대중들의 신앙'입니다. 스피노자는 기독교인은 아니지만 그리스도를 통한 구원의 가능성을 인정합니다. 《신학정치론》에 이 사상이 나타나 있습니다. 스피노자가 생각하기에 모든 종교의 차이를 뛰어넘어 어느 종교나 일치할 수 있는 종교의 가장 중요한 구실은, 결국 인간의 윤리적 완성에 도움이 되는 겁니다. 예컨대 유대교의 본질은 순종에 있다고 하는데, 이것은 결국 어떻게 정의롭고 진실한 삶을 사는가 하는 삶의 문제로 이어집니다. 의식이나 제도의 문제가 아니라는 거죠. 스피노자의 이런 면은 오늘날 제도로서의 종교가 지닌 어두운 면을 경험하거나 목격한 이들에게 매력적으로 다가올 수 있습니다. 제도로서의 종교를 뛰어넘는 존재 신비의 경험이나 만물일체의 경험을 통한 우주적 연합을 지향하는 이들에게 스피노자 철학은 매력이 있습니다.

표정훈 그런데 스피노자가 렌즈를 갈며 겨우겨우 먹고살았다는 이야기에 많은 철학도들이 숙연해지곤 했습니다. 어느 노교수가 철학 강의 시작 때 "스피노자가 렌즈를, 렌즈를!" 하면서 울먹이다가 그냥 강의실 밖으로 뛰쳐나가셨다는 전설 아닌 전설도 들어 본 적이 있습니다. 그러나 렌즈 갈고 살았다는 걸 결코 불쌍하게 여길 필요가 없다는 이도 있습니다.

강영안 렌즈 가는 건 스피노자가 과학자로 했던 작업이라고 봐야지, 전적인 생계수단이었다고 보기는 힘듭니다. 단지 생계수단이기만 했다면 안경을 만들어 팔거나 했어야지 않겠어요? 스피노자는 안경점을 하지 않고 일종의 첨단 과학 기구 공방을 운영한 셈입니다. 스피노자가 제작한 렌즈는 현미경이나 망원경용이지 안경용이 아니었어요. 스피노자가 만든 광학 렌즈는 워낙 품질이 뛰어나 라이프니츠도 하나 갖고 싶어 했고, 결국 하나를 입수하는 데 성공했다고 하지요. 스피노자는 당시 최첨단 기술자였던 겁니다. 아마 몇 개만 만들어도 여러 달 먹고사는 그런 기술자가 아니었을까 싶습니다. 스피노자의 뛰어난 기하학적·과학적 지식에서 비롯된 솜씨겠지요.

표정훈 스피노자를 포스트모던, 탈근대의 철학자처럼 이야기하는 사람도 없지 않습니다. 반면 데카르트는 '근대주의의 수괴首魁'처럼 여겨지기도 합니다만.

강영안 데카르트는 근대주의자이고 스피노자는 탈근대주의자라고 말하는 이도 없지 않은 모양인데, 그렇지 않습니다. 스피노자가 동양의 노장老莊이나 선불교 전통과 어느 정도 친화성이 있는건 사실입니다. 실제로 그런 점에 착안한 논문들도 있습니다. 그러나 차이도 매우 큽니다. 무엇보다도 근본적인 차이는 스피노자가과학을 통한 인간의 구원이 가능하다고 보았다는 점입니다. 감각적 지식, 지성적 지식, 직관적 지식. 스피노자는 인간의 지식을 이렇게 세 가지로 보는데, 이 가운데 직관적 지식은 신의 지적 사랑을 뜻하지요. 신의 지적 사랑이 가능하자면 적어도 기본적인 필요조건으로 지성을 통한 보편적 인식이 반드시 있어야 합니다. 과학적 보편 지식이 있은 다음에야 어떤 의미에서는 홀연히 드러난다고 할 수 있는 직관적 지식도 가능해진다고 본 것이지요.

표정훈 그렇다면 스피노자를 노장이나 불교 같은 차원에 놓고 보는 것은 무리인가요?

강영안 무리라고 생각합니다. 스피노자는 철저한 근대주의자입니다. 적어도 과학의 중요성에 대한 인식 측면을 본다면 말이지요.

표정훈 아인슈타인과 같은 물리학자 외에도 과학자 가운데 스피노자에 관심을 둔 철학자들이 있습니까?

강영안 최근의 학자 가운데 안토니오 다마지오Antonio Damasio 같은 신경생물학자를 예로 들 수 있습니다. 다마지오는 스피노자를 현대 신경생물학의 원조로 봅니다. 인간 정서를 마치 점과 선과 평면도형처럼 다룬 것을 두고 한 말이지요. 그의 《스피노자를 찾아서: 기쁨, 슬픔, 그리고 느끼는 뇌 *Looking for Spinoza: Joy, Sorrow, and the Feeling Brain*》라는 책[6]을 한번 읽어 보십시오.

표정훈 다른 이야기가 되겠습니다만, 이렇게 저 혼자 선생님에게 일종의 독점 강의를 들어서 그런지는 몰라도 귀와 머리에 쏙쏙 들어옵니다. 나이가 들어서 철학을 공부하는 게 뜻밖에 즐거울 수 있겠다는 생각도 들고요.

강영안 철학에 대한 이해도와 나이는 비례합니다. 나 자신의 공부 과정을 돌이켜 봐도 그렇지만, 다른 경우에서도 그걸 실감할 때가 있어요. 1998년 즈음에 내가 한국은행 연수원에서 부장급 직원들을 대상으로 강의한 적이 있는데, 《주체는 죽었는가》라는 책이 나온 걸 보고 연수원에서 연락이 온 겁니다. 현대철학에서 주체의 문제에 관해 5시간 동안 강의했지요. 강의 중간 휴식 시간에 수강생들과, 그러니까 한국은행 부장급 직원들과 이런저런 얘기를 나누었는데 대부분 이렇게 말하더군요. "대학 다닐 때는 철학이 그렇게 어렵더니만, 지금 강의는 무슨 말인지 알아듣겠습니다." 그래서 내가 이렇게 말해 주었지요. "제가 강의를 잘해서가 아니라 당신들이 나이가 들어서 그런 겁니다. 철학은 어떤 의미에서 노년의 학문에 가깝습니다."

5

칸트와

철학의

소명

도이여베이르트의 기독교철학

표정훈 제 대학 시절을 돌이켜 보면 철학을 공부거리로만 받아들인 것 같습니다. 고등학교 시절에 교과서와 참고서 읽고 공부하듯이 공부했다고 할까요. 물론 철학도 그런 공부가 기본적으로 쌓여야 제대로 할 수 있겠지만, 인생 경험의 다양성과 깊이가 더해지지 않으면 한계가 있을 것 같습니다. 이제 칸트 이야기를 해야겠습니다. 철학 연구자로서 선생님은 '칸트 연구자', '칸트 전공자'입니다.

강영안 왜 칸트인가? 나는 신학대학에서 공부할 때 처음으로 기독교철학을 접했는데, 이때 기독교철학이란 헤르만 도이여베이르트의 철학을 두고 말한 것이있습니다. 도이여베이르트는 암스테르담 자유대학에서 법철학을 연구했습니다. 그의 매부였던 폴른호븐D. H. Theodoor Vollenhoven(1892-1978)과 더불어 칼뱅주의 전통에 입각해서 기독교철학을 발전시킨 분입니다. 1930년대에 쓴 《법이념의 철학 *Wijsbegeerte der wetsidee*》이란 대작(전3권)이 있습니다. 이 책이 1950년대에 영역되었는데, 그 제목이 칸트의 《순수이성비판》을 연상시키는 《이론적 사유의 새로운 비판 *New Critique of Theoretical Thought*》이었지요.

표정훈 어떤 내용의 철학이었습니까?

강영안 도이여베이르트 철학의 핵심은 모든 철학적 사유에는 종교적 뿌리가 있다는 것입니다. 여기에서 종교는 물론 절대적인 것에 대한 헌신이나 관심으로, 신학자 폴 틸리히의 말을 빌리자면 '궁극적 관심'을 뜻합니다. 모든 철학의 바탕에는 어떤 궁극적인 것, 절대적인 것에 대한 헌신이나 전제가 깔려 있습니다. 유물론, 유심론, 관념론, 실재론, 이런 것들은 철학적 사유의 결과가 아니라 그 이론 이전의 어떤 선택에서 나왔을 가능성이 높습니다. 유물론이라면 물질을 궁극적인 것으로 보거나, 관념론이라면 인간의 생각을 궁극적인 것으로 보거나, 실재론이라면 인간 바깥의 현실을 궁극적인 것으로 보거나 하는 방식으로 말이지요.

도이여베이르트는 서양철학의 각 시대를 움직인 근본적인 추동력 또는 '근본 동인 ground motif'이 있다고 보았습니다. 그리스철학을 움직인 근본 동인으로 형상과 질료를, 중세철학은 자연과 은총을, 근대철학은 자연과 자유 등을 들고 있지요. 그리고 기독교

[5. 칸트와 철학의 소명]

철학의 근본 동인은 창조와 타락과 구속으로 보았습니다.

표정훈 우리는 '기독교철학' 하면 곧 중세철학을 떠올립니다. 그런데 선생님 말씀을 들으면 중세철학을 기독교철학과 동일시할 수가 없군요.

강영안 네, 그렇습니다. 도이여베이르트의 철학적 기획에는 중세적 이원론을 극복해 보자는 의도가 있습니다. 도이여베이르트 철학에서 두 번째로 중요한 통찰은, 현실에 대한 이론적 접근은 현실을 이론적 사유의 대상 관계로 다룰 뿐 전체의 상호 연관 관계를 드러내지 못한다는 것입니다. 예를 들어, 수학자는 현실을 수학적 관점에서 봅니다. 물론 수학자도 입고, 먹고, 타인을 만나지요. 그러나 그의 이론적 관심은 수를 통해 표상될 수 있는 현실의 패턴입니다. 역사학자는 현실을 역사적 관점에서 봅니다. 심리학자는 심리학적 관점에서 보지요. 이를 통해 현실의 한 측면이 잘 묘사됩니다. 하지만 현실 전체는 파악되지 않는 것이죠. 도이여베이르트는 현실 전체를 파악하려는 노력이 더 근본적으로 세계관과 관계되어 있다고 보았습니다. 그런데 전체를 보는 시각을 어디서 가져오는가 하는 게 문제입니다.

표정훈 전체를 볼 수 있는 시각을 어디서 가져올 수 있습니까?

강영안 두 가지 가능성이 있습니다. 현실의 한 측면을 절대화하는 것이 하나입니다. 예컨대 수를 절대화해서 물리적 현실뿐만 아니라 심리적인 것이나 사회적인 것, 언어와 관련된 것, 모두를 수학적인 것으로 환원해 보는 것입니다. 역사적인 관점을 현실 전체에 적용시켜 현실을 파악할 수도 있습니다. 예컨대 언어, 규범, 신앙, 모두를 하나의 역사적 발전의 산물로 보는 것이지요. 심리적인 것을 절대화해서 모든 것을 심리적인 현상으로 볼 수도 있습니다. 역사주의, 심리주의 등이 그런 예입니다. 이것에는 모두 환원주의적 성격이 있습니다. 모든 것을 역사적 현실이나 심리적 현실로 환원해서 역사적인 것 또는 심리적인 것의 관점에서 보려고 하는 것이지요. 이 가능성은 결국 내재성에 머물 수밖에 없는 것이지요.

표정훈 다른 하나는 어떤 가능성입니까?

강영안 두 번째는 여러 가능한 관점들을 그보다 더 근원적이라 생각되는 것, 예컨대 생명의 진화 현상을 통해서 상호 연관을 지으면서 통합해 보려는 것이지요. 사회생물학자 에드워드 윌슨의 《통섭》이 그런 예가 될 것입니다. 이것은 큰 틀에서 보면 자연주의의 범주에 들어갑니다. 모든 것을 하나의 자연 속에서 유기적으로 연관을 맺고 있는 체계로 보고, 체계 가운데서도 앞서는 것과 뒤따르는 것을 구별하고, 앞서는 것을 통해서 뒤따르는 것들을 설명해 보려는 것이지요.

두 번째 가능성 가운데 자연주의에 대한 대안으로 자연에 포섭될 수 없는 자아, 칸트와 후설이 말하는 초월적 자아를 말할 수 있겠지요. 자아를 통해서 현실 전체를 통합해 보려고 할 수 있습니다. 여기서는 사물을 표상하고 의미를 부여하는 주체의 의식적·정신적 활동이 중요합니다. 이렇게 전체를 묶는 틀로서 유기적 자연이나 자아를 사용해도 앞의 경우와 마찬가지로 내재주의에 머문다고 할 수 있습니다.

표정훈 도이여베이르트는 어떤 입장입니까?

강영안 두 가지 가능성 가운데 도이여베이르트는 전자보다 후자에 가깝다고 할 수 있습니다. 그러나 그에게는 자아 역시 최종 언어가 아닙니다. 그래서 그가 볼 때 현실은 운동적인 측면, 수적인 측면, 생명적인 측면, 감정적인 측면, 경제적인 측면, 역사적인 측면, 언어적인 측면, 도덕적인 측면, 신앙적인 측면 등 다양한 측면으로 구성되어 있습니다. 현실 전체가 자아를 통과하지만 자아는 그것의 '아르케arche', 즉 초월적 근원을 지시하고, 그 근원과 제대로 연결되어야만 제대로 작동할 수 있다고 보는 것이지요.

도이여베이르트는 유신른 전통에 따라 현실을 통합하는 아르케를 창조주 하나님에게서 찾습니다. 창조주 하나님께 우리의 의식, 우리의 자아의 뿌리를 둘 때, 우리가 일상생활 속에서 미분 상태로 경험하는 그 현실을 이론적으로 통합할 수 있는 이념(현실의 통일성, 현실의 전체성, 현실의 여러 측면들의 상호연관성)을 얻을 수 있다고 봅니다. 현실 전체를 통합적으로 볼 수 있는 관점을 얻기 위한 시도라는 점에서 도이여베이르트는 자신의 노력을 '우주론적'이라 부릅니다. 인식론의 한계를 벗어나 보자는 것이었지요. 이성이 이성 자신을 스스로 검토한다는 의미의 칸트의 순수이성비판을 초월해 이론적 사유 자체를 전반적으로 새롭게 비판적으로 검토하겠다는 의도입니다.

표정훈 그러니까 선생님은 칸트 철학에 대한 비판을 통해 칸트를 처음 본격적으로 접하신 셈이네요.

강영안 어떤 의미에서는 그렇지요. 도이여베이르트는 칸트의 이론이성에 대한 비판에 문제가 있다는 것에서 출발하니까요. 칸트의 순수이성을 비판하는 주체는 역시 순수이성입니다. 순수이성이 순수이성을 비판하는 거지요. 이성 자신이 이성을 비판한다는 뜻은 이성 자체가 자기를 초월할 수 있는 능력이 있다는, 이성에 대한 낙관론에서 출발하는 셈입니다. 그런데 도이여베이르트는 그것이 불가능하다는 걸 보여 주려 합니다. 이론적 사유에는 이론적 사유 자체로는 정당화할 수 없는, 이미 그 이전에 수용한 궁극적 관심, 절대적 헌신, 신뢰가 있다는 겁니다.

칸트와의 만남

표정훈 칸트에 관한 책이 아니라 칸트 자체를 직접 읽게 되신
건…….

강영안 그렇게 마음먹은 건, 앞에서 얘기했듯이 손봉호 선생
님의 박사학위 논문과 카울바하의《칸트》를 독일어로 다 읽고 난
뒤입니다. 칸트의《프롤레고메나》, 그러니까《학으로 등장할 수 있
는 모든 미래 형이상학을 위한 서론》을 군대 휴가 중에 서울 나와
서 소피아서점에서 구입해서 독일어판을 읽었지요. 그리고 서광
사에서 복사해 판매한《순수이성비판》독일어판을 사다가 읽기
시작했습니다. 그러다가 제대를 하고 복학을 했지요. 그리고는 루
뱅 유학 시절 판 드 빌르 교수와 세미나할 때 읽었고, 석사 논문 주
제를 택할 때 칸트를 다시 붙잡게 됐습니다.
　처음에는 루돌프 베르넷 교수가 후설과 신칸트주의의 관계
를 주제로 삼아 볼 것을 내게 권했고, 다음에는 스스로 칸트와 생
물학의 관계 문제에 관심을 기울이게 됐습니다. 그러나 앞에서도
얘기했듯이 프랑스어권 루뱅 대학의 과학철학 담당 교수였던 장
라드리에르 교수와 만나 이야기해 보니, 그 문제는 내가 갈 길이
아니라는 생각이 들더군요. 결국 반 퍼슨 교수의 논문을 통해 칸트
의 도식에 주목하면서《순수이성비판》을 집중적으로 파고들어 논
문을 썼지요.

표정훈 도식론. 선생님의 칸트 강의에서도 가장 어려웠던 부분으로 기억합니다. 선생님도 학생들의 표정을 살피며 가끔 이렇게 말씀하셨지요. "이거 이해가 갑니까? 잘 알겠습니까? 다시 한번 잘 들어봐요." 저희들 표정이 어리둥절 그 자체였나 봅니다.

강영안 사실 도식론 부분은 칸트 철학에서 가장 난해한 부분이라고들 말합니다. 칸트 철학에서 가장 말이 안 되는 부분이라고 하기도 하고요. 그만큼 철학적으로 붙들고 씨름할 만한 주제이기도 합니다. 반 퍼슨 교수도 그 주제라면 할 만한 가치가 충분하다고 격려해 주었고, 함께 토론한 끝에 루뱅 대학 석사 논문 주제로 정했습니다.

표정훈 그래서 박사 논문도 칸트를 쓰게 되셨군요.

강영안 레비나스에 관해 쓰고 싶은 생각이 있었습니다. 루뱅에서 공부할 때 레비나스의 강의를 직접 들어 본 적도 있었지요. 그런데 반 퍼슨 교수가 반대했지요. 관련 문헌을 이미 읽었다 해도 4-5년은 걸릴 것이라고 생각했던 모양입니다. 그리고 철학 훈련에는 레비나스보다 칸트가 더 적합하다는 것도 이유였을 겁니다. 그래서 일단 칸트를 중심으로 논문을 쓰기로 하고, 논문 주제와 내용을 구체화해서 가져오도록 했습니다. 여러 주제를 생각했습니다. 지도교수는 석사 논문을 칸트의 도식론으로 썼으니까 그와 관련된 것을 했으면 좋겠다고 했거든요.

그래서 칸트와 카시러의 상징 문제, 칸트와 비트겐슈타인의 표상론, 칸트와 피아제의 도식론 등을 놓고 고심했습니다. 한두 달 뒤에 논문계획서를 작성해서 지도교수를 찾아갔더니 칸트와 피아제의 도식론 비교가 좋겠다고 했습니다. 학위 논문 주제를 정하는 기준이 네 가지 있었습니다. 시간적으로 2-3년 사이에 그 주제로 쓸 수 있는가? 철학적으로 어떤 '새로움novum'이 있는가? 현재 철학계의 관심과 관련이 있는가? 앞으로의 연구에 발판이 될 수 있는가? 그래서 피아제를 1년 정도 집중해서 공부했습니다.

표정훈 그런데 선생님은 레이든 대학 철학과 전임강사를 지내신 적이 있는 걸로 알고 있습니다.

강영안 네, 논문을 준비하던 중 1982년 가을 레이든 대학 철학과 전임강사가 되었어요. 네덜란드는 대학이 모두 평준화되어 있습니다만, 레이든 대학은 1575년 세워진 학교로 현재 네덜란드에서는 가장 오랜 전통을 자랑하지요. 네덜란드권에서 제일 먼저 선 대학은 루뱅 대학입니다. 1425년에 교황청에서 세웠으니까요. 레이든 대학은 스페인에 대해 용감하게 싸운 레이든 시민들에게 네덜란드 왕이 준 선물이었습니다. 그런 대학에서 일하게 되었으니 생활비 문제는 제쳐 두더라도 매우 영예스러운 일이었습니다.

표정훈 어떤 과정을 거치셨습니까?

강영안 1982년 여름 반 퍼슨 교수가 정년퇴임하고 자유대학 특임교수 자리만 유지하고 있었는데, 레이든 대학 후임이 결정되지 않았습니다. 그래서 반 퍼슨 교수 추천으로 내가 전임강사 발령을 받은 겁니다. 생각지도 못했던 일이지요. 지금 생각해 봐도 선생님이 뭘 믿고 나를 추천해서 그 일을 맡게 했는지 잘 모르겠어요. 그 당시 반 퍼슨 교수 밑에 자리 잡지 못한 제자들이 열 명도 넘었는데, 내가 반 퍼슨 교수가 맡고 있는 분야를 총괄하게 된 셈이었지요.

표정훈 그때 맡은 과목은 어떤 것이었습니까?

강영안 학부 한 과목, 대학원 한 과목을 강의하고, 그 외 근대에서 현대까지 철학사, 인식론, 철학적 인간학 등을 맡았습니다. 논문 쓸 틈도 없이 강의 준비에 시간을 쏟았지요. 지금 생각해 보면 그때 강의 훈련을 받은 셈입니다. 대학원에서는 《순수이성비판》 세미나를 했는데 네덜란드어로 진행했습니다. 학부 강의는 처음에는 영어로 하다가, 네덜란드어로 하자는 학생들의 제안에 따라 그다음 학기부터는 네덜란드어로 했지요. 그러다가 문득 귀국도 못 하고 여기서 이렇게 시간을 보내겠구나 싶어 지도교수에게 말하고 사표를 냈지요. 귀국하느냐 못 하느냐가 당시에는 왜 그렇

[5. 칸트와 철학의 소명]

게 중요했는지 잘 모르겠습니다. 오히려 그곳에서 교수 생활을 하다가 미국을 거쳐 한국에 왔었더라면 하는 생각이 들기도 합니다.

표정훈 그러고는 논문에 집중하셨군요.

강영안 그랬지요. 레이든 대학에서 강의할 때 학부 강의는 칸트와 피아제의 인식론을 개설해서 가르쳤습니다. 그런데 피아제를 한참 읽고 나니 흥미가 덜하게 되더군요. 철학과 과학의 차이라고 할까요. 과학 탐구자는 다르겠지만 나 같은 사람에게 과학은 한 번 알고 나면 그만인 것 같아요. 과학적 인식론에 흥미를 잃은 건데, 반면 칸트는 읽을수록 재미가 났습니다. 씹을수록 맛이 난다고 할까요. 다시 들여다봐도 맛이 나는 게 칸트입니다. 물리지 않는 철학자이지요. 전임강사를 1년 만에 그만두고는 지도교수에게 피아제는 제외하고 칸트만을 다루는 논문을 쓰겠다고 했더니 흔쾌히 허락해 주시더군요. 그래서 2년 동안 바짝 논문에 집중했지요.

표정훈 논문 쓰는 동안, 논문만 쓰셨습니까? 다른 일도 하셨습니까?

강영안 대외적으로는 논문만 썼지요. 하지만 논문을 쓰는 동안 다른 공부도 하고 있었어요. 지도교수가 한 챕터 써 오라고 하면 써서 갖다 드리고 폴라니, 포퍼, 쿤 등 과학철학자들의 저작과 가다머와 리쾨르의 철학적 해석학 관련 저작을 많이 읽었습니다. 신학자 바르트를 열심히 읽은 것도 그때입니다. 매주 금요일이면 14층 신학부 도서관에 앉아 그의 《교회교의학》을 읽었습니다. 긴 설교를 듣는 듯해 가슴이 뛰었어요.

에른스트 트뢸취, 앙드레 비엘레, 막스 베버, 레비나스, 요아킴 예레미아스, C. H. 도드, 폰 라트, 클라우스 베스터만 등을 읽은 것도 이때였습니다. 지도교수가 그다음 진도를 챙기면 한 챕터 서둘러 써서 드리고는 다시 공부를 하는 식이었지요. 나중에 귀국해서 계명대에서 다양한 과목을 가르칠 수 있었던 것도 루뱅과 암스테르담에서의 광범위한 독서가 많은 도움이 되었습니다. 또 나에게는 철학을 위한 좋은 훈련 과정이었습니다.

'도식과 상징', 칸트의 도식론 연구

표정훈 당시 박사학위 논문에 관해 좀 더 자세히 말씀해 주시겠습니까?

강영안 학위 논문 제목을 "도식과 상징"이라고 하고, 부제를 "칸트의 도식론 연구"라고 했지요. 도식론은 범주의 연역과 밀접한 관련이 있습니다. '범주의 연역'이란 범주가 어떻게 경험에 적용될 수 있는가, 경험에 사용될 수 있는가를 정당화하는 절차 혹은 과정입니다. 반면에 상징 문제는 '이념의 연역'과 관련됩니다. 신, 영혼, 세계 같은 초월적 이념들이 어떻게 경험과 상관하여 정당하게 합법적으로 사용될 수 있는가 하는 내용이지요. 범주 연역에 관해서는 사람들이 많이 다루었지만, 이념 영역의 문제는 다룬 사람들이 별로 없었습니다.

표정훈 그랬군요. 다시 한 번 강의실로 돌아가 선생님의 칸트 강의에 참여하고 싶은 생각이 듭니다. 공부도 때가 있다는데, 학생 때 열심히 공부할걸 하는 때늦은 후회도 들고요. 도식의 문제는 결국 어떤 문제라고 할 수 있을까요?

강영안 도식의 문제나 상징의 문제는 표상 가능성의 문제입니다. 표상[1]할 수 없는 것을 어떻게 표상할 수 있는가에 관한 문제이지요. 우리가 경험하는 현실은 일차적으로 감각적으로 매개됩니다. 그러나 개념화되지 않고서는 그것이 무엇인지 서술할 수 없습니다. 따라서 감각된 경험에 대해 개념 적용이 가능해야 할 텐데, 개념 가운데서도 근본 개념이라 할 수 있는 범주를 어떻게 감각되는 현상에 적용할 것인가 하는 문제가 생기지요. 이것을 해결하는 것이 도식입니다.

그러므로 도식론이 제시되는 맥락은, '어떻게 범주를 경험에 적용할 수 있을까?', 바꿔 말하면 '어떻게 현상을 범주로 가져갈 수 있는가? 감각하는 것들을 지성적인 것과 어떻게 연관시킬 수 있는가?' 하는 물음이지요. 칸트가 말하는 도식은 결국 시간 규정인데, 시간 규정은 범주를 현상에 적용시키는 구실과 함께 현상을 지성적인 것과 연관시키는 매개, 수단, 도구입니다. 지성적인 것과 감각적인 것이 결합될 수 있게 해주는 장치가 도식인 거죠. 이미 말했지만, 도식이나 상징은 결국 표상 가능성을 해결하는 칸트의 철학적 대안입니다.

표정훈 아! 머릿속이 팽팽해지는 느낌입니다. 조금 더 설명해 주시겠습니까?

강영안 이렇게 한번 설명해 보도록 하지요. 현실에 관해서 그것을 지식의 대상으로 삼거나 이용 대상으로 삼을 때, 우리는 어떤 방식으로든 현실을 서술할 수 있어야 합니다. 예컨대 "땅이 젖었다"고 해봅시다. 이럴 때 우리는 "무엇은 어떠하다"는 형식을 적용합니다. 서술이 가능한 것은 어떠하다고 서술될 수 있는 무엇이 있고, 그 무엇이 어떠하다는 서술을 통해 우리는 그 무엇에 대한 지식을 표현하는 것이지요.

그런데 현실에 대한 서술 형식은 현실을 생각하는 우리의 사고 형식에 근거를 두고 있다는 것이 칸트의 생각입니다. 서술 형식 근저에 있는 사고의 형식을 일컬어 칸트는 '범주'라고 했거든요. 그런데 '범주'는 그려 볼 수가 없잖아요? 예컨대 시간이나 공간의 경우에는 그래도 선을 그려, 과거-현재-미래로 그려 보거나 앞과 뒤, 위와 아래로 한정하는 일을 통해 표상해 볼 수 있는데, 범주는 그렇지 않다는 것이죠. 범주가 없이는 개념적으로 현실 파악을 할 수 없는데, 범주 자체를 현실과 관련해 어떻게 표상할 수 있느냐 하는 문제가 등장하지요.

표정훈 그렇다면 어떻게 범주를 그려 볼 수 있습니까?

강영안 그게 바로 시간을 통해 가능하다는 것입니다. 예컨대 '실체'라는 개념은 우리가 감각을 통하여 경험할 수 있는 것이 아닙니다. 그럼에도 어떻게 떠올릴 수 있을까요? 어떤 무엇이 시간 가운데 변하지 않고 그대로 머물러 있는 것을 생각해 볼 수 있지 않을까요? '시간 안에 지속한 것'이라는 상상을 통해 단지 우리의 지성 개념이기만 한 '실체'에 육신의 옷을 입힐 수 있지요. 이렇게 육신의 옷을 입는 것, 다시 말해 감성화하는 것을 일컬어 '도식'이라고 합니다. 신약성서 빌립보서 2장을 보면, 예수님이 자신을 낮추어 육신을 입은 것을 '사람과 같은 모습으로 오셨다schemati heuretheis hos anthropos'라고 표현합니다.

표정훈 도식은 일종의 현신現身이라고 볼 수 있겠네요?

강영안 그렇지요. 옛날 초대 교회 시절, 사막으로 나가서 금욕하면서 수련한 분들이 있었지요? 이들을 사탄이 유혹하는 방법이 무엇이었겠습니까? 아름다운 여인으로 나타나는 것이었죠. 사탄이 이렇게 여인의 몸을 입고 나타난 것을 '도식화하다'라는 말로 표현했지요. '감성적인 형식을 취하다'는 뜻입니다.[2]

표정훈 그렇다면 신, 영혼, 세계라는 이념들은 어떤 구실을 할 수 있을까요?

강영안 이념들은 과학적 탐구에 하나의 체계적 통일성을 제공해 줍니다. 신이나 영혼은 경험할 수 없지만, 영혼이라는 이념, 신이라는 이념을 설정해 두고 우리의 감각적 경험에 접근해 보면, 예컨대 영혼을 보거나 만지거나 듣는 감각의 주체로 여기면서 그런 영혼을 중심으로 우리의 분산적 경험들을 통합적 경험으로 파악할 수 있게 됩니다. 또한 신이라는 창조주를 표상한다면, 우리가 자연과학을 탐구할 때나 자연 속에서 경험을 할 때 그런 것들을 통일적인 것으로 파악할 수 있는 근거를 제공해 줍니다. 예컨대 '하나님은 건축주이다', '하나님은 창조주이다'라는 식으로 '상징'을 통해서 하나님에 대해서 말할 수 있게 되는 거죠. 칸트는 이것을 '상징적 의인론'이라고 말합니다.

표정훈 상징이란 무슨 뜻입니까?

강영안 서양에서는 상징을 일종의 표지, 암호 표시를 일컫는 말로 사용해 왔습니다. 예컨대 초대 기독교인들이 자신들끼리 통하는 암호표시로 '물고기'를 사용했지요. 그리스어로 '예수 그리스도는 하나님의 아들'이라는 표현의 약어가 '익투스ICHTHUS'인데, 이것은 일상 단어로는 물고기를 뜻합니다. 그래서 물고기 표시를 초대 기독교인들이 자신들의 암호로 사용하였지요. 이처럼 상징은 그 자체가 아니라 그 너머의 이념을 나타내는 기능을 합니다. 그럼에도 상징은 경험에 의존해서 유비analogy를 통해 만들어집니다.

주의할 점은 경험을 떠나 있지 않다는 겁니다. 예컨대 "하나님은 아버지다"라고 말할 때, 우리는 일상의 아버지 경험을 통해 하나님을 자녀를 돌보는 아버지처럼 우리와 관계하는 분으로 표상하는 것이지요.

표정훈 선생님의 얘기를 들어 보니 지성, 이성과 감성의 관계 문제가 역시 핵심이 되는 것 같습니다.

강영안 당시 논문을 쓸 때 고심한 것이 칸트가 본 지성이나 이성의 구실은 늘 감성화를 추구한다는 점이었습니다. 지성이나 이성 자체보다는 감성과 연대해서 자기 자신을 표현하고자 애쓰는 기지요. 다르게 표현하변 시성이나 이성은 구성적입니다. 지성이나 이성은 뭘 만들고 생산하고 조작하면서 현실을 끊임없이 통제하려는 욕구를 지니고 있는 셈입니다.

지성과 이성은 구별할 수 있습니다. 지성은 대상을 인식하고 이해하는 인간의 지적 능력이고, 이성은 그런 지적 능력의 한계를 벗어나서 무한한 것으로의 초월을 추구합니다. 그런 이성은 다시 우리의 경험을 조직적으로 통합하고 경험에 방향을 제시해 줍니다. 그러나 두 개를 뭉뚱그려 크게 보면 칸트의 지성과 이성은 구성적이며 생산하는 것이고, 현실을 자기 자신의 권한 속에 집어넣고 통제하려는 능력 혹은 욕구를 표현합니다.

표정훈 이 문제를 현대철학의 관점에서 생각해 보면 어떻게 될까요?

강영안 칸트가 추구하는 사유는 표상적 사유입니다. 표상적 사유에서 표상이란, 하이데거의 해석에 따른다면 말 그대로 '포어슈텔룽Vorstellung', 즉 앞에 세움, 앞에 세워서 닦달함이 됩니다. 앞에 세워 놓고 이실직고以實直告하라고 요구하는 것, 내가 원하는 것을 찾아내고 말하도록 요구하는 것이 표상적 사유지요. 칸트의 《순수이성비판》 2판 서문에 보면, 자연을 연구하는 사람과 자연의 관계는 학생이 선생에게 배우듯이 가르쳐 달라고 이야기하는 입장이 아니라, 재판관이 증인을 세워 두고 자신의 질문에 답하도록 요구하는 관계라고 말합니다. 자연을 이해하고 파악하고 통제하는 겁니다. 근대과학의 특징을 흔히 실험과학이라고 하지 않습니까? 그런데 실험이란 무엇입니까?

표정훈 경험을 해본다는 뜻일까요?

강영안 단순한 경험이 아니지요. 질문을 가지고 인위적으로 통제된 경험을 하는 것이지요. 이것의 정체를 칸트가 정확하게 파악한 겁니다. 자연과학이 학문으로 성립된 과정을 얘기하면서 칸트는 이렇게 말합니다. 좀 길지만 백종현 선생 번역으로 한번 인용해 보지요.

> 갈릴레이가 그 자신에 의해서 선택된, 무게를 가진 그의 공들을 경사면에 굴렸을 때, 또는 토리첼리가 공기로 하여금 미리 알고 있는 물기둥의 무게와 똑같다고 생각한 무게를 지탱하도록 했을 때, 또는 훨씬 뒤에 슈탈이 금속에서 무엇인가를 뺏다가 다시 넣었다 하면서 금속을 회灰로, 이것을 다시 금 금속으로 변화하게 했을 때, 모든 자연 연구가들에게 한 줄기 광명이 나타났다. 그들이 파악한 것은 이성은 단지 그 자신이 그 자신의 기획에 따라서 산출한 것만을 통찰한다는 것, 곧 이성은 그의 판단의 원리들을 가지고 항구적인 법칙에 따라 앞서 나가면서 자연으로 하여금 그의 물음들에 답하도록 시킴에 틀림없지만, 이를테면 아기가 걸음마 줄을 따라서 걷듯 오로지 자연이 시키는 대로 걷는 것이 아니라는 것이다. 왜냐하면 그렇지 않으면, 우연적인, 이전에 기획된 어떤 계획에 따라 수행된 것이 아닌 관찰들은 이성이 그토록 추구하고 필요로 하는 어떠한 필

연적인 법칙과도 연결되지 않으니 말이다. 이성은 한 손에는 그에 따라서만 일치하는 현상들이 법칙들에 타당할 수 있는 그 자신의 원리들을 가지고 다른 손에는 저 원리들에 따라서 고안된 실험을 가지고 자연으로 나갈 수밖에 없다. 그것도 이성은, 교사가 원하는 것을 모두 진술하게 되는 학생의 자격으로서가 아니라, 증인으로 하여금 그가 제기하는 물음들에 답하도록 강요하는 임명된 재판관의 자격으로 자연으로부터 배우기 위해서 그렇게 한다.[3]

표정훈 긴 인용이지만 귀담아 들어볼 이야기인 듯합니다. 저도 《순수이성비판》을 다시 읽어 봐야겠습니다. 부분적으로 읽다가 말았으니 '다시 읽는다'는 표현이 부적절한 것 같기도 합니다만, 여하튼 다시 읽어 보고 싶습니다. 예전엔 어렵게만 느껴졌는데 선생님 말씀을 들으니 도전할 용기가 납니다.

강영안 칸트의 표상적 사유는 결코 표상될 수 없는 것을 배경으로 하고 있습니다. 범주가 시간 규정을 통해 도식화되고, 도식화된 것이 우리의 감각 대상, 감성 재료와 연관을 맺어 지식을 산출하지만, 범주를 생산하는 능력 자체는 비표상이니까요. 도식화된 것은 표상이지만 범주 자체를 생산하는 근원적 능력은 비표상입니다. 그렇게 비표상적인 능력이 범주를 가능하게 하고, 상상력의 도식 활동이 표상적 사유를 가능케 합니다. 비표상적인 것은 드러나지 않습니다. 신에 대한 사유에서도 신 자체는 우리의 표상의 대상이 아닙니다. 신은 우리의 권력, 지적인 힘, 지성의 힘 안에 들어올 수 없습니다. 개념을 가지고 재단할 수 없습니다.

표정훈 신은 우리 개념으로 재단할 수 없다면…….

강영안 신에 대해 어떤 방식으로든 생각한다는 건 어디까지나 상징을 통해 표상하는 겁니다. 표상할 수 없는 걸 표상하는 방식을 취하는 거지요. 칸트는 표상적 사고의 힘과 범위를 정하면서 동시에 표상할 수 없는 것의 영역, 표상을 뛰어넘는 저편을 이야기합니다. 전형적인 근대적 사유를 정당화하면서 비표상적 측면을 보았다는 점에서 칸트와 포스트모던적 사유의 연관성도 이야기할수 있을지 모릅니다. 리오타르가 칸트의《판단력비판》을 통해 칸트에 접근하는 지점이 바로 그런 점입니다.

레비나스는 이걸 '존재'와 '존재 너머'로 표현합니다. 존재는 나의 권력과 나의 힘이 미치는 세계, 내가 구성해 낸 세계, 내 노력의 산물로서의 세계입니다. 인간은 근본적으로 '존재론적'이라고 말할 때, 레비나스가 의도한 바가 이것입니다. 나와 다른 것을 나에게 흡수, 환원해서 나와 동화하는 활동입니다. 이것이 레비나스가 말하는 존재의 영역입니다. 반면 존재 너머는 나의 힘이 미치지 못하지만, 나의 세계를 가능케 해주는 존재론적 근거로서의 세계입니다. 칸트 철학은 이 두 가지를 모두 아우르고 보여 줍니다.

하나의 이상으로서의 철학자

표정훈 대학 시절 선생님의 강의를 기억 저편에서 되살리며 겨우겨우 이해할 수 있었습니다. 보다 근본적인 칸트의 철학적 소신 같은 게 있을까요?

강영안 사실 칸트 철학의 또 다른 흥미로운 점은 인간학적 전회 또는 인간의 소명에 대한 철저한 사고입니다. 이와 관련해서 칸트는 과학, 도덕, 종교, 정치, 교육, 예술 등의 위치와 영역을 명료하게 설정합니다. 막스 베버 같은 이는 칸트 철학의 중요한 의의를 바로 이 점에서 찾지요. 쉽게 말해서 영역을 구분했다는 겁니다. 하버마스Jürgen Habermas(1929-)도《근대성의 철학적 담론》에서 그런 점을 지적합니다. 그러나 베버나 하버마스는 칸트가 그런 구분을 했던 좀 더 근본적인 이유는 이야기하지 않습니다. 그것은 다름아니라 인간의 소명, 인간의 목적, 인간이 나아가야 할 궁극적 방향에 대한 칸트의 소신입니다.

표정훈 그 소신이라는 게 어쩌면 칸트가 생각하는 철학의 궁극적 지향이기도 하겠습니다.

강영안 그렇다고 볼 수 있지요. 그 소신은 바로 칸트의 철학 개념에 드러나 있으니까요.《순수이성비판》의 방법론 부분에서 칸트는 철학의 개념을 두 가지로 구별합니다. "지금까지는 철학을 배울 수 없었다. 사람은 오직 철학함을 배울 뿐이다"라는 유명한 구절의 다음 문단에 나오는 것이지요.[4] 여기에서 칸트는 '학교 개념'으로서의 철학, 그러니까 인식의 체계이자 오직 학문으로서의 철학을 먼저 이야기합니다. 지식의 체계적 통일성, 논리적 완전성을 겨냥하는 순수한 이론적 철학, 강단 철학, 전문적 철학, 철학자들이 밥벌이로 하는 철학이 되겠지요.

표정훈 다른 하나는…….

강영안 다른 하나는 '세계 개념'으로서의 철학입니다. 철학자가 하나의 이상으로, 인간의 원형으로 등장하는 철학 개념이지요. 이때 철학자는 모럴리스트, 그러니까 도덕적 모범으로서 인간의 이상을 보여 주는 이가 됩니다. 아울러 철학은 "인간의 모든 인식을 인간 이성의 본질적 목적에 관련짓는 학문"이 되는 겁니다. 사회학, 정치학, 종교학, 생물학 등등 인간의 모든 인식을 궁극적으로 '인간이 어디로 가야 하는가?' 하는 문제로 엮는, 즉 인간 이성의 목적과 관련된 학문이 바로 철학입니다. 철학은 "인간 이성의 목적론"이며, 철학자는 "이성의 기술자가 아니라 인간 이성의 입법자"가 되는 겁니다.

표정훈 무시무시한 말로 들립니다. 또 철학자의 무한한 자부심, 무한한 책임감 같은 것도 느껴지기도 하고요.

강영안 그렇지요. 무시무시한 말입니다. 철학자에게 아주 특별한 권리나 위치를 부여하는 것 같지만, 사실 특권이라기보다는 책임입니다. 철학자는 단순히 어떤 이론에만 관심을 둘 것이 아니라, 인간의 목적, 결국 인간이 걸어갈 방향을 제시해야 합니다. 그런 의미에서 "철학은 곧 하나의 도덕"이라고까지 말합니다. 칸트는 《순수이성비판》 2판 서문에서 "나는 신앙에 자리를 얻도록 하기 위해서 지식을 폐기해야만 했다"라고 합니다.

여기에서 신앙은 도덕적 신앙을 뜻합니다. 요컨대 도덕에 자리를 부여해 주기 위해 과학적 지식의 자리를 제한시켰다고 할 수 있겠지요. 과학, 예술, 종교, 정치, 각각의 타당한 영역을 설정한 것도 칸트 철학의 중요한 의의입니다. 그러나 역시 인간이 나아갈 방향을 도덕이라 보고, 그 도덕에서만이 인간의 인간다움이 가장 분명하게 드러날 수 있다고 생각했다는 게 더 중요합니다. 그러면 도대체 도덕이 뭐기에 도덕에서 인간의 인간성이 가장 잘 드러나는 걸까요? 도덕은 자유의 영역이기 때문입니다. 자유를 통해서만 우리는 진정으로 도덕적일 수 있습니다.

표정훈 그렇다면 인간의 자연적 욕구는 자리가 없습니까?

강영안 칸트가 말하는 도덕성이 인간의 자연적 욕구이지만 본성을 뛰어넘는 건 결코 아닙니다. 사실 칸트의 도덕철학은 우리의 일반적 상식의 구조를 명료하게 드러내는 것이지, 상식에 위배되는 것을 구상하지 않습니다. 도덕은 내가 하고 싶은 걸 하는 게 아니라 마땅히 해야 할 것을 하는 거지요. 그리고 내 이익만을 위하는 것이 아니라, 나의 이익을 챙기는 것처럼 다른 이의 이익도 챙겨 주는 것이 도덕이지요. 얼마나 상식적입니까? 칸트의 도덕철학은 이런 상식을 정당화할 뿐입니다. 칸트의 도덕철학은 일반 상식의 도덕관념과 멀지 않습니다만, 정당화하는 과정은 상당히 어렵지요. 일반 상식에서 출발하지만, 그 철학적 논의만큼은 일반인들이 쉽게 이해하기 힘든 측면이 있습니다.

표정훈 선생님의 말씀에서 자꾸만 동아시아 옛 선비들이 말한 성인, 군자가 떠오릅니다. 칸트가 말하는, 아니 칸트가 이상적으로 생각한 철학자란 결국 성인이나 군자와 비슷한 게 아닐지요.

강영안 일리 있는 생각입니다. 동아시아의 유가 전통에서 성인聖人이 되기 위해 노력하는 군자君子, 혹은 군자가 도달하려는 목표인 성인이 이상적인 철학자의 모습이기도 합니다. 주돈이周敦頤가 이렇게 말했다고 하지요. "성인은 하늘과 같은 이상적 경지에 도달하기를 희망하고, 현인은 성인이 되기를 바라며, 보통의 선비는 현인이 되고자 한다." 칸트의 도덕철학의 지향점도 결국 성聖 혹은 거룩함Heiligkeit입니다.

철학자는 도덕의 궁극적 경지를 몸소 보여 주는 사람이어야 한다는 게 칸트의 입장입니다. 그러나 오늘날 우리는 이렇게 묻곤 하지요. "윤리학자가 반드시 윤리적이어야 하는가?" 우리는 이론과 실천이 이미 괴리된 시대 풍토에 살고 있으니까요. 그러나 적어도 칸트 철학에서 철학자는 도덕인이어야 하며 고유한 모범을 보여 줘야 합니다.

표정훈 칸트의 기준에 따르자면 제대로 철학자 되기 정말 힘들 것 같습니다. 철학 텍스트에만 해박하다고 될 수 있는 것도 아니고……. 이건 차라리 수도자修道者가 되는 것 같은…….

강영안 칸트는 도덕적 모범이 되는 것을 철학자의 유일한 과제로 보지 않습니다. 칸트의 철학적 작업의 대부분은 도덕적 이상을 보여 주는 작업이라기보다는 이론철학적 작업이지요. 칸트는 자연에 대한 연구를 통해 지적 노력의 정당성을 확보해 내고, 이 영역과 도덕 영역이 섞이지 않도록 경계를 분명히 하려고 했습니다. 그러니까 도덕은 자유와 자율의 영역, 과학은 자연과 자연법칙의 영역이지요. 그런데 도식을 통해 자연 영역과 도덕 영역의 상호 연관성이 가능해집니다. 자연법칙의 불변성 혹은 항상성이 도덕법칙을 위한 하나의 모범, 모형 구실을 할 수 있다는 겁니다. 마치 자연법칙인 것처럼 지켜야 하는 것이 도덕법칙이라는 식이 되는 거지요.

표정훈 이른바 천도天道를 본받아 따르는 것이 인도人道라고, 늘 그러한 자연의 길을 모범으로 삼았던 옛 동아시아 지식인들이 떠오르는 대목입니다.

강영안 칸트는 자연계 안에서 인간의 위치가 어디인가를 근대적 관점에서 설정하려 했습니다. 흄David Hume은 인간을 완전히 자연화했어요. 철저하게 자연의 한 일부로서의 인간을 본 거지요. 스피노자에게도 인간은 자연의 일부입니다. 물론 스피노자의 자연은 모든 존재하는 것들의 총체이자 합법칙성의 세계라는 점에서 흄의 자연과 다르지만 말입니다. 먹고 자고 잠자고 병들고 죽어야 하는 인간은 분명 자연의 일부이지만, 그것이 인간을 인간답게 하는 소명은 아닙니다. 인간의 소명은 도덕적 존재로서 자신에게 주어진 자유를 최대한 발휘하는 것, 도덕법칙이 명하는 대로 삶을 영위하는 것입니다. 그것이 인간이 가장 인간답게 사는 길입니다.

덕과 행복의 문제

표정훈 그 유명한 정언명법이 나올 때가 된 것 같습니다.

강영안 그렇습니다. 인간이 인간답게 사는 데도 법칙이 있습니다. 칸트는 그 법칙을 '정언명법定言命法'이라고 표현했습니다. "네 의지의 준칙이 동시에 보편적 입법이 되도록 행하라"는 보편화의 명령이지요. 또한 자신이나 타인의 인격에 대해서도 수단으로서가 아니라 목적으로 대하도록 행동하라는 명령이지요. 이러한 정언명법은 이성의 명령으로서, 우리가 반드시 알아야 하고 깨달아야 합니다. 이를 통해 우리는 자유를 증명해 낼 수 있습니다.

자유는 경험적 방식으로 드러낼 수 있는 게 아닙니다. 정언명법을 따를 때 자유가 실현되고, 내가 자유로운 존재라는 걸 보여주고, 내가 도덕적으로 올바르게 산다는 걸 보여 줄 수 있습니다. 이때 비로소 인간은 자연의 영역과 구별되어 고유한 존재의 근거를 갖게 되는 겁니다. 한편으로 인간은 자연 필연성에 종속돼 있으면서도, 다른 한편으로는 스스로 도덕적 입법자가 될 수 있습니다. 자연 필연성을 초월할 수 있는 존재로서의 인간, 바로 여기에서 칸트의 도덕철학의 중요한 의미를 찾을 수 있습니다.

표정훈 하지만 그런 칸트의 입장에 대해 비판도 가능할 듯합니다. 인간을 완전히 자연의 일부로 보려는 자연주의자의 관점에서도 비판할 수 있고, 인간을 초자연적으로 보려는 입장, 그러니까 인간의 정신성이나 초월성을 강조하는 관점에서도 비판이 가능하겠습니다.

강영안 그렇습니다. 그런데 내가 보기에 칸트는 결코 극단에 빠지지 않는 철학자입니다. 늘 양극단을 중재하고 매개하고 조화하는 점에서 탁월한 철학자이지요. 예컨대 많은 사람들이 칸트를 의무론과 행복론 가운데 의무론에 속하는 철학자로 봅니다. 그렇습니다. 하지만 칸트는 행복을 결코 무시하지 않습니다. 자연적 존재로서의 인간의 행복을 추구하는 것을 인정한다는 거죠. 다만 자유를 가진 존재로서의 인간은 행복과 반하더라도 의무를 추구해야 한다고 보는 겁니다. 그래서 칸트는 '최고선'이라는 개념을 설정하지요. 덕과 그 덕에 상응하는 행복의 일치가 최고선입니다. 덕에 반드시 따라야 할 행복을 향해 나아가는 삶이야말로 인간이 기대할 수 있는 최고의 삶이라는 겁니다.

표정훈 사마천의 《사기》〈열전〉의 첫 부분은 '백이전伯夷傳'입니다. 은주殷周 혁명에 반대하여 절개를 지키다가 죽은 백이伯夷의 고사에 대한 사마천의 언급은 다음과 같지요. "하늘의 도는 반드시 착한 사람 편이라는 말이 있지만, 백이 같은 인물은 왜 그처럼 불행해야 했을까? 공자의 제자 중 가장 뛰어났던 안회顔回는 끼니를 거를 정도로 가난하게 살다가 일찍 죽었다. 이와 반대로 도척盜跖 같은 이는 무수한 살인과 악행을 저지르면서도 천수를 누렸다. 이렇게 본다면 과연 하늘의 도의 섭리는 올바른 것일까? 혹시 그것이 잘못된 것은 아닐까?"

사마천이 제기한 의문은 유교적 도덕이 인간의 현실적인 삶에서 한계를 지닐 수밖에 없음을 지적한 셈입니다. 덕과 행복의 일치, 불일치의 문제를 해결하기 힘들다는 탄식입니다.

강영안 칸트는 기독교 전통을 배경으로 하고 있지요. 이 세계를 다스리고 우리의 선악의 결과에 따라 심판을 하는 공정한 심판자가 있어서 현재의 삶뿐만 아니라 내세의 삶이 있고, 인간은 결정된 존재가 아니라 자유가 있다고 생각했지요. 칸트는 이런 것들이 도덕적 세계를 가능케 해주는 가장 근본적인 사실들, 그러니까 '실천이성의 요청'이라고 보았습니다. 이것은 칸트에게는 일종의 철학적 신앙고백이었지요.

표정훈 칸트의 철학적 신앙고백이 나타나는 문헌이 있습니까?

강영안 〈라이프니츠와 볼프 시대 이후 독일에서 형이상학이 이룬 실제적인 진보가 무엇인가?〉라는 논문에서 칸트는 이렇게 표현합니다.

순수실천이성의 고백을 세 항목으로 담고 있는 신앙고백Credo은 이것이다. 나는 세상에 있는 모든 선의 원천으로서, 그리고 최종 목적으로서 유일한 하나님을 믿는다. 나는 이 최종 목적이 사람의 능력 안에 있는 한, 세상에서의 최고선에 합치할 가능성을 믿는다. 나는 세상 안에서 가능한 최고선으로 지속적으

로 접근할 수 있는 조건으로서 미래의 영원한 세계를 믿는다.[5]

신앙 없이는 도덕적 세계가 가능하지 않다고 보았다는 점에서, 칸트는 비록 세속적인 방식, 그러니까 신학적·성서적·종교적 방식과 다르게 논의하면서도 근본적으로는 기독교적 세계관에서 철학을 했다고 볼 수 있습니다. 철저한 기독교적 관점에서 보면 칸트는 미진합니다. 그러나 철저하게 철학적 관점에서 보면 칸트는 철학적 언어를 통해 기독교적 세계관을 최대한 표현하고 있다고 말할 수 있습니다.

표정훈 그만큼 칸트를 여러 각도에서 해석할 여지가 많다는 뜻도 되겠습니다.

강영안 1990년대 이후 칸트의 종교철학, 윤리학, 칸트와 기독교의 관계를 평가하는 방식에 변화가 일어난 것을 볼 수 있습니다. 일단의 미국 철학자들을 중심으로 칸트를 계몽주의자 계열에서 해석·평가하지 않고 유신론적 철학자로 해석하려는 움직임이 일어난 거지요. 요컨대 칸트를 기독교 신앙의 중요한 측면을 철학적으로 대변하는 철학자로 보려는 겁니다.[6]

칸트의 이성은 '최소 이성'

표정훈 칸트가 계몽주의자인가, 근대주의자인가? 그렇지 않다면 또 어떤 철학자인가? 이런 질문을 새롭게 다시 던져 볼 수 있는 여지가 늘 있다는 말씀으로도 들립니다.

강영안 사실 칸트와 계몽주의의 관계는 애매한 부분이 있어요. 당연히 이건 근대성 문제와도 관련 있지요. 칸트가 근대주의자인가, 탈근대주의자인가? 물론 크게 봐서 근대주의자이고 계몽의 철학자임이 분명합니다. 역시 중요한 건 이성이니까요. 그러나 주목해야 할 것은 칸트에서 이성이 "최대의 이성인가, 최소의 이성인가?" 하는 문제입니다.

표정훈 그토록 이성을 강조한 것을 보면 이성이 극대화되었다고 보아야 하지 않습니까?

강영안 아닙니다. 나는 칸트의 이성은 '최소 이성'이라고 생각합니다. 과잉된 이성이 아니라 최소의 이성, 즉 과학이 가능할 수 있는 조건으로, 도덕이 가능할 수 있는 조건으로, 인간 공동체가 가능할 수 있는 조건으로, 최소한의 이성을 심급자로 도입하는 겁니다. 최소한 이것이라도 지키지 않는다면, 우리가 기대하는 지식, 도덕, 공동체가 가능하지 않다는 의미에서 칸트의 이성 문제를 봐야 할 겁니다. 전형적인 계몽주의자인 디드로Denis Diderot(1713-1784)나 볼테르Voltaire(1694-1778)의 이성은 과잉 이성이라고 할 수 있겠지요. 그 점에서 칸트의 이성에 대한 기대 혹은 호소는 종교적 신앙과 적대적이지 않습니다.

표정훈 칸트가 과연 자기 시대의 문제, 그러니까 당대의 문제와 대결한다는 자의식을 갖고 있었을까요?

강영안 칸트는 자기 시대 문화의 위험이자 도전으로 유물론, 숙명론, 무신론, 불신, 열광주의, 미신 등등을 꼽습니다. 자유를 거부하는 숙명론, 정신을 거부하는 유물론, 이성보다는 감성과 열정에 호소하는 열광주의, 지적인 책임 방기이자 포기인 회의론 등등을 철저한 이성 비판을 통해 뿌리 뽑겠다고 선언한 거지요. 칸트가보기에 그런 것들은 인간의 존엄성이나 가치를 떨어뜨리는 것들입니다. 유물론이나 숙명론에서 어떻게 인간의 고유한 가치가 나올 수 있겠는가 생각한 겁니다. 그렇다면 칸트에게는 시대의 문화상황, 지적 풍토와 대결하여 그 상황을 극복하겠다는 일종의 문화철학적 사명감이 있었다고 할 수 있습니다.

표정훈 그렇다면 이성 비판은 무엇을 뜻하는가요?

강영안 칸트의 이성 비판은 이성을 확장시켜 전권을 위임하기보다 최소의 이성을 사용함으로써 극단적인 것들을 배제하고 인간에게 비록 조그마한 자리라도 고유한 자리, 위치를 잡아 주기 위한 것입니다. 인간에게 이 우주와 자연질서 안에서 고유한 자리를 잡아 주되, 영웅론적 낙관주의에 빠지지 않고 비관주의나 숙명주의에도 빠지지 않게 하려는 철학적 의도를 엿볼 수 있습니다. 영웅적 낙관주의에 빠지지 않게 한다는 건, 당시 계몽주의의 낙관주의가 인간의 본성이 선하다는 지나친 낙관에 바탕을 두고 있었기 때문입니다.

칸트는 인간의 '근본악'을 이야기하였습니다. 이 점에서 칸트는 인간의 선함만을 내세우는 낙관주의를 '영웅적'이라 비판합니다. 그러면서도 인간의 변화, 개선 가능성에 대한 기대를 품었습니다. 칸트는 겸손한 낙관주의자이자 비판적 낙관주의자였던 셈이지요. 이러한 겸손한 낙관주의는 포스트모던을 이야기하는 오늘에도 여전히 수용할 수 있고, 이성의 과잉화와 감성의 확장으로 인한 폐단에 제동을 가할 수 있을 겁니다.

표정훈 칸트가 일종의 시대적 과제, 그러니까 자기 시대가 처한 문제 상황을 분명하게 인식하고 그 상황을 극복한다는 목표도 염두에 두고 있었다는 게 새삼 놀랍습니다. 자신이 속한 시대의 전반적인 문화적 상황과 '철학적으로' 한판 대결한다는 생각을 품었다고나 할까요?

강영안《순수이성비판》서문에서 칸트는 "우리 시대는 진정한 비판의 시대"라고 말합니다.[7] 그러면서도 과연 자신이 속한 시대가 '참으로 계몽된 시대인가, 진정으로 성숙된 시대인가?' 의문을 표합니다. 성숙한 시대, 성숙한 세계, 성숙한 나 자신이란 자기 자신의 지성을 사용해서 스스로 생각할 수 있는 인간이지요. 그렇게 스스로 생각하는 인간은 자기 자신의 이성을 겸손하게 사용할 수 있는 인간이고, 다른 누구의 판단에 의존하지 않으면서도 타인을 수용할 수 있고, 공동체를 위해 헌신할 수 있고 책임질 수 있는 인간입니다. 계몽된 인간, 성숙한 인간이지요.

표정훈 그렇다면 아직도 성숙한 시대, 진정으로 계몽된 시대는 오지 않은 것 같습니다. 저 자신도 칸트의 기준으로 볼 때 결코 성숙한 인간이 못 되는 것 같습니다.

강영안 성숙하지 못했다는 걸 스스로 깨달았다면, 한 단계 성숙해진 거 아닌가요? (웃음) 사실 우리 시대에는 우리를 성숙하지 못하게 만드는 원인들이 옛날보다 훨씬 더 다양해졌어요. 광고, 정치적 조작과 선동, 대중매체 등이 우리의 생각을 지배하고 조작하지 않습니까? 매체가 말하는 대로 생각하고 행동하는 사람들이 얼마나 많습니까? 공동체의 중요한 사안에 관해 성숙한 자기 의견을 갖기가 얼마나 힘든지요. 우리를 자유롭지 못하게 하는 요소와 힘이 과거보다 훨씬 더 강해졌습니다. 그렇다면 비판 의식, 깨어 있는 의식이 더욱 요구됩니다.

어른다운 사고가 계몽의 의미라고 볼 때, 어른답다는 건 나의 한계를 인식하고 타인을 인정하고 수용하는 것입니다. 아이와 어른의 차이가 뭡니까? 아이는 자기밖에 모르지만 성숙한 어른은 양보도 하고 포기도 할 줄 안다는 점입니다. 물론 한 걸음 물러나고 포기하는 것이 숙고의 결과인지, 아니면 대중 조작을 위한 일종의 기만적 술책의 결과인지, 이것도 문제가 되겠습니다. 앞의 경우라면 계몽과 성숙의 결과겠지만, 뒤의 경우라면 그렇지 못하겠지요.

표정훈 칸트가 다시 살아나 우리 시대를 산다면 "왜 이리 어린아이가 많아졌냐?"라고 말할 것 같습니다. 칸트 철학은 결국 '어른스러움', '성숙하기'를 겨냥한 철학이라 말해도 되겠습니까?

강영안 그렇지요. 그런데 우리가 성숙한 어른이 되기를 칸트가 그토록 바란 것은 사실은 평화 때문입니다. 평화에는 여러 차원이 있겠지요. 내면의 평화, 타인과의 평화, 나라와 나라 사이의 평화. 심지어 칸트는 '철학 안에서의 평화'를 생각하기도 했습니다.

표정훈 칸트의 '영구평화론'을 염두에 두시고 하시는 말씀인가요?

강영안 칸트의 평화 사상은 '영구평화론'에만 국한된 것은 아닙니다. 물론 그 저작이 중요하긴 하지만 칸트 철학 전체를 사실상 평화의 관점에서 볼 수 있다는 말이지요.

표정훈 그러나 우리 현실은 사실 평화보다는 갈등이, 화목보다는 반목이, 구체적인 삶의 현실이지 않습니까?

강영안 그렇지요. 그것이 바로 칸트의 출발점입니다. 인간이 여러 면에서 갈등 상황에 처해 있다는 인식에서 출발하는 것이지요. 갈등에서 오는 고통이 없다면 아무도 평화를 염원하지 않겠지요. '평화의 철학'은 뒤집어 보면 사실은 '갈등의 철학'입니다.

표정훈 갈등에도 여러 종류가 있지 않습니까? 개인의 내면적·도덕적 갈등이 먼저 떠오릅니다. 지역 갈등, 종교 갈등, 국가 간의 갈등, 심지어 종교와 과학의 갈등, 종교와 정치의 갈등도 있습니다.

강영안 청년 시절의 칸트가 관심 두었던 것은 물리세계에 존재하는 갈등이지요. 그의 두 번째 저작인 〈물리 단자론*Monadologia physica*〉이란 논문에서 칸트는 역학적 물질 이론을 처음으로 내놓았습니다. 이 이론에 따르면, 공간을 채우는 것은 정적인 원자들의 존재가 아니라 공간적으로 활동적인 모나드들의 지속적인 갈등을 통해 가능하다고 보았지요. 여기서 '갈등' 문제가 등장합니다.

표정훈 이성 비판도 갈등의 관점에서 볼 수 있습니까?

강영안 그렇지요. 앞에서 잠시 언급했습니다만 《순수이성비판》이 필요하게 된 이유가 형이상학적 문제에 대한 여러 갈래의 답변들 때문이었지요. 형이상학을 하나의 "싸움터"에 비유한 것이 이 때문입니다. 예컨대 "신은 존재한다"는 유신론과 "신은 존재하지 않는다"는 무신론의 갈등, "인간에게 자유가 있다"는 자유론과 "자유가 없다"는 결정론의 갈등에 대해, 그 갈등을 해소하고 이성 자체에 평화를 확립하기 위한 것이었죠. 이때 중요한 것들이 예컨대 경험의 원칙이라든지, 현상계와 예지계의 구별, 그리고 무엇보다 중요한 것이 이성의 자기 반성적 능력입니다.

표정훈 경험의 원칙이란 무엇입니까?

강영안 어떤 주장을 할 때는 반드시 경험의 가능 조건을 충족시켜야 한다는 원칙이라 할 수 있습니다. 조금 풀어 말하자면 경험의 가능 조건은 주장과 관련된 대상이 공간 속에 주어져야 하고 상상력을 통해 시간 속에서 연속적으로 파악되어야 하고, 지성을 통해 개념적으로 파악되어야 한다는 것이죠. "경험 일반의 가능 조건은 동시에 경험 대상의 가능 조건"이란 말은 이것을 두고 한 말입니다.

표정훈 둘째가 현상계와 예지계의 구별이라고 하셨지요.

강영안 현상계와 예지계 구분의 원칙이라 부를 수 있겠지요. 경험 가능한 영역을 현상계로 한정하고 우리가 머리로 생각할 수 있는 세계인 예지계와 구별하는 것이지요. 세계를 두 가지 다른 관점에서 보는 것입니다. 여기서 칸트의 '관점주의'가 도입됩니다. 우리가 공간과 시간 안에서 포착하고 파악하는 대상은 '사물 자체'가 아니라 칸트에 따르면 '현상'입니다. 그것이 나타나도록 자극하는 사물 자체는 우리가 알 수 없습니다. 인간의 경우, 우리는 두 가지 다른 관점에서 볼 수 있습니다. 경험적 존재로 보거나 경험을 넘어 예지계적 존재로 보는 것입니다.

만일 인간을 자연 속의 한 개체로서 순전히 경험적 존재로 볼 경우, 인간은 자연의 인과적 조건에 종속되어 있는 존재로밖에 볼 수 없습니다. 하지만 스스로 생각할 수 있고 판단할 수 있고, 자신의 의지를 통해 스스로 선택할 수 있는 존재로 본다면, 인간에게 자유가 있다고 말할 수 있습니다. 중요한 것은 어떤 관점에서 보는가 하는 것입니다. 이러한 관점의 변화는 세계를 단순히 사실의 총체가 아니라 가치와 의미의 총체로 볼 수 있는 길을 터줍니다. 종교와 도덕의 가능 조건을 칸트는 여기서 찾았습니다.

표정훈 선생님이 세 번째로 든 이성의 자기 비판적 자율성의 원칙은 무엇을 두고 한 말입니까?

강영안 이성의 반성적, 자기 비판적 자율성의 원칙은 오직 이성을 유일한 심판자로 삼되, 이성 자체의 권리 근거에 대해 비판적 검토를 쉬지 않고 지속해야 한다는 것입니다. 서로 갈등되는 문제를 해결하기 위해 정치권력이나 종교권력 또는 전통의 권위에 호소할 수 없다는 것이 계몽의 철학자로서 칸트의 일관된 생각입니다. 유일한 심판자는 오직 스스로 생각하는 이성뿐입니다.

그러므로 칸트는 진리의 최고 시금석을 우리 자신의 이성 속에서 찾는 것이 '스스로 생각함Selbstdenken'이고 "언제나 스스로 생각하라"는 준칙이 곧 '계몽'이라고 말하지요. 하지만 이성은 자기 자신에 끊임없이 반성적으로 다시 관계하지 않으면 안 됩니다. 왜냐하면 자기의 권리 근거에 대한 지속적인 반성이 요구되기 때문입니다. 만일 그렇지 않으면 이성은 이론적 사용에서 스스로 모순을 범하고 맙니다.

철학자의 소명

표정훈 좀 더 실천적 문제와 관련해 갈등이 있을 때 도입할 수 있는 원칙이 없을까요?

강영안 한나 아렌트Hannah Arendt가 '공동체 감각community sense'으로 이해한 칸트의 '공통 감각sensus communis'의 의의에 주목할 필요가 있습니다.[8] 칸트는 공통 감각을 모든 사람에게 공통으로 주어진 판단 능력으로 이해합니다. 만일 이 능력이 결여되어 있다면 의사소통이 가능하지 않을뿐더러 공동체를 유지할 수도 없습니다. 누구에게나 주어진 공통 감각을 제대로 활용하는 데는 세 가지 준칙이 있다고 칸트는 보았습니다. 첫째는 앞에서도 언급한 '계몽의 준칙'이라고 말한 "스스로 생각하라"는 것입니다. 미신이나 편견을 벗어나 스스로 판단하고 스스로 참과 거짓, 옳고 그름을 분별하는 것이 한 개인으로서의 삶뿐만 아니라 공동체를 만들어 가는 데 중요하다고 본 것이지요.

두 번째 준칙은 "다른 사람들의 입장에서 생각하라"는 것입니다. 역지사지易地思之하는 것입니다. 칸트는 이것을 '확장된 사고방식의 준칙'이라 부릅니다. 한 개인의 좁은 세계를 벗어나 타인의 입장에서 자신의 판단을 검토해 봄으로써 '보편적인 관점'을 획득할 수 있는 계기를 이 준칙을 통해서 얻을 수 있습니다.

세 번째는 "언제나 자기 자신과 일관되게 생각하라"는 것입니다. '일관된 사고방식의 준칙' 또는 줄여서 '일관성의 준칙'이라 부를 수 있습니다. 지식과 판단에서 모순을 허용하지 않아야 할 뿐 아니라 무엇보다 실천 속에서 각자 우리 자신이 따르는 이성적 원칙과 어긋나지 않고 일관성을 유지해야 한다는 것입니다. 이 준칙들은 실제로 우리 삶에서 발생할 수 있는 갈등 문제에 접근하는 데 중요한 규칙들입니다.

표정훈 그렇다고 칸트가 갈등을 반드시 부정적으로 본 것은 아니지요? 갈등은 인간 사회의 엄연한 현실이기도 하거니와 때로는 사회 발전의 동력이 되기도 합니다. '반사회적 사회성'이라는 용어를 칸트가 쓴 것으로 알고 있습니다만.

강영안 그렇습니다. 칸트는 갈등을 인류 발전의 원동력으로 보았습니다. 경쟁심, 시기, 질투가 오히려 문화를 낳고 역사 발전에 기여한다고 본 것이지요. 사람이 함께 사회를 이루면서 살 수 있는 것도 근본적으로는 반사회적이고 이기적이면서도 사회를 이루고자 하는 성향, 즉 '반사회적 사회성'에 의해 가능하다고 보았지요. 사회 안에서 종종 발견할 수 있는 악도 완전히 부정적인 역할만 하지 않고, 오히려 긍정적인 역할을 한다고 생각했지요. 만일 '부정의 긍정성'을 인정하는 것이 변증법이라고 말할 수 있다면 칸트 철학은 매우 변증법적이라 할 수 있습니다.

표정훈 그럼에도 철학자는 평화를 만들기 위한 노력을 해야 하는 사람이지 않습니까?

강영안 철학자에게는 사실상 두 가지 모순된 과제가 부여되어 있습니다. 우선 하나는 무엇보다 앞서 평화를 세우는 것이지요. 갈등이 있는 곳에서 그 원인을 찾아내고 이를 해소하는 일이 중요합니다. 중요한 것은 영역, 권리, 합법성입니다. 경험의 영역인지 경험을 벗어난 영역인지, 지식의 영역인지 지식의 영역을 벗어난 도덕이나 종교·정치의 영역인지, 그리고 각 영역을 정당화하는 근거가 어디에서 오는지, 곧 권리의 원천에 관한 물음이 중요합니다. 교회 문제는 교회에, 국가 문제는 국가에, 도덕의 문제는 도덕 주체의 판단에 맡기는 것이죠. 일종의 '영역의 주권'이라 할 수 있습니다. 이것들을 가려내고 지키는 일이 철학자에게 중요합니다. 칸트가 말년에 출간한 《학부 간의 논쟁》(1798)은 이 문제와 관련해 매우 중요합니다. 한편으로는 철학부, 다른 한편으로는 신학부, 법학부, 의학부의 갈등을 다룬 책이지요.

표정훈 갈등 해소자, 조정자 역할이 철학자가 가진 하나의 소명이라면 다른 소명은 무엇인가요?

강영안 갈등을 유발하는 역할이지요. 매우 이상하게 들릴 수 있습니다. 예컨대 변호사나 의사, 목사들은 대중을 상대로 하는 사람들입니다. 대중의 취향과 욕구를 만족시킬 수밖에 없는 직업을 가진 사람들이지요. 이들과 연관된 분야를 연구하는 학자들이 법학자, 의학자, 신학자입니다. 그러므로 이들 학자들도 자연히 대중의 취향과 욕구를 무시할 수 없습니다. 그런데 이들 학자들에게 대중이 듣고 싶어 하는 것이 무엇입니까? 칸트는 그것을 이렇게 표현합니다.

철학자들이 떠드는 얘기는 이미 옛날부터 알고 있습니다. 학식 있는 분인 선생님에게 제가 바라는 것은 이것을 얘기해 주기를 바라는 것입니다. 내 일생 동안 악한惡漢으로 살았다 하더라도 내 삶의 마지막 순간 천국 티켓을 어떻게 딸 수 있을까요? 내가 법을 어겼다 하더라도 내 소송을 이길 수 있는 방법은 무엇일까요? 내가 원하는 대로 내 신체의 힘을 사용하고 남용했다 하더라도 건강하게 오랫동안 살 방도가 무엇일까요? 선생님이 연구하는 이유가 이것 때문이 아닙니까? 건전한 지성밖에 주장할 것이 없는 우리 범인들보다는 더 많이 아시잖아요?⁹

표정훈 그런 사람들에게 칸트가 들려주는 답은 무엇입니까?

강영안 보통 사람들은 자신들의 부와 건강, 장수를 바라고, 죽은 후에도 행복하기를 바랍니다. 철학자들은 이러한 소원을 오직 이성에서 추론된 원칙으로부터 규정합니다. 따라서 철학은 사람들이 소원을 성취하기 위해 무엇을 할 수 있고, 무엇을 해야 할 것인가를 말합니다. '의롭게 살라! 불의를 저지르지 말라! 쾌락을 절제하고 병중에는 인내하고 자연이 스스로 돕는 힘에 의존해 살라!' 이렇게 말이지요. 이것들을 수행하기 위해 필요한 것은 학식이 아니라 자기 노력입니다. 왜냐하면 누구나 배우지 않고도 이것을 알고 있기 때문에 경향성을 제어하고 이성의 통제에 따라 살기만 하면 되기 때문입니다.

그런데 칸트는 일반 대중에게는 이것이 결여되어 있다고 진단합니다. 대중이 요구하는 것은 철학부 교수들의 교훈보다는 오히려 그들에게 실천적 지침을 주는 교수들의 제안입니다. 철학부 교수들의 제안은 자신들의 쾌락에 대한 요구와 노력하지 않으려는 성향을 다시 검토하라고 하기 때문입니다.

표정훈 결국 두 가지의 다른 삶의 방식, 삶의 지향 사이에서 생기는 갈등이군요.

강영안 그렇습니다. 칸트는 교수들이 초능력을 지닌 예언가나 마술사처럼 행사하는 데서 문제의 소지를 찾습니다. 이들의 요구대로 교수들이 처방을 해준다면 당연히 대중은 이들에게 몰려들 것이고 "철학을 멸시하면서 떠날 것"이라고 우려합니다.[10] 칸트가 신학과 관련해 들고 있는 예가 있습니다. 신학부 교수들은 자기 검토나 신앙 내용에 대한 이해 없이 오직 신앙으로 구원받는다고 가르칠 뿐 아니라 몇 가지 규정된 의식 준수를 통해 죄과가 깨끗이 씻어질 것이라고 가르친다고 지적합니다.

결국 차이는 이성에 따른 삶을 사느냐, 아니면 마술적인 방식으로 자신에게 유리한 삶을 추구하느냐 하는 것이지요. 이때, 철학자는 이성의 이름으로 갈등을 유발하고 문제를 지적해야 한다고 봅니다. 이 점에서 소크라테스는 칸트가 생각하는 전형적 철학자입니다. 결국 아테네 대중의 취향에 맞게 살고 행동했던 시인과

정치가들, 장인에게 기소되어 처형되었지만 말입니다.

표정훈 통일, 종합, 평화 대신에 '갈등을 조장하라!' '차이를 만들어라!'라는 리오타르의 말이 생각납니다. 매우 소크라테스적이면서도 매우 포스트모던적으로 들립니다. 그러고 보면 선생님이 칸트학회 회장으로 계시면서 출간한《포스트모던 칸트》가 생소하지 않습니다.

강영안 칸트를 모던한 철학자로, 또는 포스트모던한 사상가로 그려 볼 수 있다는 게 재미있지 않습니까?

표정훈 아! 저는 재미보다는 일단 머리가 매우 복잡해집니다. (웃음) 철학적 주제로서의 '칸트'가 꽤나 여러 모습, 여러 얼굴로 이해되고 해석될 수 있겠다는 생각이 듭니다. 칸트를 철학사에 우뚝 솟은 하나의 거대한 산맥으로 비유하는 말을 자주 들었습니다만, 매우 다채로운 풍경이 펼쳐지는 심산유곡의 산맥인 듯합니다.

6

타자의

발견과

윤리적

전회

포스트모던의 문제

표정훈 이제 현대철학에 관해서 말씀을 듣고 싶습니다. 특히 포스트모던 문제에 관해 궁금한 것이 많은데요, 돌이켜 보면 선생님께서는 포스트모더니즘이 아니라 포스트모던 혹은 포스트모던 경향이라는 말을 사용하셨습니다. 강의 시간에도 그러셨고, 논문이나 저서 제목을 봐도 그렇습니다.

강영안 내가 '포스트모던'이라는 말로 현대철학의 특징을 드러내려 했던 것은 1990년대 초였습니다. 그렇게 한 까닭은 철학적 의미의 포스트모더니즘은 정당하지도, 정확하지도 않다고 생각했기 때문입니다. 포스트모더니즘은 철학보다는 아무래도 건축이나 음악, 예술, 문학 분야와 디 깊은 관련이 있지요. 예컨대 문학만 해도 이미 모더니즘이라는 문학 사조로 일컬어지는 전통이 있었으니 그와 구별되는 의미의 포스트모더니즘을 정당하게 이야기할 수 있겠지요.

그러나 철학에서 포스트모더니즘이라는 하나의 '주의主義' 혹은 '이즘ism'을 상정한다면, 어떤 특정한 사조나 철학자를 찾을 수 없습니다. 내가 포스트모던이라는 말을 사용하면서 염두에 두었던 것은 현대철학의 반反데카르트적 경향입니다. 요컨대 현대철학의 반데카르트적 경향이 곧 포스트모던이고, 그렇다면 데카르트 철학이 모던을 대표하는 것이 되지요. 현대철학이 포스트모던한 경향, 그러니까 반데카르트적 경향을 보인다고 볼 때, 크게 두 가지로 나누어 생각할 수 있습니다. 하나는 주체의 문제이고 다른 하나는 과학적 지식의 위상에 대한 이해 문제입니다.

표정훈 데카르트 철학을 주체의 철학 혹은 주체철학으로도 일컫습니다만, 주체의 문제가 역시 관건이 되겠군요.

강영안 그렇습니다. 데카르트의 주체를 흔히 '사유하는 자아'라고 합니다만, 정작 데카르트는 사유하는 자아에 대해서는 '주체subject'라는 전문적 철학 용어를 사용하지 않았습니다. 흔히 '주체'로 번역되는 라틴어 '수브이엑툼subiectum'은 어떤 성질, 어떤 속성의 담지자를 일컬을 때 쓰는 말입니다. 이를테면 여기 놓여 있는 컵이 차가울 수도 있고 따뜻할 수도 있는데, 바로 그렇게 차갑거나 따뜻한 속성을 지닐 수 있는 물체, 즉 속성의 담지자라는 의미에서 수브이엑툼이라는 말을 사용합니다. 전통적인 중세철학의 수브이엑툼 개념을 그대로 이어받아 쓰는 셈이지요. 데카르트 철학을 주체철학이라 일컬을 수 있다면, 그것은 용어의 차원이 아니라 데카르트가 '사유하는 자아'에 철학적으로 부여한 의미 차원에서 그렇게 할 수 있는 겁니다.[1]

표정훈 그렇다면 데카르트와 관련해서 '주체철학' 운운하는 것은 잘못된 것입니까?

강영안 용어상 그렇다는 말입니다. 그러나 철학적 문제의식에서 보자면, 데카르트에서 주체철학의 시작을 볼 수 있습니다. 두 가지 의미에서 그렇습니다. 기초, 근거, 기반에 대한 물음이 데카르트에서 중요합니다. 이것을 주체철학의 첫 번째 특징이라 할 수 있습니다. 두 번째는 기초 또는 근거를 사유하는 자아에서 찾았다는 데 주체철학의 두 번째 특징이 있습니다.

데카르트 철학은 이 두 가지를 모두 가지고 있습니다. 기초 또는 근거를 묻되 그것을 예컨대 물질이나 신에서 찾는다면, 오늘 우리가 이해하는 주체철학이라 부르지 않겠지요. 존재하는 모든 것을 떠받쳐 주는 것을 추구하되, '사유하는 자아'에서 찾았기 때문에 데카르트 철학을 주체철학이라고 부르는 것이지요.

표정훈 데카르트가 아니라면 누가 '주체'라는 개념을 일반화했습니까?

강영안 존재를 근거 지우는 자아를 일컬어 '주체'라는 용어를 적용해서 철학적으로 일반화시킨 것은 칸트와 독일 이상주의 철학자들입니다. 용어 사용의 차원이 아니라 철학적 문제 차원에서 보자면, 데카르트는 분명히 근대 주체철학의 문을 연 철학자라 할 수 있습니다. 물론 데카르트도 모든 것이 근거하는 존재를 하나님이라고 보았습니다.

하지만 지식의 물음, 그러니까 지식의 확실성의 물음에서 출발했기 때문에 사유하는 자아를 부각시킨 겁니다. 요컨대 인식론적으로는 '사유하는 자아'가 존재하는 모든 것들을 떠받쳐 주는 기초가 되는 거지요. "나는 생각한다. 그러므로 나는 존재한다." 이것으로부터 "신은 존재한다"를 추론하지요. 또 이것을 바탕으로 "물질세계가 존재한다"를 추론합니다. 이 추론과정(데카르트는 이것을 '연역'이라고 부릅니다)에서 "나는 생각한다"라는 것이 중요합니다.

표정훈 그래서 인식론적 전회轉回라는 말이 나오는군요.

강영안 사유하는 자아가 존재론적 의미는 아니더라도 적어도 인식론적 의미에서 궁극적 기반이 되는 겁니다. '존재의 질서'에서 볼 때가 아니라 '인식의 질서'에서 볼 때 사유하는 자아가 '기반'이 되는 거지요. 사유하는 자아가 세계의 중심에 서서 세계를 인식하고 그 의미를 부여하게 됩니다.

지오토Giotto di Bondone(1267?-1337)나 그의 스승이던 치마부

에 Giovanni Cimabue(1240?-1302) 같은 이탈리아 르네상스 화가들의 그림에서 나타나기 시작하여 15세기 이탈리아 화가들과 얀 반 에이크Jan van Eyck(1395?-1441)와 같은 플랑드르 화가들에서 볼 수 있는 원근법에서 이러한 변화를 이미 엿볼 수 있습니다.

원근법적으로 세계를 본다는 것은 나의 관점, 나의 시각, 내가 서 있는 지점에서 세계를 보는 것이지요. 데카르트의 '코기토 cogito 명제'는 내 시각의 관점에서, 내 시야에 들어오는 것을 배열하는 원근법의 철학적 대변으로 볼 수 있습니다. 원근법을 동원한 회화는 모든 것을 한 지점에서 보는 자아를 내세우지 않고서는 그릴 수 없는 그림입니다.

표정훈 그렇다면 현대철학의 포스트모던적 경향, 그러니까 반데카르트적 경향과 관련해서 과학적 지식을 어떻게 이야기해 볼 수 있을까요?

강영안 과학적 지식과 그 방법론에 관한 데카르트의 입장은 기본적으로는 '방법론적 일원론'입니다. 연구의 대상이 무엇이든 간에, 그러니까 연구의 대상이 다르다 해도 그에 적용하는 연구 방법은 같아야 한다는 입장이지요. 이것은 아리스토텔레스와 정반대되는 사고라고 할 수 있어요. 아리스토텔레스는 경험적 대상 연구에는 감각이 작동하고, 수학이나 형이상학 연구에서는 지성이 작동한다고 보았거든요. 탐구 대상에 따라 방법상의 차이가 있다고 보았지요.

　　그러나 데카르트는 어떤 지식이라도 결국 동일한 연구 방법이 적용되어야 한다고 보았습니다. 그 방법은 곧 '지성의 작동 방식operationes mentis'입니다. 데카르트는 초기 작품에서 이것을 일컬어 '직관'과 '연역'이라 불렀습니다. 척 봐서 아무런 의심 없이 참으로 인식할 수 있는 것, 그리고 그것으로부터 논리적으로 추론해 나가는 것이지요. 직관의 인식과, 직관의 인식을 토대로 한 추론적 지식. 이것이야말로 과학적 지식의 기초이며, 바로 그런 의미에서 지식은 확실성을 지닐 수 있다고 본 겁니다.

　　표정훈 그렇게 방법론적 일원론을 내세울 때 모범으로 내세운 학문은 역시 수학이 되겠군요?

　　강영안 그렇지요. 엄밀성과 확실성을 보여 주는 모범적인 학문이 바로 수학이지요. 데카르트 이후 사람들은 수학적 방법을 '비판적 방법'이라 일컬었습니다. 이를테면 지암바티스타 비코 Giambattista Vico(1668-1744)는 17세기 말에 벌써 데카르트의 '비판적 방법'이 유럽 전역에 교육의 기본으로 간주되며 널리 퍼져 있었다는 걸 보여 줍니다.[2] 고전학, 수사학, 철학 같은 인문 교육보다 수학 교육을 중시하는 경향이 퍼져 있었던 거지요. 비코는 수학적 인식, 과학적 지식은 나이가 든 다음에 배우는 게 좋고, 어릴 때는 언어, 역사, 문학을 배우는 게 더 중요하다고 주장합니다. 기억력이 좋을 때 인문적 소양을 먼저 키우고 그다음에 수학과 과학을 가르쳐야 한다고 본 거지요.

표정훈 수학이냐 언어냐, 무엇을 조기에 교육시킬 것인가 하는 문제와 관계있는 것 같습니다.

강영안 과학을 중시하는 교육에서는 당연히 수학이 먼저이지요. 그러나 전인적인 성품과 공동체적 인간을 형성하는 데는 인문 교육이 먼저입니다. 역사를 보면 데카르트의 방법론적 일원론, 그러니까 수학적 이성, 수학적 정신으로 모든 학문을 하나로 통일 혹은 통섭하려 하는 것에 대한 일종의 인문학적 반격이 꾸준히 이루어졌습니다. 18세기에는 낭만주의가 그러했고, 또 19세기에는 해석학 전통이 그러했지요. 근대 서양 지성사를 수학적 지성과 인문학적 지성의 상호작용의 양상을 통해 파악해 보는 것도 흥미로운 일입니다.

푸코, 라캉 그리고 하이데거

표정훈 그렇다면 이제 20세기 중·후반 들어 현대철학의 반데카르트적 경향을 보다 구체적으로 살펴야 할 것 같습니다.

강영안 철학적으로 반反주체, 반反인간주의를 직접적으로 내세운 경우는 푸코와 라캉을 대표적으로 들 수 있겠지요. 들뢰즈 Gilles Deleuze도 포함시킬 수 있겠고요. 1970년대까지만 해도 이 사람들을 구조주의자로 일컬었습니다. 무슨 이름을 붙이든 이들의 공통적 주장은 인간, 주체라는 것이 중심에 있는 것이 아니라는 겁니다. 단적으로 푸코는 인간을 역사적 인간, 그러니까 인간을 역사적 산물에 지나지 않는 것으로 봅니다. 지식의 역사적 전개 과정에서 인간이 중심에 서게 된 것은, 그러니까 주체의 자리에 서게 된 것은 지식의 배치 과정의 산물일 뿐이라는 겁니다. 인간은 어떤 근원적인 존재가 아니라 사회 체제나 언어의 산물에 불과하게 된 겁니다.

표정훈 푸코의 어떤 면이 선생님의 관심을 끌었습니까?

강영안 1978년에 푸코를 처음 읽었는데, 콜레주 드 프랑스 Collège de France 취임 강연, 그러니까 《담론의 질서 *L'ordre du discours*》가 입문서 역할을 했습니다. 그걸 읽고 충격을 받았었지요. 나는 현상학적 배경에서 현대철학에 접근했는데, 현상학은 기본적으로 초월적 주체가 세계를 구성하는 구성적 주체이며, 그 주체가 세계에 의미를 부여한다는 입장을 취합니다.

그러나 푸코는 우리의 말, 사유의 익명성을 강조합니다. 요컨대 누구의 말, 누구의 생각이 아니라, 그렇게 말하도록 규정하고

[6. 타자의 발견과 윤리적 전회]

강요하는 현실이 인간의 현실이라는 겁니다. 말에는 사물을 지칭하는 기능, 예컨대 "이것은 컵이다", "이 컵은 둥글다"처럼 지칭과 서술 기능이 있습니다. 지칭과 서술을 통해 참과 거짓을 판명하고 긍정하고 부정하는 게 언어의 기본적 기능인 거죠. 이렇게 보면 말에 대해서 참이냐 거짓이냐를 따질 수 있습니다. 대상을 제대로 지칭할 때 참이고 그렇지 않을 경우 거짓이 되는 셈이지요.

표정훈 푸코는 언어의 지칭 기능을 무시했습니까?

강영안 무시한 것은 아니지만 지칭과 서술보다는 '포함과 배제'가 언어의 더 중요한 기제라고 생각한 것이지요. 이렇게 보면 언어는 권력의 수단, 권력의 장이 되는 거죠. 예컨대 우리가 병원에 가서 의사에게 진료를 받을 때 진료실에서 음담패설을 하기는 힘듭니다. 진료실은 의학적 언어만 사용하도록 규제되어 있는 곳이니까요. 다시 말해서 의학 용어는 포함되고 나머지 언어는 배제되는 겁니다. 마찬가지로 대학 강단에서 할 수 있는 말과 할 수 없는 말이 있지요. 학위를 가진 사람만 대학 교수가 될 수 있고, 없는 이는 배제되기도 하고요.

표정훈 말하기나 글쓰기를 하나의 사회적 현상으로 보는 것인가요?

강영안 푸코의 의도는 단순히 '말하기와 글쓰기의 사회학'을 제시하는 것이 아닙니다. 그에게는 정치적이고 전략적인 목적이 있지요. 우리가 말을 할 때, 우리가 글을 쓸 때, 무슨 일이 일어나는가 묻고 있지요. 푸코는 이 물음에 답하기 위해 일종의 현상학적 작업으로도 볼 수 있는 일, '자세히 들여다보는 일'을 하고 있습니다.

여기서 중요한 개념이 '담론discours'입니다. 담론이란 모든 현상을 포착하는 일종의 그물입니다. 담론은 그리스어의 로고스, 그것도 예컨대 소크라테스나 플라톤이 지향한 사물의 이성적 근거로서의 로고스라기보다는 소피스트들의 수사학 전통이 사용해 온 힘의 로고스에 가까운 개념이라 할 수 있습니다. 담론은 단지 형식적으로 보자면 모든 사실적인 발언의 유한 집합입니다.

표정훈 그렇다면 담론에는 우리가 하는 말이 포함됩니까?

강영안 담론은 논문이나 에세이와 같은 쓰여진 글뿐만 아니라 상표, 사용 설명서, 학위증, 프로그램, 소문 등을 모두 포함할 수 있는 말입니다. 중요한 것은 담론은 물질적 현존(음성, 문자, 제도 등)을 갖는다는 것, 그리고 자율적 활동성을 갖는다는 것이지요. 이때 담론에는 어떤 중심이나 통일성이 없습니다. 처음도 끝도 없습니다. 그러므로 근원적인 말도, 최종적인 말도 없지요. 모든 담론은 하나의 조각이고, 다른 조각과 어떤 방식으로 결합될 뿐입니다. 이 가운데는 지배하는 것이 있고 지배받는 것이 있습니다. 그러므로

[6. 타자의 발견과 윤리적 전회]

어떤 진술이라도 지배 담론을 따라 이루어지고 그것에 따라 일정한 자리를 얻게 됩니다. 전통적으로는 진리에 가까운 것과 그렇지 않은 것을 순서에 따라 위계화했던 것인데, 그러한 위계화도 지배의 문제, 권력의 문제와 불가분의 관계에 있습니다.

표정훈 담론의 물질성이나 자율성이 주체의 해체와 어떤 관계가 있습니까?

강영안 담론이 물질성과 자율성을 갖는다면 담론 주체와의 관계는 역전됩니다. 담론 주체는 오히려 주체 이전에 이미 존재하는 '발언들의 집합'인 담론 체계 안에서 생성되고 위치가 정해지는 존재이지, 담론의 주체가 아닙니다. 담론은 푸코에게서 일종의 선험성을 띠게 되는 것이지요. 말을 하는 것은 말하는 한 개인 주체이지만, 말은 언제나 한 개인 주체를 초월합니다.

예를 들어 지금 우리는 한국어를 통해 대화를 나누고 있습니다. 하지만 한국어를 할 때 우리는 이미 한국어의 특정한 음성 체계, 통어 규칙, 일정한 어휘에 제한받고 있습니다. 이 제한으로 인해 우리는 한국어를 지금 서로 나눌 수 있고, 이렇게 하는 한에서 우리는 말하는 주체로 등장한다는 것이지요. 따라서 말하는 주체는 말의 근원이 아니라 말의 결과라는 것이시요.

표정훈 생각의 경우도 마찬가지입니까? 내가 생각하고 말하는데도요?

강영안 생각도 푸코에게는 마찬가지입니다. 주체철학 전통에서 본 주체는 무엇보다 의식의 주체입니다. 나는 의식하는 한 존재하고, 의식하는 한 말할 수 있습니다. 푸코는 이 순서를 뒤바꾸지요. 나는 말하는 한 존재하고, 존재하는 한 의식할 수 있습니다. 그런데 "말하는 한"이라고 할 때, 말은 이미 나를 초월한 것입니다. 나 이전에 이미 있었던 말의 그물 속에 내가 포함되면서 비로소 내가 말을 하게 된다고 보면, 말하는 주체는 말의 결과이지 말의 근원이 아닙니다. 말은 우리의 생각과 의식을 넘어 그 자체로 독립적이고, 그 자체로 질서를 세우고 현실을 만들어 간다고 보는 것이지요. 이 점에서 푸코는 '말의 힘'과 '힘의 말'을 인식하고 그것을 이용하려 했던 그리스의 수사학자들의 전통을 계승한다고 할 수 있습니다.

표정훈 푸코의 담론 이론을 그대로 수용한다면 엄밀한 의미에서 '저자'는 있을 수 없겠습니다.

강영안 어떤 책이나 텍스트의 저자는 물론 있습니다. 하지만 저자는 그 책, 그 텍스트가 담고 있는 의미의 근원이 아니라고 봅니다. 저자는 책의 결과이지 책의 근원이 아니라는 것이지요.

표정훈 그렇다면 예컨대 하나의 텍스트의 의미를 이해한다고 할 때 저자의 의도도 중요한 것이 아니겠군요.

강영안 그렇지요. 근대철학에서 말하는 주체는 말과 생각의 주체입니다. 그러므로 어떤 진술의 의미는 말하는 주체의 의도에 달려 있다고 보았습니다. 그러므로 어떤 텍스트를 읽을 때, 그 텍스트의 의미를 이해하는 데는 텍스트를 쓴 저자의 의도를 이해하는 일이 무엇보다 중요합니다. 그러므로 전통적인 해석학에서는 독자가 저자와 공감할 수 있어야 하고, 공감은 저자의 자리로 옮겨 갈 때 가능한 것으로 보았습니다. 하지만 푸코는 전혀 다르게 보고 있지요. 저자는 작품의 결과라고 봅니다. 그러므로 저자보다 작품 자체가 중요한 의미를 가집니다. 작품은 그 자체 하나의 사건이자 하나의 기념비이고, 그를 통해 새로운 사건, 새로운 현실이 전개되는 수단입니다.

표정훈 라캉은 정신분석학을 통해 주체를 해체하는 작업을 한 철학자로 볼 수 있습니까?

강영안 주체철학과 관련해서 라캉을 보면 그의 작업은 '주체의 탈중심화'라고 할 수 있습니다. 주체의 '도치倒置', 주체의 '진복 la subversion'이라고 하는 것이 더 정확하겠군요. 라캉도 푸코와 마찬가지로 주체는 근원이 아니라 욕망의 산물임을 보여 줍니다. 라캉은 인간의 욕망은 타인의 욕망이라 말하지요. 타인이 나에게 욕망하는 것을 욕망한다는 겁니다. 나의 욕망이라지만, 그때의 나는 타인의 욕망에 의해 생산된 결과입니다.

　　푸코나 라캉을 철학사적 맥락에서 보면 역시 프로이트, 니체, 마르크스로 올라갑니다. 이 세 사람을 폴 리쾨르는 '의심의 대가들'이라 일컫습니다. 의식 중심의 인간, 그러니까 의식이 세계를 규정한다는 생각을 뒤집은 의심의 대가들이라 하겠습니다. 이들은 공통적으로 의심의 해석학을 가지고 사회 현상, 인간 현상, 의식 혹은 심리 현상, 철학의 역사를 뒤집어 보는 작업을 했어요. 그런 면에서 푸코나 라캉은 이들의 후예이지요.

　　표정훈 선생님께서는 기본적으로 현상학을 통해 현대철학에 접근하셨다고 말씀하셨는데, 그렇다면 하이데거도 빼놓을 수 없겠습니다.

　　강영안 아주 중요한 철학자이지요. 사실 푸코는 거의 매일 하이데거를 읽은 것으로 알려져 있습니다. 라캉, 데리다, 리처드 로티도 하이데거의 영향을 많이 받았습니다. 하이데거는 근대의 문제를 주체의 문제로 보고, 근대철학의 극복을 하나의 철학적 프로그램으로 내세운 철학자이지요. 하이데거는 주체의 문제에 관해서, 특히 데카르트가 이해한 코기토의 주체가 표상의 주체라는 데 주목합니다.

<u>표정훈</u> '표상의 주체'라고 할 때 '표상'은 무슨 뜻입니까?

<u>강영안</u> 하이데거가 이해하는 한에서 표상은 세계에 대한 주체의 권한, 그러니까 주체의 힘 안에서 세계를 해석하고 주체의 능력 안에서 이 세계의 존재 의미를 부여하는 것입니다. 결국 세계는 주체에 대한 하나의 대상으로 존재 의미를 갖게 되고, 주체가 사용하고 처분할 수 있는 대상이 되어 버립니다. 그런 사고를 하이데거는 '표상적 사유'라 부릅니다. 바꿔 말하면 '기술적 사유', '계산하는 사유'이지요.

하이데거가 문명 비판적 관점에서 일종의 대안적 사유로 제시하는 것이 바로 '기념하는 사유', '시적詩的 사유'입니다. 하이데거 철학은 표상적 사유의 본질을 다시 생각하고, 인간의 존재 점유, 존재 소유로부터 벗어나고자 하는 철학적 방향을 설정하는 철학입니다. 그런 하이데거 철학은 직접적으로 푸코나 라캉 같은 이에게 영향을 미쳤습니다.

과학적 지식과 방법론의 문제

<u>표정훈</u> 결국 주체가 의미의 근원이 아니라 언어, 욕망, 권력의 산물이라는 것, 바로 그런 것이 현대철학 혹은 현대사상의 반데카르트적 흐름이라고 볼 수 있겠습니다. 또 그것이 바로 포스트모

던적 경향이고요. 이제 과학적 지식과 방법론의 문제를 본격적으로 이야기해 볼 수 있을 것 같습니다.

강영안 그러기 위해서는 흔히 '논리실증주의'라 부르는 사조부터 이야기해야 할 것 같습니다. 논리실증주의는 직접 관찰할 수 있는 것, 즉 경험적으로 검증할 수 있는 것을 학문적·과학적 진술의 기준으로 보았습니다. 이른바 '검증 가능성'의 원칙을 내세웠지요. 칼 포퍼의 과학철학은 이 원리에 대한 비판에서 시작합니다. 검증 곧 진리 입증보다는 반증 곧 허위 입증을 과학적 진술의 진리값의 기준으로 보지요. 만일 반증을 통해 이론이나 가설이 허위임을 입증하려 해도 입증할 수 없으면, 그 이론이나 가설은 잠정적으로 참이 되는 겁니다. 포퍼는 프로이트나 마르크스의 이론이 과학적 지식의 위상을 가질 수 없다고 보지요. 반증할 수 있는 가능성이 애당초 차단되어 있다는 데 그 이유가 있습니다.

포퍼는 과학적 지식과 과학적 지식이 아닌 것의 경계를 분명히 설정할 수 있다고 생각했습니다. 문제가 설정되고, 문제에 대한 잠정적 해결책, 즉 이론 혹은 가설이 제안되고, 반증을 통해 그런 이론 혹은 가설 가운데 오류가 있다는 게 발견되고, 그 오류를 제거한 새로운 이론 혹은 가설이 수립되는 과정이 거듭되면서 과학적 지식은 조금씩 진리에 가까워진다는 겁니다. 이런 과정을 밟을 수 없다면 과학적 지식이 아닙니다.

물론 경험적 확증이 포퍼에게도 매우 중요합니다. 다만 경험의 역할이 논리실증주의의 경우와 다르다는 차이가 있습니다. 논리실증주의에서는 경험이 이론의 자료이면서 기초 역할을 하지만, 포퍼에게서는 비판적 기능을 한다는 차이가 있습니다. 그렇지만 포퍼도 논리실증주의자와 마찬가지로 방법론적 일원론의 입장을 취합니다.

표정훈 이른바 '포스트포퍼리안Post-Popperian'들이 있지요?

강영안 포퍼 이후로는 《인격적 지식》의 마이클 폴라니, 《예견과 이해》의 스티븐 툴민, 《과학적 발견의 패턴》의 노우드 러셀 핸슨, 《과학혁명의 구조》의 토마스 쿤, 그 밖에 라카토스, 파울 파이어아벤트 등이 중요한 과학철학자들이지요. 이들은 대체로 전통적인 검증주의, 반증주의, 물리주의적 환원주의 등을 극복하려 합니다.

이 가운데 가장 널리 알려진 이는 역시 토마스 쿤이라 하겠습니다. 과학적 지식은 진공 상태에서 논의되고 발전된 것이 아니라 근본적으로 사회적이고 역사적 과정 속에 있다는 주장으로 유명하지요. 여기에는 집단 간 권력 관계도 포함돼 있고, 우연적 요소도 들어가 있고, 심지어 한 연구자 개인의 괴상한 집착 같은 것도 과학적 발전에 개입할 수 있는 것으로 봅니다. 어떤 학술지에 논문을 실을 때, 논문 심사위원이 누구냐에 따라 실리기도 하고 실리지 못하기도 하지요.

쿤과 푸코가 예를 드는 것이 '멘델의 유전 법칙'입니다. 제안된 지 반세기 정도 지나서야 널리 알려지고 받아들여지는데, 멘델이 처음 관련 논문을 발표한 잡지가 지방에서 발행되는 영향력 없는 잡지였던 겁니다. 배포도 널리 되지 않고 중요성도 인정되지 않는 매체에 수록했던 거지요. 결국 과학적 지식도 다른 지식과 마찬가지로 어떤 절대 진리를 드러내는 지식이 아니라 사회적·역사적 과정이자 현상이라는 겁니다. 데카르트가 과학적 지식을 정신의 활동으로 보았다면, 1960년대 영미권 과학철학자 및 과학사가들은 과학적 지식을 역사적·사회적 산물로 본 겁니다.

표정훈 그런 경향이 심화된 결과가 이른바 과학지식사회학이 아닌가 싶습니다. 그런데 과학자들이나 철학자들은 지식사회학을 대체로 싫어하는 것 같습니다. 지식사회학에서 지식은 기본적으로 사회적 산물이지요. 집단 사이의 권력 관계에 따라 지식에도 부침 浮沈과 흥망성쇠가 있기도 하고요. 결국 지식도 과학도 구구절절한 인간사들 가운데 하나라는 이야기가 되겠습니다. 심지어 랜달 콜린스 같은 사회학자는《철학의 사회학 *The Sociology of Philosophies: A Global Theory of Intellectual Change*》이라는 책도 내놓았습니다.

강영안 사회학의 관점에서 얼마든지 그런 연구를 진행시킬 수 있을 겁니다. 예컨대 그리스철학이라면 진공 상태에서 나온 게 아니라 그리스 사회에서 싹튼 것이니까요. 그러나 이렇게 생각해 보면 어떨까 싶습니다. 과학은 기본적으로 실험실이 운영되고 학술지가 있고, 과학자들 사이의 어떤 상호교류 네트워크가 매우 중요합니다. 요컨대 과학은 기본적으로 집단적 작업에 가깝습니다. 그렇다면 과학을 주제로 한 사회학적 연구가 상대적으로 쉽다고 할 수 있습니다.

이에 비해 철학은 기본적으로 지극히 개인적인 활동이자 작업입니다. 개인의 생각과 판단이 위주가 되지요. 물론 크게 놓고 보면 역사적·사회적 맥락이 중요할 수 있습니다. 이를테면 사회학적 관점으로 공자라는 인물의 생각과 그 후계자들의 형성에 관해 연구할 수도 있고, 소크라테스와 그 추종자들의 형성을 논해 볼 수도 있을 겁니다.

그러나 사회학적으로 설명하기 곤란한 측면도 많아요. 플라톤은 그 출신 성분으로 보면 귀족입니다. 그러나 스승 소크라테스의 죽음을 보고 난 뒤 정치적 야망을 접고 전적으로 철학에 투신하지요. 요컨대 사회학적으로는 설명하기 힘든 지극히 개인적인 결단이라고 할 수 있습니다. 그러니 철학에 대한 사회학적 접근, 지식사회학적 접근에는 한계가 있을 겁니다.

'겸손한 주체'의 등장, 레비나스

표정훈 지금까지 주로 현대 유럽철학의 반反데카르트적 경향에 대해서 말씀하셨습니다. 주체는 해체되고, 과학적 지식도 절대성을 상실합니다. 이것이 현대 유럽철학의 지형도를 대표합니까? 저 질문에 앞서 선생님께서 현대 유럽철학을 보는 관점을 짧게 전체적으로 그려 봐 주시지요.

강영안 주체의 등장과 주체의 해체, 데카르트적 경향과 반데카르트적 경향, 과학 지식에 관한 방법론적 일원주의 및 그 확실성에 대한 신뢰와 역사적·사회적 현상으로서의 과학 지식 같은 것들이 내가 근대철학 및 현대철학을 읽는 틀 또는 방식이라고 할 수 있습니다. 그런데 20세기 후반의 변화로 특별히 감지할 수 있는 건 주체의 위치를 지나칠 정도로 높게 설정한 세속적 휴머니즘이나 지나치게 낮게 설정하는 반反휴머니즘에 대한 대안적 노력이 이루어지고 있다는 점입니다.

현상학 전통으로 보면 1960-1970년대에 변화가 크게 일어났어요. 푸코, 라캉, 들뢰즈, 데리다 같은 이들이 주체의 해체 방향에 서 있었다면, 현상학 계열에서도 주체에 지나친 자리를 제공하지도 않고 그렇다고 주체를 해체시키지도 않는 철학자들이 부각된다는 거죠. 이를 일러 나는 '주체의 겸손함' 혹은 '겸손한 주체'를 말하는 이들이라고 부릅니다. 레비나스, 리쾨르, 마리옹을 예로 들 수 있어요.

이들의 배경은 각기 다릅니다. 레비나스는 유대적 배경을 가지고 있고, 리쾨르는 개신교 특히 칼뱅주의 전통에서 자란 철학자이고, 마리옹은 가톨릭 배경을 가진 철학자입니다. 마리옹은 레비나스와 리쾨르 철학을 창조적으로 수용하였지요. 소르본 대학에서 레비나스의 후임으로 교수가 됐고, 또 시카고 대학에서는 리쾨르 자리에 후임으로 갔지요. 그래서 지금은 시카고 대학과 소르본 대학에서 모두 가르치며 연구하고 있는 인물입니다.

표정훈 레비나스에 대해서는 선생님께서 저서도 내시고 논문도 발표하셨으니 좀 더 깊고 자세하게 듣고 싶습니다.

강영안 사실 레비나스에서 주체 문제의 발단은 데카르트도, 니체도, 마르크스도 아니고 유대인으로서 2차 대전을 경험한 것에 있습니다. 레비나스는 프랑스군 통역관으로 입대했는데, 전쟁 초기에 포로가 되어 독일 하노버 근처 유대인 군인 포로수용소에 갇혔습니다. 전쟁 말기까지 수용소 생활을 했는데, 레비나스는 자신이 군복 때문에 살았다고 회고합니다. 다른 대부분의 유대인들이 가스실로 보내졌지만 군인들은 수용소에 계속 수감되었던 겁니다.

당시 수용소에서 레비나스는 개 한 마리와 만납니다. 우리식으로 말하면 수용소 주변을 어슬렁거리는 똥개였지요. 수용소에 있던 포로들이 그 개에게 '보비'라 이름 지어 주고 돌보았습니다. 레비나스는 당시 벌목 작업을 했는데, 종일 힘겹게 작업을 하고 지친 몸으로 돌아오면 보비가 꼬리를 흔들며 반갑게 짖어 주었습니다. 유일한 위안이었던 겁니다.

　　포로를 사람으로 대접해 주고 반겨 주는 개, 그런 보비를 독일군이 쫓아 버렸습니다. 레비나스는 그 개를 "나치 독일 최후의 칸트주의자"였다고 말합니다. 사람을 단지 수단으로서가 아니라 늘 목적으로 대하라는 정언명법을 가장 충실하게 실천한 존재가 바로 그 개였다는 거지요. 요컨대 전쟁 중의 독일은 그 개만도 못한 사람들이 사는 나라였다는 뜻이 됩니다.

표정훈 개를 등장시키는 것이 특이하군요.

강영안 개에 관한 이야기는《오디세이아》에도 나옵니다. 오디세우스가 트로이 전쟁 이후 파란만장의 끝에 고향 이타케에 도착하지 않습니까? 귀향을 도와준 여신 아테네가 얼마나 노인네로 만들어 놓았던지 아무도 그 섬의 왕 오디세우스를 알아보지 못했습니다. 그러나 오디세우스가 20년 전 트로이 원정을 떠날 때 젖먹이였던 개만이 그를 알아봅니다. 심지어 그의 아내 페넬로페도 알아보지 못한 오디세우스를 개가 알아본 것이지요. 그러나 그 개조차도 자신의 조국에 있었던 개라고 레비나스는 덧붙입니다. 이에 비해 수용소의 개는 떠돌이 개이며 자신들처럼 조국이 없는 개였지만, 자신을 인간으로 알아봐 주었다는 것이지요.

표정훈 레비나스와 같은 생각은 조국을 잃어 본 사람만이 할 수 있을 듯합니다.

강영안 1,500년 넘게 기독교 복음으로 변화된 유럽에서 어떻게 2차 대전과 같은 엄청난 규모의 전쟁과 홀로코스트와 같은 참극이 일어날 수 있는가? 레비나스의 철학적 문제의식은 바로 여기에서 출발합니다. 레비나스가 내놓은 답은 서양철학 전통의 인식론과 존재론에 근본적인 문제가 있었다는 것입니다. 요컨대 서양철학 전통 전반에 문제가 있다는 거지요. 이렇게 레비나스 철학의 출발점은 이론적인 것이 아니라 지극히 실천적인 것이었습니다. 인간 이하의 취급을 받는 수용소 상황, 인종 말살 정책, 홀로코스트의 비극, 이런 것이 어떻게 가능했는가? 그것을 가능케 한 원인을 추적하는 게 레비나스 철학입니다.

표정훈 서양 문명의 역사 전체를 대상으로 하는 비판적 관심, 그러니까 문명 비판적 관심이라고도 말할 수 있겠습니다.

강영안 그렇지요. 한마디로 서양철학의 기본 방향 설정 자체에 문제가 있다는 겁니다. 레비나스가 보기에 서양철학은 타자를 수용하고 환대하기보다는 타자를 배제하는 철학 전통입니다. 타자를 동일자로, 자기 자신으로 한원히는 철학, 동일사 혹은 자아의 권력 아래 두는 철학이 바로 서양철학이라는 겁니다. 다른 말로 하면, 서양철학은 제국주의의 철학, 전쟁의 철학, 전체성의 철학이라는 것이지요.

표정훈 레비나스의 주저를 꼽는다면 어떤 책일까요?

강영안 1961년에 나온 《전체성과 무한 *Totalité et Infini*》이지요. 그는 이 저서로 국가박사학위를 받았습니다. 제목에서 볼 수 있듯이 그 책은 무한자의 관점에서 주체성을 변호하려는 의도를 담고 있습니다. 주체성은 해체되고 사라져야 할 것이 아니라 제대로 자리매김되어야 한다는 겁니다. 그래서 레비나스는 주체의 본질적 성격으로 '환대로서의 주체'를 말합니다. 환대는 타자를 배제하거나 나에게로 흡수하는 것이 아니라, 타자를 타자로 인정하고 존중하고 수용하고 환영하는 것입니다. 그런 환대가 어떻게 가능할 것인지 철학적으로 모색하는 작업이 바로 《전체성과 무한》이지요. 멀게는 플라톤 이후 철학에 대한 비판, 가깝게는 후설이나 하이데거에 대한 비판입니다.

레비나스는 후설과 하이데거의 제자이기도 하지요. 후설에게 지향성으로서의 의식은 객관화·대상화하는 의식입니다. 지향성은 결국 소원, 기대, 욕망 등을 통해 대상을 표상화하는 것, 객관화하는 것이라고 할 수 있어요. 대상과 거리를 두고 나의 대상, 나의 객관으로 설정한 뒤에 비로소 관계를 이야기하는 겁니다. 객관화·대상화 이후에 비로소 인격적·윤리적 관계를 이야기할 수 있게 된다는 것, 레비나스는 이걸 극복하려 합니다.

표정훈 그렇지만 하이데거는 좀 다를 것 같습니다. 하이데거는 표상적 사고를 비판적으로 검토하면서 대상화·객관화 이전에 관심을 기울이지 않습니까?

강영안 물론 그렇기는 하지요. 하지만 그런 하이데거에서조차 세계는 도구 전체성으로 파악됩니다. 지금 우리가 앉아 있는 의자와 이 앞의 탁자는 우리가 앉아서 이야기하기 위해 사용하는 도구이지요. 또 그 탁자와 의자는 연구실 공간에서, 또 학교 공간에서, 그러니까 일정한 연관 속에서 의미를 부여받습니다. 이 연구실이 속해 있는 건물도 대학이라는 보다 넓은 연관 속에서 의미를 갖습니다. 이렇게 존재하는 개별적 사물은 다른 것의 쓰임에 의해, 사용될 수 있는 성격으로 인해, 비로소 그 존재 의미를 부여받는다는 겁니다. 이것이 도구 전체성입니다.

표정훈 부분은 전체의 부분으로 의미를 얻는다는 말씀이지요?

강영안 그렇지요. 도구 전체성의 관점에서 보면, 개별적 사물은 전체와의 연관성 속에서만 그 존재 의미를 이야기할 수 있게 됩니다. 단어들이 하나의 문장 속에, 문장은 하나의 문단에서, 문단은 챕터에서, 챕터는 책 전체에서, 책 전체는 하나의 장르에서, 이런 식으로 의미를 이야기할 수 있다는 겁니다. 일종의 '해석학적

순환'이라 할까요. 부분은 전체를 통해, 전체는 부분을 통해 의미를 획득하는 거지요. 결국 타자로서 타자가 들어설 공간이 없습니다. 타자는 의미 전체성의 한 그물코 구실을 할 수 있을 뿐, 그것의 어떤 고유성이나 독창성, 개체성을 상실하게 됩니다.

더구나 타자는 인격적 책임과 상관없는 존재가 되어 버리지요. 결국 후설이나 하이데거, 더 넓게는 서양철학에는 인격적 관계가 들어설 공간, 엄밀한 의미의 윤리적 책임이 자리할 공간이 없다는 겁니다. 레비나스는 존재론과 인식론 중심의 철학에 대해서 윤리학과 인격적 관계가 선행하는 철학으로, 그러니까 윤리학이 제1철학으로 자리 잡을 수 있는 철학을 시도했습니다.

표정훈 결국 타자를 새롭게 설정할 필요가 있겠습니다.

강영안 레비나스는 유대인으로서 서양의 전체주의를 경험한 것을 바탕으로, 전체성의 이념으로 주체를 볼 때는 타자를 배제하거나 타자를 흡수해서 지배하려 하게 된다는 걸 깨달았습니다. 그리고 무한자의 이념에서 주체를 되살려 내려 합니다. 이때 무한자는 단적으로 말해서 우리가 지배할 수 없는 자, 거머쥘 수 없는 자를 뜻합니다.

표정훈 무한자란 개념이 어디서 온 것입니까?

강영안 데카르트의 《성찰》에 나오는 신 존재 증명을 보면, 무한자는 유한자인 사유하는 주체가 자기 속에서 생산할 수 없는 이념입니다. 유한자는 무한자를 이해할 수도 없거니와 무한자를 만들어 낼 수도 없습니다. 무한자라는 이념이 있다는 건 무한자가 그 이념을 나에게 불어넣어 줄 때 가능합니다. 이 점에서 데카르트의 무한자 이념은 칸트와 헤겔의 무한 개념과는 다릅니다. 두 독일철학자에게서 볼 수 있는 무한의 출발점은 유한입니다. 유한에서 출발해서 한정지을 수 없는 것, 끊임없이 확장해 가는 것이 무한입니다. 무한은 말하자면 유한의 부정으로 얻는 개념입니다.

　　그러나 데카르트의 무한자의 이념은 유한의 부정으로서의 무한이 아니라 유한이 포괄할 수 없는 무한자, 유한에게는 넘쳐흐르는 무한자입니다. 그러므로 유한이 무한을 손에 쥘 수 없지요. 데카르트의 무한자 이념에 레비나스는 윤리적 해석을 가하였습니다. 그래서 무한자는 나에게로 환원할 수 없고, 내가 지배할 수 없는 타자이며, 내가 수용하고 환대해야 할 타자가 되지요.

표정훈 그런데 그 타자를 어떻게 만납니까?

강영안 타자는 무엇을 통해 나에게 다가올까요? 타자가 나에게 현현顯現되는 모습은 영광스러운 모습이기보다는 고통받는 얼굴의 모습입니다. 구약성서를 보면 선지자들이 이스라엘 백성들을 질타할 때 너희가 고아, 과부, 외국인, 가난한 사람들의 억울함을 들어주지 않고 그들을 압제한다는 식의 표현이 자주 나옵니다. 선지자들은 이것을 이스라엘 사람들의 불의不義라 보았습니다. 정의正義란 다른 곳에 있는 것이 아니라 이들을 돌보는 데 있습니다. 레비나스 철학은 유대교 선지자 전통의 정의를 철학적으로 번역하는 작업이라고도 볼 수 있습니다. 이러한 의미의 정의가 순수하고 이론적인 진리에 앞선다는 것을 레비나스는《전체성과 무한》에서 보이고자 했던 것이지요. 이것을 레비나스는 "정의가 진리에 앞선다"는 명제로 표현합니다.

표정훈 "정의가 진리에 앞선다"는 명제와 주체의 재규정은 어떤 연관이 있습니까?

강영안 레비나스 후기 철학에서는 주체를 심지어 타인의 짐을 짊어지는 존재로 규정합니다. 주체는 그야말로 문자 그대로 수브이엑툼, 아래에 깔린 자, 밑에서 떠받쳐 주는 자, 짐을 짊어 주는 자가 되는 것이지요. 레비나스는 그것을 존재론이나 인식론이 아니라 윤리학의 관점에서 새롭게 바라보는 겁니다. 아래에서 떠받쳐 주는 자, 즉 타인의 고통을 대신 짊어지는 자, 타인을 대신하는 자, 타인의 죄책까지도 책임져 주는 자, 나아가 타인을 위해 목숨까지도 내놓을 수 있는 자가, 진정한 의미에서 수브이엑툼 곧 주체라는 것이지요.

표정훈 기독교의 예수 그리스도가 금방 생각납니다.

강영안 실제로 레비나스는 "나는 곧 메시아이고 메시아는 곧 나이다"라는 표현을 합니다. 메시아를 그리스어로 옮기면 '그리스도'가 되지요. 레비나스의 말은 "나는 곧 그리스도이고, 그리스도는 나이다"로 바꿀 수 있습니다. 레비나스의 관점에서 가장 참된 자아의 모습은 그리스도가 되는 것이지요. 타인의 대속자가 되는 것, 타인의 짐을 짊어지는 자가 가장 참된 주체의 모습이라고 본 겁니다. '어떻게 내가 그런 존재가 되겠는가' 하는 물음이 있지요. 그렇게 되자면 하나님의 은혜가 아니고서는 가능하지 않다는 것이 크리스천인 나 자신이 레비나스에게 건네는 말입니다.

표정훈 레비나스의 관점은 좀 지나치지 않나 하는 생각도 듭니다. 너무 이상적인 주체가 아닐까요?

강영안 리쾨르도 그렇게 생각했습니다. 일종의 과잉 또는 과장의 철학이지요. 인간은 자기 자신에 대한 관심, 자신을 유지·보존하려는 관심을 가진 존재이며, 그럼에도 윤리적 호소에 귀 기울일 수 있는 존재라는 게 리쾨르의 인간 이해입니다. 윤리적 호소에 응답할 수 있는 것, 즉 응답 가능성의 존재라는 겁니다. 응답response 가능성이 바로 윤리적 책임responsibility이 됩니다. 리쾨르가 1990년에 내놓은 《한 타자로서의 나 자신》이라는 책을 보면, 참다운 윤리는 "정의로운 제도 안에서 좋은 삶을 타인과 함께, 타인을 위해서 사는 것"이라고 말합니다.

여기에서 주체는 타자를 배제하면서 자기 존재 유지만을 지향하는 주체도 아니고, 존재하는 세계를 자기의 권력 안에 집어넣고 지배하는 주체도 아닙니다. 그보다는 공동체의 선을 추구하면서 끊임없이 자기에 대한 관심과 배려를 갖고 살아가는 인간, 타인을 위해 좋은 게 무엇인지 고려하는 주체입니다. '네 이웃을 네 몸과 같이 사랑하라'는 기독교의 가르침에서도 타인에 대한 사랑 못지않게 자기에 대한 사랑, 즉 '네 몸을 사랑하는 것'이 중시되고 있는 걸 볼 수 있지요.

윤리적 전회, 장-뤽 마리옹과 미셸 앙리

표정훈 그렇다면 장-뤽 마리옹은 또 어떤 입장일지 흥미롭습니다.

강영안 장 마리옹은 레비나스와 리쾨르의 철학을 대체로 계승하면서, 전통적인 존재 신학을 극복하는 과제를 중요하게 여깁니다. 지난 1,500년 동안 서양 신학과 철학에서 하나님을 하나의 존재자로 만든 것에 대항하여 존재 너머, 존재 바깥에, 존재 없이 sans l'être 하나님을 이야기할 수 있는 가능성을 모색하는 겁니다. 여기에서 중요한 것이 장 마리옹의 우상론입니다. 우리가 하나의 이념이나 개념을 통해 신에 관해 이야기하고 하나님을 일정한 방식으로 서술하는 것도 일종의 우상을 만드는 행위라는 겁니다. 돌이나 나무로 만든 상만 우상이 아니라 개념으로 빚어 만든 것도 우상이라는 거지요.

그는 참된 신은 우상idol이 아니라 아이콘icon을 통해서 다가온다고 말합니다. '아이돌'은 내가 그것을 향해 그렇게 소망하고 욕망함으로써 만들어 낸 존재이지만, '아이콘'은 저쪽에서 나를 향해 응시해 오는 것입니다. 예컨대 고통받는 내 이웃의 얼굴을 통해서 나를 응시해 올 수도 있지요. 나의 존재를 뒤흔들고 나를 응시하고 그래서 나의 지배를 벗어나 있는 아이콘으로서의 하나님이라고 할까요.

여기에서 이른바 부정신학의 전통도 엿볼 수 있겠지요. 하나님에 관해 이야기할 때 하나님은 '이런 분이 아니다'라고 이야기하는 겁니다. 부정신학의 귀결은 하나님은 우리의 모든 능력, 개념, 지각을 뛰어넘는 분이어서 오직 찬양과 찬송을 받을 분이고, 우리의 감사의 대상이 되는 분이라는 겁니다. 이렇게 보면 진정한 신학은 하나의 찬송이고 하나의 고백이라 하겠지요.

표정훈 철학자들 가운데 이렇게 착한 사람들이 있는 줄 미처 몰랐습니다. (웃음) 저는 예전에도 그랬지만 최근까지도 철학 공부와 워낙 담을 쌓고 지내서 그런지, 20세기 후반 이후 철학에서 과연 윤리적 지향을 찾아볼 수 있을까 의구심을 갖고 있었습니다. 인식론적·존재론적인 관점에서 주체를 하나의 시발점 혹은 근거로 설정했던 게 근대 이후 서양철학이라고 본다면, 선생님께서 말씀하신 철학자들은 타자를 수용하고 환대하고 타자에 대해 책임을 지닌 주체, 그러니까 일종의 주체의 윤리적 전회를 모색하는 게 아닌가 싶습니다.

강영안 더 착한 이야기를 해볼까요? (웃음) 마리옹은 사랑을 거저 줌으로 이야기합니다. 주는 것, 선물의 문제이지요. 데리다는 타인으로부터 무엇을 받으리라는 기대 없이 선물은 있을 수 없고, 선물을 받으면 반드시 대가를 치르게 되어 있다고 봅니다. 엄밀한 의미에서 거저 주는 선물은 없다고 보는 거지요. 이것은 마르셀 모스의 《증여론 *Essai sur le don*》에 토대를 두고 있습니다. 모든 증여는 교환이라는 겁니다. 그러나 마리옹은 거저 주는 현상을 그려 내려 애씁니다. 타인에게서 무언가를 받으리라는 기대 없이 주는 것, 그 가능성을 모색하는 거지요.

이 문제에 관해 누가복음 6장에 유명한 황금률이 나옵니다. 다른 사람에게 대접받고 싶은 대로 다른 사람에게 주라는 거지요. 만일 받고자 하는 마음으로 준다면 이방인과 다를 게 없다는 겁니다. 그렇게 거저 줄 수 있는 것은 이미 넘치도록 받았기 때문에 가능하다고 합니다. 넘치도록 받은 결과로 타인에게 그냥 주라는 거지요. 그리고 이것이 진정한 사랑입니다. 1989년 프린스턴 신학교에서 리쾨르가 "황금률"이라는 제목의 강연을 한 적이 있지요. 그 강연에서 리쾨르는 충분히 받았으니 저절로 넘쳐서 거저 주는 게 가능하고, 또 그래서 줘야 한다는 것, 이것을 '넘침의 논리the logic of superabundance'라고 일컫기도 했습니다.

표정훈 '넘침의 윤리'가 아니라⋯⋯.

강영안 네, 리쾨르는 누가복음 6장에 나온 황금률의 가르침을 '넘침의 논리'라 부릅니다. 네가 넘치도록 받았으니, 남에게도 주라는 것이지요. 나는 이것을 '넘침의 윤리'라는 표현으로 바꾸어 쓴 적이 있습니다. 2005년 여름, 네덜란드에서 열린 기독교철학 국제 심포지엄에서 세계화의 윤리와 관련한 기조 강연을 요청받았습니다. 뒷날 그 내용이 네덜란드 일간지에도 소개되었습니다만, 나는 그 강연에서 기독교인에게 요청되는 윤리는 '상호성'에 근거한 것이 아니라 넘치도록 받았으니, 그 받음에 대한 감사에서 우러난 윤리를 강조했습니다. 이 맥락에서 '넘침의 윤리an ethics of superabundance'라는 표현을 썼지요. 일종의 대차대조표 작성의 윤리가 아니라 거저 줌을 강조한 것이지요.[3]

표정훈 좀 더 '겸손해진 철학'이라는 생각이 듭니다. 모스의 《증여론》도 거론하셨지만, 과학으로서의 인류학이 있다면, 철학은 그런 인류학까지 깊은 차원에서 포섭하는, 그야말로 인간학일 수밖에 없겠다는 생각이 듭니다.

강영안 아까 윤리적 전회라는 말이 나왔습니다만, 20세기 후반 프랑스철학에 대해 자니코라는 사람은 '프랑스 현상학의 신학적 전회'라는 말로 규정했습니다. 위에서 말한 레비나스, 리쾨르, 마리옹 외에도 내가 언급한 적이 있는 미셸 앙리를 빼놓을 수 없지요. 2002년에 세상을 떠났는데, 그의 책 가운데는《내가 진리다: 기독교의 철학》이 있습니다. 기독교 신앙의 의미를 천착하는 책인데, 레비나스와는 다른 경향을 보여 줍니다.

레비나스는 기본적으로 내가 아닌 타자를 지향하고 수용하는 데 진정한 삶이 있다는 것, 그러니까 일종의 초월성의 철학을 한다고 볼 수 있습니다. 물론 내면성 또는 내재성을 부정하지는 않습니다. 내재성의 경제, 내재성의 거주, 그러니까 인간은 잠자고 먹고 입고 거주해야 합니다. 하지만 그런 향유의 주체가 진정한 주체로 서는 건, 역시 타자를 수용하고 타자를 환대하고 타자를 위해 책임을 질 때 가능하다는 점에서 레비나스 철학은 외재성의 철학이지요.

표정훈 미셸 앙리는 어떤 철학적 대안을 내놓습니까?

강영안 미셸 앙리는 내재성의 철학을 지향합니다. 내 안에서 초월적인 것이 가능해지는 궁극적 현상이 바로 신이라는 겁니다. 하나님은 내재적 존재 가운데서도 내재적 존재, 앙리의 표현대로 하면 '초월론적 생명'입니다. 우리가 눈으로 보고 알고 있는 파생적 생명을 가능케 해주는 근거로서의 생명이라는 거죠. 지식이나 윤리도 초월적 생명이 외재화되고 드러난 것이라고 본다는 점에서 전형적인 내재성의 철학이라 하겠습니다. 결국 20세기 후반에 들어와서 종교적 담론, 신학적 주제, 인간 경험의 종교적 차원에 철학적 관심을 기울이는 철학자들이 늘어난 것이 하나의 큰 변화가 아닐까 합니다.

진지한 응답으로서의 과학, 마이클 폴라니

표정훈 현대철학의 반反휴머니즘 경향에 대한 하나의 대안으로서 윤리적 전회의 철학자들을 중심으로 말씀하셨습니다. 과학적 지식을 어느 정도 상대화하면서도 상대주의에 빠지지 않는 철학의 경향은 없습니까? 예컨대 토마스 쿤의 과학철학을 극단화시켜 버리면 모든 과학적 진술은 정치적 진술에 불과하게 됩니다. 어떤 과학적 진술도 그것의 진리 가치를 주장할 수 없는 결과가 오게 되는 거지요.

강영안 실증주의나 객관주의에 빠지지 않으면서, 다른 한편으로 역사주의와 상대주의에 빠지지 않는 과학철학이 필요하지 않나 싶습니다만, 바로 그런 의미에서《인격적 지식*Personal Knowledge*》의 저자 마이클 폴라니에 주목해야 합니다. 폴라니는 헝가리 출신으로 의과대학을 나왔습니다만, 물리화학에 몰두해 연구를 하다가 맨체스터 공대 교수가 되었지요. 그러다가 나중에 과학철학을 했습니다. 과학자나 철학자들이 그의 글을 별로 읽지 않는 것 같아요. 과학자들은 과학을 철학적으로 검토하는 글을 좀처럼 읽지 않고, 철학자들도 언어분석이나 기술적인technical 철학 방법에 빠져 있어서인지 폴라니를 잘 읽지 않지요.

표정훈 어떤 점에서 폴라니에 새삼 주목할 필요가 있다고 보십니까?

강영안 폴라니의 대전제는 과학은 어디까지나 인간이 하는 활동이고 인간의 작업이라는 것입니다. 역사주의적 과학철학에서 과학은 너무나 인간적이지요. 바꿔 말하면 정치성이 지나치게 강조되기도 합니다. 반면 실증주의는 오직 경험적으로 관찰할 수 있는 사태에만 의존하기 때문에 좁은 의미의 과학 외의 다른 요소들을 사실상 무시합니다.

폴라니는 인간이 하는 활동이라는 측면에서 본 과학이 아무런 이해관계 없이 순수한 지적 호기심에 의해, 문제 자체의 매력에 끌려서 진행될 수 있다고 봅니다. 지적 열정, 지적 호기심을 중시하는 겁니다. 그러면서도 과학을 포함한 인간의 활동은 혼자서 하는 일이 아니라 다른 사람들과 함께 대화하며 진행하는 활동이라는 점을 강조합니다. 서로 이야기하고 함께 진행시키는 거예요. 과학은 단순히 개인적 활동이 아니라 공동체성을 지닌다는 관점인데, 이것을 넓게 표현하면 콘비비얼리티conviviality, 즉 '공생共生'입니다.

표정훈 콘비비얼리티에 관해, 김우창 선생이 〈녹색평론〉에 쓴 글에서 접한 기억이 납니다. 김우창 선생은 이반 일리치가 그 말을 사용한 맥락에서 '함께 사는 즐거움'으로 옮기고, 공동체성의 중요성을 강조합니다. 결국 과학도 홀로, 순수하게 이론적으로 하는 작업이 아니라 여러 사람들과 공동체를 이루어 일종의 집단적으로 하는 작업이라는 것이군요.

강영안 '집단적'이란 표현은 조심해야 할 것 같습니다. 과학은 공동체적 작업이긴 하지만 집단적이지는 않습니다. 집단으로 환원할 수 없는 개인의 판단과 추구, 열정이 매우 중요하기 때문이지요. 미적인 것에 대한 추구도 폴라니를 따르면 과학 활동에 중요합니다. 방정식의 아름다움, 정합성, 균일성, 패턴의 아름다움, 이론의 단순성의 아름다움 등등을 예로 들 수 있겠지요.

표정훈 폴라니가 이해하는 과학 활동을 한 문장으로 요약한다면 어떻게 말씀하실 수 있겠습니까?

강영안 폴라니가 파악한 과학은 현실의 감추어진 의미가 인간의 지적 노력을 통해 드러나는 것입니다. 과학 활동이 과학자 개인의 머릿속에서나 과학자 집단에서만 발생하는 인간적 현상일 뿐 아니라, 현실 자체가 우리에게 질문해 오고 답을 찾도록 요구하는 측면이 있다는 겁니다. 이런 측면은 근대 이후 과학에서 사라진 차원입니다. 칸트가 과학자의 구실을 말하면서 재판관이 증인을 심문하듯 자연에 심문한다고 했지만, 폴라니의 관점으로 보면 자연이 말을 걸어 올 때 그 말이 도대체 무엇인지, 그 말에 반응하고 귀 기울이고 알아듣고자 노력하는 지적 활동이 과학입니다. 과학 활동은 지적인 활동일 뿐 아니라, 인간 바깥, 현실이 나에게 해오는 요구, 요청에 대한 하나의 진지한 응답입니다.

표정훈 윤리적 차원까지 포괄할 수 있겠습니다.

강영안 그렇습니다. 참된 과학자는 윤리적 존재입니다. 부름과 호소와 명령에 귀 기울일 수 있고 순종할 수 있는 사람일 테니까요. 과학 활동은 현실로부터 초연하고 현실과 무관한 객관적 활동이 아니라, 삶의 의미를 추구하고 문제를 해결해 나가면서 정말로 의미 있는 것, 궁극적인 것을 추구하는 인간의 인격적 헌신, 인격적 투여일 수 있습니다. 바로 그런 모습이 폴라니가 그리는 참된 과학자의 모습입니다.

수동성과 능동성

표정훈 20세기 후반에 들어와 인간이 조금은 더 겸손해진 걸까요? 겸손한 주체, 겸손한 과학, 겸손한 과학자…….

강영안 겸손하지 않으면 현실의 의미를 읽어 내는 새로운 구조나 틀을 찾기 힘들지요. 실재의 부름, 현실의 부름과 질문에 대해 가장 솔직하고 정직하게 답을 찾고 질문하고 또다시 답을 찾는 과학자만큼 정직한 인간은 없겠지요. 참된 과학의 근본적 구조는 윤리적 성격을 지닐 수밖에 없습니다. 이때 윤리는 타자의 부름에 대한 응답이고 자기 자신과 타인에 대해 책임을 지는 것입니다.

과학은 현실에 초연한 상태에서 이루어지는 게 아닙니다. 그러니까 밀착과 참여와 투신과 헌신을 통해 현실의 참다운 모습을 보고 드러내려는 노력이 과학이지요. 그렇게 과학적 지식을 추구하는 인간의 모습은 가장 참다운 인간의 모습이기도 합니다. 기술적 적용과 그로 인한 경제적 이윤 추구를 위한 연구는 이 부름을 외면할 소지를 크게 가지고 있습니다. 그러므로 순수과학보다 오히려 과학기술 분야에서 윤리적 검토를 더욱더 치열하게 해야 할 이유가 있습니다.

표정훈 최근에는 과학을 공학과 동일한 것으로 보는 시각이 점점 더 지배적인 것 같습니다. 경제적 효용을 얻기 위한 활동으로 보는 거지요.

강영안 오늘날 과학은 과학기술이나 공학에 가깝습니다. 그리고 과학을 움직이는 것은 경제이지요. 이것이야말로 근대 이후 과학과 근대 이전의 과학을 크게 구별하는 하나의 준거일 수 있습니다. 근대 이전 과학에는 어느 정도 순수한 측면이 있었거든요. 자연을 들여다보고 드러내고자 하는 거지요. 그러나 근대 이후 과학은 자연을 조작하고 관리하고 이용하는 기술로서의 과학이 됐고, 더구나 자본주의 체제에서 과학은 생산력과 기술로서의 과학이지요.

그런 기술로서의 과학의 밑바탕에는 지식으로서의 과학이 깔려 있고, 지식으로서의 과학은 현실의 부름에 순응하고 그에 귀 기울이지 않고서는 제대로 하기 힘들 겁니다. 인간의 지적 추구는 분명 능동적이고 활동적 행위이지만, 자연의 가장 깊숙한 곳, 인간의 깊숙한 곳을 이해하려는 측면에서 보면, 그 첫 순간은 수동적이지 않을까요? 귀 기울여 듣고, 가만히 보고, 그에 대해 질문하는 것, 그러니까 인간의 지적 활동, 특히 과학적 탐구는 그 가장 깊은 차원에서는 수동성과 능동성이 교차한다고 할 수 있을 겁니다.

표정훈 수동성과 능동성을 주제로 철학사나 지성사의 큰 흐름을 검토해 보는 것도 흥미로울 것 같습니다.

강영안 칸트는 지식을 구성하는 일종의 요소로 감성(수동성)과 지성(능동성)을 들었지요. 그런데 칸트의 감성의 수동성도 내가 듣고 보고 받아들인다는 점에서 사실상 능동성입니다. 내가 받아들인다는 점에서 보면요. 근대적 주체의 모습은 대체로 능동성에 주안점을 두고 있습니다. 그런데 이와 달리 타인을 환대하고 수용하는 주체는 감성의 수동성(사실은 능동적인)보다 훨씬 더 수동적입니다.

어떤 의미에서 근대철학이 배제해 온 수동성의 중요성은 주체에 대한 이해나 과학에 대한 이해에서 매우 중요합니다. 이 수동성은 고통받고, 아파하고, 고민하고, 고뇌할 수 있는 주체라는 점에서 볼 때 타인의 고통에 대한 감수성일 수도 있고, 함께 아파하는 마음, 그러니까 공감일 수도 있습니다. 지식 측면으로 보자면 무엇이 참된 것인지 찾고자 하는 열정, 그 열정으로 인해 갖게 되는 고통일 수 있겠지요. 이렇게 보면 현대철학의 어떤 새로운 가능성을 능동성보다는 수동성, 쾌락보다는 고통에서 발견할 수도 있지 않을까 합니다. 인간을 이해하고 현실을 이해하는 인격적 성품이랄까요. 역시 겸손한 주체, 겸손한 지식, 겸손한 과학, 겸손한 철학이랄까요.

표정훈 이럴 때 으레 쓰는 말이 "긴 시간 수고해 주셔서 선생님께 정말 감사드린다"는 건데, 그런 말로 마무리하면 너무 무미건조할 것 같습니다. 그렇다고 무슨 '연예가 중계' 식으로 "지금

당장 하고 계신 연구와 앞으로 선생님의 장기적인 연구 계획은 무엇입니까?" 하는 것도 상투적입니다. (웃음)

　　　강영안 그렇습니까? 사실 처음에는 무슨 말을 해야 할지 미리 적어서 정리해 보기도 하고 했는데, 역시 그런 원고나 메모 없이 현장성 있게 이야기 나누는 게 편하기도 하고 이야기도 잘 풀려나간다는 걸 실감했습니다. 개인적으로는 지난 세월 철학을 공부하고 연구해 온 일종의 이력이랄까, 그런 걸 되새겨 보는 시간이어서 정말 소중하고 의미 있었습니다. 거창하게 말하면 이번 대담 이전과 이후의 나 자신이 많이 달라질 것 같다는 느낌이 듭니다.

　　　표정훈 선생님이 그렇게 말씀해 주시니 정말 고맙습니다. 저는 선생님과 말씀을 나누면서, 그동안 사랑의 지혜나 지혜의 사랑과 너무 먼 삶을 살아왔다는 반성을 하는 계기가 되었습니다. 선생님! 정말 감사합니다.

모든

철학은　　　　　　　결국

삶의

철학이다

10여 년 만에 다시 연 강의실

스승 강영안 선생님의 특별한 철학 강의를 나 혼자만
누린 것이 10여 년 전이다. 다행히 책으로 펴내 많은
분들과 함께 선생님의 강의를 누릴 수 있었다.
그것이 특별했던 까닭은 선생님의 학문적·철학적
도정道程과 삶의 길, 모두에 바탕을 둔 강의였기 때문이다.
일반적인 철학 강의에서는 삶의 길이 생략되곤 한다.
이제 선생님도 나도 그 삶의 길이 10여 년 더 길어졌다.
아니 깊어졌다. 선생님은 재직하시던 학교를 떠나
다른 여러 자리를 통하여 철학과 삶의 경륜을 더해
가셨고, 나는 내 나름의 삶의 신산辛酸을 경험했다.
그런 만큼 선생님에게 묻고 싶은 것이 많았지만, 역시
가장 중요한 질문은 하나다. "철학이란 무엇입니까?"
철학이란 무엇인지 묻는 것이야말로 가장 철학적인
질문이다. 그 질문에 답해 보려는 노력 자체가
철학함이다. 정답도 해답도 없다. 다만 실마리는
철학 텍스트에도 있고 타인과 나의 삶에도 있다.
누군가 나에게 강영안 선생님을 한마디로 말해 보라
한다면 주저 않고 말할 것이다. "늘 묻는 사람."
내가 선생님에게 배운 것이 있다면 바로 "묻는 것"이다.
10여 년 전에는 선생님의 서강대 연구실로 찾아뵈었기에
"어서 오게"라 말씀하시며 나를 맞아 주셨다.
이번에는 책방에서 내가 먼저 기다렸다. 책방 문을 열고
나를 보시자 말씀하셨다. "그래, 왔는가!" 이번에도
선생님에게 먼저 인사드릴 타이밍을 놓쳤다.
제자는 배움에서도 그 어느 것에서도 느리기만 하다.

표정훈 선생님은 2017년 가을 학기부터 미국 칼빈 신학교 Calvin Theological Seminary 철학신학 교수로 가르치고 계십니다. '철학신학'이라는 말이 철학을 전공한 저도 낯설게 느껴집니다. 그러고 보니 서강대학교 철학과에 '철학적 신론'이라는 과목이 있었군요. 자주 개설되지는 않았는데, 작고하신 신성용(크리스토퍼 스팔라틴) 신부님이 맡으셨지요. 존 힉의《종교철학》영어 원서를 중심으로 강의가 이뤄졌습니다.

강영안 신학교에서 내가 가르치고 있는 과목은 철학신학, 변증학, 기독교철학 등입니다. 서양에 자리 잡은 오랜 전통에 따르면, 철학신학은 하나님의 존재Divine existence, 하나님의 속성Divine attributes, 하나님의 활동Divine action, 이 세 문제를 다루어 왔습니다.

하나님의 존재와 관련해서는 '하나님은 존재하는가? 존재한다면 어떤 방식으로 존재하는가? 창조주 하나님은 창조된 사물과는 전혀 다른 존재인가? 창조주와 창조된 사물에 존재의 유비가 있는가? 만일 하나님이 창조된 사물과 전혀 다른 존재라면 하나님을 알 수 있는가? 알 수 있다면 어떤 방식으로 알 수 있는가? 우리의 이성과 경험을 통해서 알 수 있는가? 하나님이 직접 보여 주고 알려 주시는 방식(계시)으로만 알 수 있는가? 계시는 어떤 방식으로 주어지는가?' 하는 문제를 생각해 보는 거지요. 하나님의 존재를 증명하고자 한 여러 시도(존재론적 증명, 우주론적 증명, 목적론적 증명)도 이 논의 속에 포함될 수 있고요.

하나님의 속성과 관련해서도 여러 물음이 있습니다. '하나님은 신체인가, 영인가? 하나님이 영이라면 하나님은 복합체가 아니라 단순 존재일 텐데, 그렇다면 하나님에게는 본질과 존재가 구별되는가? 하나님은 변할 수 있는가, 불변하는가? 하나님은 영원한가, 시간 속에 들어올 수도 있는가?'

하나님의 활동과 관련해서는 창조와 섭리에 관련된 물음들을 합니다. 철학신학의 고전적 예는 토마스 아퀴나스의 《신학대전》과 더불어 《대이교도대전 Summa contra Gentiles》에서 찾아볼 수 있습니다.

철학신학에 관하여

표정훈 물음 자체는 신앙과 깊이 관련이 있으면서도 역시 철학적 논의 과정을 거칠 수밖에 없겠군요.

강영안 그렇지요. 철학신학은 신학의 고유한 문제들을 철학의 방식으로 다루니까요. 철학신학은 철학 안에 있는 종교철학과 겹치는 부분이 없지 않지만 철학보다는 신학에 속한다고 봐야겠지요. 철학을 통해서 신학을 한다는 의미는 기독교 신학에서 발생하는 주요 물음을 철학의 도움을 받아 명료화하는 작업이라 볼 수 있습니다. 철학에는 여러 방법과 기능이 있지만, 무엇보다도 철학은 비트겐슈타인이 정의하듯이 '개념의 명료화'와 연관되기 때문에 신학에 등장하는 거의 모든 개념과 문제와 관련해서 철학이 기여할 수 있는 부분이 분명히 있습니다.

'철학신학'이란 용어가 등장한 시기는 그리 오래되지 않았습니다. '철학신학Philosophical Theology' 또는 '철학 신학자Philosophical Theologian'란 용어는 지금까지 확인해 본 결과로는 칸트에게서 비롯되었다고 할 수 있습니다. 칸트는 교회 안에서, 교회를 위해서, 성경 계시를 토대로 하는 신학을 '성경신학'이라고 하고, 이렇게 신학하는 신학자를 '성경신학자'라 부릅니다. 이에 반해 성경을 읽고 성경 계시를 참고한다 하더라도 이성적인 방식으로 묻고, 따지고, 살펴보고, 합당한 추론과 결론을 내리는 방식으로 대학이나 세상에서 신학 문제를 다루는 신학을 '철학신학'이라 본 것이 지요. 16세기 교회개혁 운동 이후 신학을 이론신학과 실천신학으로 나누던 전통이 있었습니다. 그러다가 19세기에 이르러 신학을 철학신학, 역사신학, 실천신학, 이 세 분야로 나누는 방식이 등장합니다. 슐라이어마허Friedrich Schleiermacher(1768-1834)가 이렇게 했지요.

'철학신학'이란 말은 방금 말한 것처럼 칸트가 쓰기 시작했지만, 신학교육 안에 적극적으로 도입한 사람은 아무래도 슐라이어마허가 아닐까 싶습니다. 슐라이어마허는 빌헬름 훔볼트와 함께 베를린 대학 설립을 주도하였고 신학부 초대 학장을 맡아 강의하면서 신학의 여러 분야를 분류하고 상호 관계를 해명하는 일에 힘을 쏟았습니다. 그는 실천신학을 '신학의 왕관'이라 일컬으면서 신학에서 가장 중요한 의미를 부여했지만, 이 절정으로 나아가는 단계로 철학신학과 역사신학을 자리하게 했습니다. 이 가운데 철학신학(변증학, 논쟁학)을 역사신학(성경연구, 교회사, 교의학)에 선행된 분야로 슐라이어마허는 이해했지요. 그다음에 역사신학이 오고, 마지막으로 실천신학이 뒤따릅니다.

그런데 이러한 분류를 그의 제자 하겐바흐Karl Hagenbach (1801-1874)가 4분과 신학(주경신학, 조직신학, 역사신학, 실천신학)으로 바꾸었습니다. 이 4분과 신학이 미국을 거쳐 우리나라에 들어와 자리를 잡았습니다. 하겐바흐의 분류에는 철학신학이 들어가 있지 않아요. 철학신학이 우리나라 신학교육에서 완전히 빠진 이유를 여기서 찾을 수 있겠지요. 슐라이어마허가 '철학신학' 안에 배치했던 변증학을 하겐바흐는 조직신학 속에 집어넣었습니다.

표정훈 칼빈 신학교가 어떤 학교인지도 궁금합니다. 어떤 전통에 바탕을 두고 있는지.

강영안 칼빈 신학교는 1867년에 네덜란드 이주민들이 목사를 양성하기 위해 세운 학교입니다. 하버드나 예일 같은 대학들도 그런 목적으로 세워진 학교이죠. 칼빈 신학교가 위치한 서부 미시간 지역은 평평한 게 네덜란드 지형과 비슷해요. 겨울에 추운 것도 비슷하고요. 사람들이 타국으로 이주할 때 자기가 살던 곳과 비슷한 지형과 기후를 갖춘 곳으로 갑니다. 개교 초기에는 네덜란드어가 학교 공용어였습니다. 1940년대까지의 교수 회의록이 네덜란드어로 작성된 걸 보았습니다. 하지만 지금은 내가 칼빈 신학교에서 네덜란드어를 읽고, 쓰고, 말하고, 들을 수 있는 유일한 사람입니다. 신학적으로는 네덜란드 개혁신학 전통이 면면히 살아 있지만 네덜란드계 3, 4세들은 네덜란드 말을 배우지도 않고 유지하지도 않았지요. 완전히 미국화되었다고 볼 수 있습니다. 칼빈 신학교는 **북미개혁교회**Christian Reformed Church of North America의 지원을 받기 때문에 여러 면에서 크게 부족함 없이 작은 규모로 잘 운영되고 있는 학교입니다.

표정훈 최근에는 어떤 텍스트를 주로 읽으시는지도 궁금합니다.

강영안 공부를 처음 시작하는 사람처럼 읽고 있습니다. 중세 신학자요 철학자인 아우구스티누스, 안셀무스, 토마스 아퀴나스, '카파도키아 교부들'이라고 부르는 니사의 그레고리우스, 나지안주스의 그레고리우스를 꽤 집중해서 읽었습니다. 현대신학과 관련해서는 슐라이어마허 이후의 개신교 신학자들의 글과 칼 라너와 함께 20세기 가톨릭 신학을 대변하는 한스 우르스 폰 발타자르 Hans Urs von Balthasar(1905-1988)도 살피고 있습니다. 물론 칼빈 신학교 전통과 관련된 칼뱅, 아브라함 카이퍼, 헤르만 바빙크를 읽고 강의도 하고 있고요. 현대철학에서 신神 문제를 다루는 작업과 관련해서는 레비나스, 미셸 앙리, 폴 리쾨르, 장-뤽 마리옹 등 프랑스 현상학 전통의 철학신학과 윌리엄 올스톤, 앨빈 플랜팅가, 리처드 스윈번, 니콜라스 월터스토프의 분석철학 전통의 철학신학도 자세히 살펴보고 있습니다.

표정훈 선생님께서는 텍스트 읽기를 늘 강조하셨습니다. 철학이란 그저 생각하는 것이 아니라 텍스트를 꼼꼼하게 되새겨 읽고, 그것을 바탕으로 생각의 폭과 깊이를 더해 가는 것이라는 점을 학생들에게 강조하셨지요.

강영안 어떤 철학을 하든지 철학을 할 때는 텍스트 읽기가 중요합니다. 철학적인 생각을 펼쳐 나가는 데 텍스트가 언제나 매개 역할을 하기 때문입니다. 그렇다고 텍스트에 너무 매여 있을 수도 없습니다. 데리다 같은 사람은 줄곧 텍스트를 가지고 마치 얽힌 실타래를 풀듯이 텍스트를 풀어 가면서 철학을 하지만, 그럼에도 텍스트를 통해 매개되는 삶을 생각해야 하겠지요. 철학은 삶과 텍스트 사이에서 주어진 삶의 문제를 생각하는 활동입니다. 철학신학도 마찬가지입니다. 많은 텍스트를 읽고 다루지만 결국 삶의 현실을 떠나서는 결코 철학신학을 할 수 없습니다.

표정훈 선생님은 공부를 신학으로 시작하셔서 철학 교수가 되어 연구하신 뒤 이제는 철학신학을 가르치고 계십니다. 이른바 정반합正反合이 떠오르기도 합니다.

강영안 이 나이쯤 되니 이제 철학자와 신학자의 구별, 철학과 신학의 구별이 저에게 별 의미가 없습니다. 철학이나 신학을 나의 삶과 신앙을 통해 이해하고, 나의 삶과 신앙도 철학과 신학의 반성을 통해 다시 들여다보려는 노력은 쉬지 않고 있습니다. 역사를 거슬러 올라가 보면 철학이나 신학은 서양의 학문 전통이 비롯된 그리스와 로마와 떼어 생각할 수 없습니다. 성경에 '신학'이라는 말은 나오지 않지만 '철학'이란 말은 나옵니다. 신약성서가 쓰일 당시 그리스와 로마 문화에는 이미 신학theologia이란 개념이 존재했지만 초기 교회의 어휘로 도입되지는 않았지요. 물론 철학에 대해서 그렇게 긍정적으로 표현하지는 않습니다. 신약성서 골로새서 2장 8절은 철학에 대해 이렇게 경고합니다. "누가 철학과 헛된 속임수로 너희를 사로잡을까 주의하라. 이것은 사람의 전통과 세상의 초등학문을 따름이요 그리스도를 따름이 아니니라."

사도행전 17장에는 바울이 아테네의 철학자들과 만나서 토론하는 장면이 나옵니다. "회당에서는 유대인과 경건한 사람들과 또 장터에서는 날마다 만나는 사람들과 변론하니 어떤 에피쿠로스와 스토아 철학자들도 바울과 쟁론할새 어떤 사람은 이르되 '이 말쟁이가 무슨 말을 하고자 하느냐' 하고 어떤 사람은 이르되 '이방 신들을 전하는 사람인가 보다' 하니 이는 바울이 예수와 부활을 전하기 때문이러라"(17-18절).

그리스와 로마 전통에는 세 종류의 신학자가 있었습니다. 첫째는 '시인'들입니다. 이들은 '신들을 이야기한 사람들', 곧 '신학자'였습니다. 호메로스가 대표적이지요. 시인들은 신들을 이야기하고, 노래하고, 찬양하였습니다. 이것이 기독교 전통의 신학 개념에도 중요합니다. 신학은 신에 대한 이야기이요, 노래이며, 찬양입니다.

두 번째는 제사장, '제관祭官'들입니다. 국가의 이름으로, 도시의 이름으로 신들에게 봉헌하고 제사 지낸 제관들이 일종의 '신학자'들이었지요. 이들은 제사를 통하여 도시를 대신해서 신들에게 빌고 백성들을 위로하였습니다. 로마 가톨릭교회 전통이나 정교회 전통에는 '제사' 개념이 아직 남아 있습니다. 사제들이 곧 제관입니다. 그러므로 제관들의 역할이 교회에서 매우 중요하였지요. 그러나 개신교는 제사를 '예배'로 바꾸었습니다. 하나님의 백성들이 모여 드리는 예배는 더 이상 제사가 아니라 구원의 축제요, 성찬은 문자 그대로 '감사의 잔치eucharist'요 '거룩하게 함께 빵을 나누어 먹는 행위holy communion'가 되었지요.

세 번째가 '철학자'들이었습니다. 이들은 신들을 개념으로 생각하고, 존재하는 것들과 신을 관련지어 보았습니다. 플라톤, 아리스토텔레스, 키케로가 그리스 로마 전통의 철학신학자였습니다. 《신들의 성품에 관하여De natura deorum》라는 저술에서 키케로는 신들의 존재, 신들의 본성, 신들의 활동이라는 주제를 가지고 아카데미아 학파, 스토아 학파, 에피쿠로스 학파의 신학을 다룹니다. 이후의 철학신학은 '시세로니언Ciceronian'이라고 할 수 있습니다. 다루는 주제의 측면에서 보면 키케로 전통과 연관된다고 보아야 할 것입니다.

기독교 전통은 그리스 로마 전통으로부터 '신학'이란 용어를 빌려 왔지만, 유일신론과 삼위일체론의 관점에서 그리스, 로마와는 다른 방식으로 신학을 이해하게 되었습니다. 그러나 중세 대학이 들어서기 이전에는 신학이란 개념을 그렇게 적극적으로, 활발하게 시용하지는 않았다고 보아아 힐 깁니다. 아우구스티누스도 《신국론》에서 시인의 신학, 제관의 신학, 철학자의 신학, 이른바 '삼중신학'을 얘기하지만 신학이란 말을 그렇게 자주 사용하지 않았습니다.

카파도키아 교부들은 하나님을 말하고 하나님을 찬양하는 활동과 관련해서 신학이란 말을 기꺼이 사용하기는 하지만, 이들에게서도 신학은 이론적이기보다 오히려 실천적이었고, 좀 더 나간다면 신비주의적이었다고 해야 할 것입니다. '신학'이 학문으로 이해될 뿐 아니라 학문 가운데도 최고의 학문('학문의 여왕regina scientiarum')으로 이해된 것은 중세 대학 제도가 확립된 이후였습니다.

표정훈 서양철학사와 신학의 역사는 불가분의 관계입니다만, 여전히 철학자들은 신학을 신학자들은 철학을, 뭐랄까요 '가깝고도 먼 이웃'으로 보는 것 같습니다.

강영안 기독교 신앙과 철학이 만난 뒤로는 철학과 신학 사이에 언제나 상승작용과 길항작용이 있었습니다. 신학은 철학 없이는 일정한 지적 수준을 유지할 수 없었습니다. 철학도 신학의 도구가 되면서 오히려 훨씬 더 정교해지고 세련된 면이 있습니다.

앞에서 이야기한 대로 그리스 전통에서 신학은 철학의 한 분야였습니다. 철학 속에 신학을 포함시킨 최초의 철학자로 아리스토텔레스를 들 수 있습니다. 그의 제일철학第一哲學, 곧 형이상학이 그것이지요. 물론 '형이상학'은 아리스토텔레스의 고유의 표현은 아닙니다. 아리스토텔레스에서 신학은 철학 가운데서도 가장 높은 단계의 지식입니다. 왜냐하면 신학은 제1원인, 부동不動의 원동자原動者, 곧 신과 관련되기 때문입니다.

그런데 이 철학이 기독교 신앙 전통과 만나면서 신학을 위한 수단으로 사용되게 된 것이지요. 신학과 철학은 오랜 준비 과정을 거쳐 13세기 토마스 아퀴나스에서 통합의 절정에 도달했다고 볼 수 있습니다. 그럼에도 역시 아퀴나스에게는 신앙의 진리가 중요했고, 계시를 통해 주어진 신앙의 근본 진리를 드러내고 타인에게 해명하고 소통하는 수단으로 철학을 사용하였습니다. 따라서 신앙 전통 가운데 가장 탁월한 철학신학자를 한 명 꼽으라면 역시 토마스 아퀴나스이지요. 가톨릭 전통이나 개신교 전통이 다 같이 그를 중요하게 생각하는 것은 그러므로 이상할 게 없습니다.

표정훈 신학자나 성직자가 아닌 일반 신앙인도 비록 전문적이지는 않더라도 신학에 대한 식견을 갖는 것이 좋다고 보시는지요?

강영안 물론이지요. 신학에는 두 가지 측면이 있습니다. 하나는 실천적인 측면입니다. 하나님의 말씀을 읽고 듣고, 하나님께 말하고, 하나님에 관해 타인에게 말하는 세 차원을 구별할 수 있겠지요. 하나님의 말씀을 읽고 듣는 것은 성경을 읽고 듣는 차원이 될 것이고, 하나님께 말하는 것은 기도의 차원이 될 것이며, 하나님에 관해서 말하는 것은 설교의 차원이 되겠지요. 이 셋이 신자의 삶에 빠질 수 없지요. 다른 하나는 이론적 측면입니다. 우리에게 익숙한 신학은 학문으로 전해진 신학입니다. 그러므로 생각하고 성찰하고 반성하고 되묻는 활동과 떨어질 수 없습니다. 밥을 먹는다는 것이 뭔지 성찰하지 않고도 우리는 얼마든지 밥을 먹고 살아갈 수 있습니다. 마찬가지로 신앙이 무엇인지 성찰하지 않고서도 얼마든지 신앙생활이 가능합니다.

하지만 신학은 내가 믿을 때 무엇을 하고 있는지를 생각하게 해줍니다. 믿음의 대상, 믿음의 내용이 무엇인가를 묻게 되며, 믿는다는 행위가 어떤 행위인지 반성하게 해줍니다. 더구나 신학은 신앙과 현실의 삶을 연관시키는 길을 터줄 수도 있습니다. 그러니 성직자나 신학자가 아니더라도 신학을 공부하는 것이 대단히 유익합니다. 사실 신앙에 관해서 성찰하고 되묻는 것 자체가 철학이기도 합니다. 이렇게 보면 철학과 신학을 엄밀하게 구별할 필요가 있을지 의문입니다. 철학이나 신학은 둘 다 결국 생각하는 활동이고, 신앙의 행위와 신앙의 대상을 알고, 성찰하고, 제대로 살아가려는 노력이라 할 수 있습니다.

일상이라는 선물

표정훈 선생님께서 가장 좋아하는 성서 구절, 소중하게 여기시는 구절이 무엇일까 궁금해집니다. 뭐든 '가장 좋아하는', '제일 아끼는', '무엇보다 소중히 여기는' 이런 질문은 좀 고약하긴 합니다만.

강영안 굳이 꼽는다면 구약성서 전도서 12장 12절을 들 수 있겠습니다. "내 아들아, 또 이것들로부터 경계를 받으라. 많은 책들을 짓는 것은 끝이 없고 많이 공부하는 것은 몸을 피곤하게 하느니라."

표정훈 아이러니하게 다가옵니다. 선생님은 많은 책을 지은 작가이신 데다가, 많이 공부하기로는 둘째가라면 서러워할 대표적인 학자이신데 말입니다. 물론 그래서 더욱 깊이 와닿을 수도 있겠다는 생각도 듭니다.

강영안 나이 쉰이 넘으면서 다른 성경보다 더 자주 읽게 되는 것이 전도서입니다. 서재에 성경 주석서나 연구서들이 꽤 있는데 그 가운데 전도서에 관한 주석과 연구서가 아마 제일 많을 것입니다.

표정훈 그렇게까지 소중하게 여기신다니 각별한 이유가 있을 것 같습니다. 전도서는 어떤 책입니까?

강영안 전도서의 핵심 사상은 두 가지입니다. 먼저 모든 것을 헛되다고 보는 것이지요. 전도서의 첫 부분은 이렇게 시작됩니다. "다윗의 아들 예루살렘 왕 전도자의 말씀이라. 전도자가 이르되 헛되고 헛되며 헛되고 헛되니 모든 것이 헛되도다. 해 아래에서 수고하는 모든 수고가 사람에게 무엇이 유익한가"(전 1:1-3). 여기에서 '헛되다'는 것은 히브리어로 헤벨hebel인데, 수증기, 연기, 안개를 뜻합니다. 그러니 이 구절은 '우리의 삶은 안개 중의 안개로다, 연기 중의 연기로다'라고 바꿔 말할 수 있겠습니다.

이 속에는 첫째, 우리 삶이란 알 수 없다는 것, 그러니까 인식론적으로 궁극적 해명이 불가능하다는 뜻이 있습니다. 둘째, 우리 삶은 잡을 수 없다는 것이지요. 존재론적으로 볼 때 어떤 알맹이, 어떤 실체substance가 없다는 것이지요. 잡으려면 잡히지 않고, 뭔가 있어 보여 다가가면 신기루처럼 사라져 버린다는 의식이 여기에 반영되어 있습니다. 셋째, 가치론적으로 정말 그 자체에 내재적 가치, 내적 의미가 없다는 의식이지요.

그런데 전도서에는 이런 헛됨과는 다른 측면이 있습니다. 우리가 삶에서 수고하고 마시고 일하고 하는 모든 것은 하나님이 우리에게 베푼 선물이라는 것입니다. 우리가 일상에서 경험하고 부딪히는 모든 것은 결국 우리에게 '주어졌다'는 것이지요. 모든 것이 결국은 우리에게 '주어진 것the given', 곧 선물gift입니다. 우리가 만들었거나 통제하거나 좌우할 수 있는 것들조차도 우리에게 '주어진 것' 아닌 것이 없습니다. 우리의 몸뚱이, 우리가 숨 쉬는 공기, 우리가 먹는 음식, 우리가 마시는 물, 우리가 만나는 타인, 우리가 사용하는 언어, 우리가 이어 가는 생각, 우리가 발 딛고 서 있는 이 땅, 우리가 바라보는 우주, 무엇 하나 우리에게 주어지지 않은 것이 없습니다. 이런 의미에서 우리의 일상은 선물이고 우리는 그 일상을 감사하고 기뻐해야 할 것입니다.

모든 것이 헛되다는 교훈이 전도서 전체에 흐르는 하나의 가락이라면, 이 모든 것은 우리에게 주어진 선물이라는 가르침이 다른 한 가락입니다. 우리 삶은 이 두 가락이 서로 얽혀 빚어낸 것이라 할 수 있습니다. 주어진 나날을 선물로 알고 힘써 오늘을 살아가되, 아무것에도 궁극적 의미를 두지 않고, 주어진 것들을 감사하며 기쁨으로 하나님과 이웃을 사랑하며 살아가는 것이 우리의 삶이라 할 수 있겠지요.[1]

표정훈 그러니까 허무와 비관, 무의미의 심연으로 빠지는 듯하다가도 결국 우리가 사는 세상, 우리의 삶을 구제해 내는 것이라고 볼 수 있겠습니다.

강영안 그렇습니다. 지나치게 낙관주의에 빠지지 않고, 그렇다고 비관주의나 허무주의에 빠지지 않으면서, 주어진 일상의 삶을 믿음과 소망과 사랑 가운데 감사와 기쁨으로 살아가라는 내용입니다. 말하자면, 한편으로는 '메멘토 모리 Memento mori', 죽는다는 것을 기억하면서, 다른 한편으로는 '카르페 디엠 Carpe diem', 지금 주어진 삶을 누리고 즐기는 방식으로 살아가는 것이지요.

표정훈 선생님이 예전에 철학은 노년의 학문일 수 있다, 나이 들면서 성숙의 지평에서 철학이 새롭게 다가올 수 있다고 말씀하신 적이 있습니다. 제겐 무척 인상 깊은 말씀으로 남아 있습니다만, 10년 넘게 세월이 지난 지금 철학에 대한 자세에서 혹시 바뀐 점이 있으신지 궁금합니다.

강영안 5, 6년 전만 해도 논문도 쓰고 학회 활동도 하면서 왕성하게 일했지요. 그러나 이제 한국의 대학에서는 은퇴한 입장이라 논문 쓰기에 그렇게 집착하지 않아도 되는 장점이 있습니다. 대학원 강의하느라 지금도 매주 텍스트를 수백 페이지씩 읽어야 하지만, 논문을 주로 쓸 때보다는 훨씬 자유롭고 느긋하게 읽을 수 있는 여유가 생겼습니다. 주변 세계를 조금 더 거리를 두고 볼 수 있는 것도 나이가 들어가면서 철학함의 장점일 수 있습니다. 원래 철학이라는 것이 삶의 현실을 다루되, 삶 속에 매몰되지 않고 삶과 거리를 두는 활동입니다. 그러기 때문에 나이가 좀 드는 게 철학을 하는 데 도움이 된다고 할 수도 있습니다. 특히 일상의 철학을 하는 데는 더욱 그렇지 않나 싶습니다. 앞에서 얘기한 것처럼 나이 오십이 넘어 전도서를 더욱 가까이 하게 되었듯이, 텍스트를 통해서 공부할 수 있는 학문적인 철학보다는 일상의 삶을 들여다보고 생각하는 일상의 철학을 훨씬 더 많이 하게 된 것이 변화라면 변화겠지요.

[7. 모든 철학은 결국 삶의 철학이다]

표정훈 일상의 철학을 선생님이 다루기 시작한 지는 꽤 오래되지 않았습니까?

강영안 '일상의 철학'은 1998년 서강대에서 관련 과목을 처음 개설하여 강의를 한 적이 있지요. 그때는 후설, 하이데거, 레비나스를 중심으로 '일상성'의 의미를 물었습니다. 이때 했던 강의는 언젠가 책으로 낼 수 있을 겁니다. 그러나 최근에 와서는 일상의 구체적인 주제들을 다루었습니다. 먹고 마시고, 잠자고, 집 짓고 살며, 일하고 쉬고, 타인과 만나는 일상의 삶 말이지요. 얼마 전에 펴낸《일상의 철학》(세창출판사, 2018)이 이 주제들을 다루고 있습니다.

읽고 쓰고 말하고 듣고 생각하는 것, 태어나 살다가 늙고 병들어 고통받다가 결국 죽는 것, 사람들과 사귀고 다투고, 물건을 사고팔고, 욕망하고, 믿고, 바라고, 사랑하는 것. 이것들이 일상의 주제들입니다. 일상에 관한 철학적 성찰은 이런 주제로 확장될 수 있습니다.

철학은 결국 삶의 철학입니다. 지금 여기 살고 있는 나 자신과 타인, 우리의 삶을 떠나서는 철학이 있을 수 없습니다. 서양의 주류 철학 전통은 영원한 것을 추구했지요. 반면 먹고 마시고 잠자고 욕망하는 것은 세속적이고 일시적인 것으로 봐서 부차적으로 취급했습니다. 변화하는 것과 불변하는 것을 나누고, 신체와 영혼을 이분화하고, 시간과 영원을 대립시켰습니다. 그런데 이것들이

어찌 분리되고 대립될 수 있겠습니까? 변하는 것과 불변하는 것이 얽히고, 신체와 영혼이 하나 되며, 시간과 영원, 일상적인 것과 초일상적인 것이 서로 침투하는 방식으로 삶이 존재합니다. 마치 전도서에서 허무와 선물이 삶을 이루듯이 말입니다.

과학기술 발달 및 정치와 관련하여

표정훈 최근 인간이 처한 상황과 관련한 질문을 드리고 싶습니다. 이른바 인공지능, 포스트휴먼이 매우 자주 논의되고 있습니다. 과학기술이 고도로 발달하면서 정신적·신체적으로 확장되고 능력이 증강된 인간, 신인류라고나 할까요, 이런 것들이 다가오고 있다는 주장이 제기되고 있습니다. 이런 시기에 과연 종교는, 기독교는 어떤 의미가 있을까요?

강영안 인공지능을 비롯한 기술 발달로 인간의 신체적·지적 힘과 능력이 확장되고, 자연을 통제하고 인간을 통제할 수 있는 힘과 능력의 가능성이 훨씬 더 높아진 게 현실이지요. 지금까지 인류 문명은 기술을 통하여 인간과 자연을 통제하는 방향으로 발전해 왔습니다. 과거의 기술은 일종의 '몸의 연장'이었습니다. 삽은 손의 연장이고 자동차는 말하자면 발과 다리의 연장입니다. 인공지능을 통하여 이제 '정신의 연장'을 실현할 수 있는 도구를 얻게 되었습니다. 육체노동과 정신노동을 어느 정도 기계에 맡길 수 있게 되었습니다.

하지만 이렇게 해서 얻은 힘은 어디에 사용하며, 시간은 어떻게 보내며, 자유는 무엇에 쓸 수 있을까요? 신체와 정신의 힘이 훨씬 증강된다고 해도 인간은 여전히 먹어야 하고, 자야 하고, 타인과 살아야 하고, 갈등 속에 들어갈 뿐 아니라, 때로는 희망하고 때로는 절망할 수밖에 없는 상황에 처합니다. 기술이 많은 부분을 해결해 준다 해도, 심지어 인간을 영생하는 존재가 되게 한다 해도 의미의 문제, 방향의 문제, 정의의 문제, 평화의 문제 등은 여전히 남겠지요.

표정훈 인공지능은 초월의 문제에서만큼은 무능력하지 않나 싶기도 합니다.

강영안 18세기 유럽의 계몽주의 이후, 그리고 20세기 지구 전체가 유사한 삶의 방식을 공유하게 된 이후, 인류는 끊임없이 내재성의 문화를 만들어 왔습니다. 찰스 테일러Charles Taylor(1931-)의 표현을 빌리면 "내재의 틀immanent frame"을 구축하였습니다.[2] 이것이 '세속화', 곧 탈종교화의 과정입니다. '미신'이라는 이름으로 종교를 삶의 중심에서 배제한 것이지요. 종교가 완전히 사라지지는 않았지만 과거에 누리던 힘을 더 이상 누리지 못하는 것이지요.

그런데 내재성의 문화 자체만 존재한다면 숨 막힐 수밖에 없습니다. 초월의 가능성이 사라져 버릴 테니까요. 나갈 문이 없는 집을 생각해 보십시오. 바깥과 연결시켜 주는 통로가 없는 것이지요. 혹시 창이 저 높이 있다고 해도 바깥을 알지 못하는 사람은 창을 통해 들어오는 빛도 마치 안에서 발산하는 것으로 오해할 수 있겠지요. 안에서는 나름대로 즐거워하며 삶을 누릴 수 있을지 몰라도 이렇게 갇힌 삶은 숨통이 막히지 않을까요?

문명의 역사를 보면, 돌도끼부터 인공지능까지 과학기술은 인간을 통제하고 힘의 증대도 가져왔지만, 인간은 타인과의 관계, 의미의 물음, 방향성에 관한 질문을 멈춘 적이 없습니다. 언제나 바깥에 대한 물음이 있었습니다. 이 물음이 있는 한 종교는 여전히 일정한 기능을 하겠지요.

표정훈 좀 더 실천적인 질문을 드리고 싶습니다. 정치철학은 주로 정치외교학과에 개설되었습니다만, 선생님이 철학과에서 정치철학을 강의하셨더라면 정말 많은 학생이 몰려들지 않았을까 생각해 보기도 합니다. 정치란 과연 무엇인가? 정치란 어떠해야 하는가? 선생님은 어떻게 생각하시는지 대단히 궁금합니다.

강영안 아주 간단하게 말하면, 정치는 홀로 사는 게 아니라 함께 사는 방식이지요. 공동의 삶을 가꾸어 가는 현실적인 방식이 정치가 아닐까 생각합니다. 그런데 사람이 함께 살아가다 보면 갈등이 생길 수 있고 갈등 가운데 억울함을 당하는 사람이 발생합니다. 가지지 못한 자, 힘없는 자, 배우지 못한 사람이 무시될 수 있지요. 갈등은 불화를 낳고 불화는 투쟁으로 이어집니다. 전쟁은 이 중 가장 극단적인 형태이겠지요. 정치의 존재 이유는 억울함을 돌아보고 약자를 보호하는 일과 무관하지 않습니다. 정치는 억울한 사람, 억울한 집단, 억울한 나라가 없도록 조정하고 잘못된 것을 바로 잡을 필요가 있습니다. 이렇게 보면 정치는 공정과 정의의 문제입니다. 그러자면 그 바탕에는 타인에 대한 인정, 타인에 대한 배려가 있어야 합니다. 논란이 있겠지만 나는 정치의 바탕에는 타자를 존중하고 인정하는 윤리가 있어야 한다고 믿습니다.

표정훈 그렇다면 정치에서 가장 중요하고 근본적인 것은 무엇일까요?

강영안 곧장 생각해 볼 수 있는 것은 방금 말한 '공정과 정의'이겠지요. 정치를 하는 사람은 우리가 몸담고 있는 사회 속에 참된 공정과 정의가 있는지 언제나 살펴야 합니다. 공정과 정의는 단지 사법의 문제뿐만 아니라 경제, 교육, 주거, 환경 등 삶의 모든 영역과 연관이 되어 있습니다. 그런데 정치의 궁극 목적은 '평화' 아닐까요? 단순히 전쟁이 없는 상태만이 아니라 공동체 일원 상호 간에 서로 인정하고, 서로 평화를 나누는 상태 말이지요. 이런 평화는 정의와 공정 없이는 가능하지 않을 겁니다.

그런데 정의와 공정이 가능할 수 있는 조건을 말한다면 바로 진실일 겁니다. 진실 없이 정의와 공정이 있을 수 없기 때문이지요. 그렇다면 진실은 어떻게 가능합니까? 거짓이 없어야지요. 신뢰할 수 있어야 합니다. 거짓 없이 참되게 서로 신뢰할 수 있음이 타인과 공동의 삶을 살 수 있는 가장 기본적인 조건이라 말할 수 있지 않을까요? 신뢰 가능한 세상을 만드는 데는 정치공학적인 기술이 어느 정도 필요할 수 있겠지만, 신뢰는 근본적으로 계산할 수 있는 것도 인위적으로 만들어 낼 수 있는 것도 아닐 것입니다.

《논어》를 보면, 제자 자공이 공자에게 정치에서 가장 중요한 것이 무엇인지 묻자 공자가 '족병足兵, 족식足食, 민신民信'이라 답합니다. 요즘 말로 하면 국방, 경제, 신뢰입니다. 이 가운데 가장 마지막까지 지켜야 할 것을 민신, 곧 사람들 사이의 믿음이라고 했습니다. 신뢰가 바탕이 되지 않으면 아무것도 제대로 설 수 없다, 즉 '무신불립無信不立'이라고 공자는 말합니다.

표정훈 그렇다면 신뢰는 비단 정치의 근본일 뿐만 아니라 인간 삶의 근본이라는 말씀으로도 들립니다.

강영안 신뢰란 우리가 태어날 때부터 인간의 마음속 깊이 깔려 있다고 봅니다. 인간 삶의 근본으로 '주어진 것'이지요. 아기가 어머니를 신뢰하는 것을 보십시오. 신뢰는 계산가능성을 초월한 것입니다. 결코 인공지능이 닿을 수 없는 영역이지요. 계산가능성을 중시하는 문화는 결국 예측가능성, 통제가능성을 중시합니다.

예측하고 통제할 수 있으면 힘을 갖고 힘을 행사할 수 있으니까요. '아는 것이 힘, 지식이 힘'이라는 말이 그런 뜻입니다. 하지만 신뢰는 그런 것과 달라요. 신뢰를 인간이 인위적으로 만들어 낼 수 없습니다. 인간의 디폴트 포지션default position이 있다면, 다시 말해 인간이 태어난 때부터 본성으로 내재된 자세가 있다면 그것이 바로 신뢰일 겁니다. 근본적으로 우리는 믿는 존재, 신뢰하는 존재로 태어났습니다. 그런 디폴트 포지션이 불신, 회의, 의심으로 깨어집니다.

표정훈 데카르트가 모든 것을 의심하고 회의해야 한다며 이른바 '방법론적 회의'를 체계적으로 해나간 것에 대해서는 어떻게 봐야 할까요?

강영안 근대 지식인의 근본적 태도는 회의이지요. 결국 출발점이 회의론입니다. 그런데 회의론의 가능 조건이 바로 신뢰입니다. 신뢰 없는 회의는 불가능하지요. 의심하고 회의하는 지적 능력조차도 의심한다면 의심과 회의가 불가능합니다. 우리가 생산하고 만들어 내지 않았다는 점에서 신뢰는 하나의 선물입니다. 이 선물이 없다면 지금 우리가 이렇게 얘기를 나누는 것도 불가능해집니다. 소통가능성에 대한 기본적 신뢰가 없다면, 내 말이 의미를 지닌 말로 상대에게 전달된다는 믿음 없이는 대화 자체가 이뤄질 수 없지요.

표정훈 근대 이후 정치철학, 정치사상에서는 가치와 의미가 아니라 권력의 기술이나 공리주의 원칙이 강조되는 경향이 강하다고 알고 있습니다. 근대 정치사상의 사회계약론에 대해서는 어떻게 보시는지요?

강영안 사회계약론에는 기독교 신학 전통의 언약, 계약 관념이 깔려 있습니다. 히브리말로 '브리트berit', 우리말로 '계약' 또는 '언약'이라 번역하는데, '서로가 관계를 맺는다'는 뜻입니다. 구약성서에서 이 단어를 쓸 때는 하나님은 이스라엘의 하나님이 되고 이스라엘은 하나님의 백성이 된다는 말이지요. 하나님과 이스라엘 백성이 서로 관계에 들어선다는 뜻입니다.

이렇게 맺어지는 관계의 바탕, 이 관계의 근본 가능 조건이 바로 신뢰입니다. 좀 전에 공자의 무신불립에 관해 말했습니다만, 구약성서 이사야 7장 9절에 "만일 너희가 굳게 믿지 아니하면 너희는 굳게 서지 못하리라"라고 되어 있습니다. 개인이 서고 공동체가 설 수 있는 바탕, 정치가 설 수 있는 공동의 삶을 이루는 바탕이 바로 신뢰입니다.

그런데 근대의 사회계약론에는 사실상 신뢰와 불신이 바탕에 깔려 있다고 생각합니다. 물론 홉스, 스피노자, 그리고 그 이후의 로크와 루소의 차이를 말해야 하겠지만 홉스에만 한정해서 보자면 "내가 칼을 뽑지 않을 테니, 당신도 칼을 뽑지 마십시오. 당신이 칼을 뽑지 않는 한 나도 칼을 뽑지 않겠습니다. 만일 당신이 칼을 뽑으면 나 역시 곧장 내 칼을 뽑을 겁니다"라는 태도가 깔려 있지요.

　　이때의 신뢰는 불신의 가능성을 품은 '잠정적 신뢰'일 뿐입니다. 따라서 이렇게 얻은 평화는 전쟁이 잠시 유보된 평화라고 할 수 있습니다. 현실 정치는 늘 이런 방식으로 휴전협정을 맺은 상황에서 언제든지 전쟁이 다시 일어날 수 있음을 염두에 둔 정치라고 해야 하겠지요. 그러니 평화뿐만 아니라 공정과 정의도, 진실도, 진정한 신뢰도, 현실 정치에서는 가능하지 않다고 보아야 할지 모릅니다. 그렇다고 해서 정치의 목적과 정치의 가능조건을 팽개치고 정치를 할 수는 없겠지요. 평화와 정의, 신뢰는 언제나 깨어지지만 이것들을 다시 추스르지 않고는 타인과 함께 믿음을 토대로 살아가는 삶이 가능하지 않을 겁니다.

한국 교회에 대한 생각들

표정훈 최근 한국 교회를 바라보는 시선이 결코 우호적이지 않습니다. 아니, 많은 사람들이 교회를 대단히 비판적으로 바라봅니다. 공동체 전체에 대한 교회의 책임 방기를 질타하는 목소리도 그 어느 때보다 높은 게 현실입니다.

강영안 기독교윤리실천운동에서 조사한 결과를 보더라도,

이미 2000년대 후반부터 기독교인 자신들조차도 개신교회에 대한 신뢰가 40퍼센트 이하로 나올 정도였습니다. 한국 기독교에 대한 일반인들의 신뢰는 18퍼센트 정도에 불과했고요.

사람들을 위로하고 사회적 결속, 통합을 증진시키는 종교의 일반적인 기능을 제대로 하지 못하는 건 물론이고, 교회가 초월 능력을 상실했다는 의식이 현 상황을 비판적으로 보는 분들의 평가입니다. 초월 능력이란 세상 사람들이 중요하게 생각하고 따르는 가치관을 넘어서는 능력일 텐데, 초월 능력의 상실로 교회가 오히려 세상보다 더 세상처럼 되어 버렸다는 것이지요.

기독교는 하나의 종교이기는 하지만 기독교의 복음 안에는 종교 비판적인 요소가 강하게 있습니다. 구약의 제사장들은 백성들의 죄를 대신하여 제사를 지냄으로 사회를 통합시켰지요. 선지자들은 사회의 불의를 꾸짖고, 고아와 과부를 비롯한 억눌린 자들을 무시하거나 억울하게 하지 말라고 정치 지도자들에게 요구했어요. 억눌린 자들의 억울함을 풀어 주는 신원伸冤을 요구한 거지요. 교회가 그런 제사장적, 선지자적 역할을 잃어버리면서 교회와 기독교에 대한 불신을 가져왔습니다. 단적으로 말해 이 세상에서 복 받는 것을 추구한 탓이라 하겠습니다.

표정훈 10여 년 전 선생님과 대화할 때 가장 인상적이었던 말씀, 지금도 깊이 남아 있는 말씀은 철학적 태도를 '겸손한 되물음'이라 말씀하신 것입니다. 그렇다면 신학적 태도는 어떤 것일지 궁금합니다.

강영안 겸손은 비겁함이나 비열함, 비굴함과는 전혀 다르지요. 결국은 자기 인식으로부터 비롯되는 태도입니다. 나의 인식의 한계, 미천함, 부족함에 대한 인식에서 출발할 때 겸손한 태도가 가능해집니다. 묻는다는 것은 가장 인간적인 것이기도 합니다. 우리 인간이 동물적 삶을 기본으로 해서 살지만 개나 고양이와 다른 점은 물을 수 있다는 겁니다. 물음을 던진다는 것의 바탕은 당연하게 보지 않는다는 겁니다. '뭐 그게 다 그런 거지'가 아니라 '보는 것과는 다를 수 있다', '이것이 아닐 수 있다'는 가능성을 인식해야 물음이 나옵니다. 신학의 태도라 해서 크게 다를 게 있을까요? 오히려 훨씬 더 겸손한 가운데 되묻고, 되돌아보고, 제대로 길을 걷고 있는지 확인해 보아야지요. 그러면서 참 하나님 아닌 모든 우상을 배격하고, 하나님이 명령한 대로 이웃을 사랑하면서 사는 삶이 신학함의 근본 태도라고 해야 하지 않을까요? 그렇지 않다면 아무리 하나님의 말씀을 이야기하고 정통 신학을 이야기한다 해도 이것들은 '울리는 꽹과리'(고전 13:1)에 지나지 않을 것입니다.

표정훈 사실상 서양철학의 비조鼻祖로 일컬어지는 소크라테스가 질문의 대가였던 점이 결코 우연이 아닌 것 같습니다.

강영안 소크라테스가 가장 잘하는 것, 가장 자주하는 게 질문이지요. 그는 답을 주기보다 늘 물었습니다. 그러니 철학은 묻기만 한다는 말이 나왔지요. 그런가 하면 신학은 묻지도 않은 질문에 답을 준다는 말도 있습니다. 어느 게 나을까요? 그런데 복음서를 보면 전혀 다른 모습을 보게 됩니다. 예수님은 묻는 분입니다. 예수님의 질문이 300개가 넘습니다. 답을 주시긴 하지만 예수님은 질문을 던지고, 생각하게 만들고, 되묻게 합니다. 요한복음 1장을 보면 이런 대목이 나옵니다. "또 이튿날 요한이 자기 제자 중 두 사람과 함께 섰다가 예수께서 거니심을 보고 말하되 '보라, 하나님의 어린 양이로다.' 두 제자가 그의 말을 듣고 예수를 따르거늘 예수께서 돌이켜 그 따르는 것을 보시고 물어 이르시되 '무엇을 구하느냐.' 이르되 '랍비여, 어디 계시오니이까' 하니 예수께서 이르시되 '와서 보라'"(35-39절).

예수님은 "무엇을 구하느냐? 무엇을 원하느냐?"고 물었습니다. 요한의 제자들은 자신들이 무엇을 찾는다고 대답하지 않고 예수님이 어디에 머무시는지 물었습니다. 질문과 질문이 이어지는 것이지요. 이렇게 서로 묻고 되묻고 하는 방식과 과정을 통해서 생각의 공감이 일어나고 너와 내가 만날 수 있는 공간이 생깁니다. 양 손바닥을 마주 쳐서 박수 소리를 만들듯이 말이지요. 물음과 물음 사이에서 만들어지는 공감의 공간에서 생각을 키워 나가는 것입니다.

표정훈 선생님 말씀을 들으니 철학과 신학, 철학과 종교가 그렇게 멀리 떨어져 있지 않다는 생각이 점점 더 강하게 듭니다. '겸손한 되물음'은 철학적 태도이자 신학적·신앙적 태도이기도 하다는 데 동의하게 됩니다. "신앙이나 종교는 그냥 무조건 믿는 거니까 뭘 물을 필요 없어!"라는 자세를 갖기 쉬운데 잘못이라는 생각도 듭니다.

강영안 물음이 없는 종교, 물음을 자아내지 못하는 종교는 참된 종교가 아닙니다. 하나의 사상이나 체계는 될 수 있겠지요. 그러나 생명의 종교라면 물음이 그 속에 없을 수 없습니다. 이 점을 나는 교회에서 강의할 때 종종 강조합니다.

공부란 무엇인가

표정훈 이 역시 근본적인 질문입니다만, 배우고 공부한다는 것은 무엇일까요? 왜 우리가 공부해야 할까요? 요즘엔 학교 졸업한 지 오래된 성인, 직장인도 인문학이든 뭐든 공부해 보려고 하는 이들이 느는 추세라고 합니다. 독서 모임 같은 것들도 늘어나고 있습니다.

강영안 기독교 전통이든 유교 전통이든 공부를 왜 하는지에 대한 답은 같습니다. 사람 되기 위해 공부합니다. 주돈이의 사회현

士希賢, 현희성賢希聖, 성희천聖希天이란 말에서 보듯이 유교는 성인을 닮아, 결국 하늘이 되고자 하는 것이지요. 기독교는 그 자신이 '하나님의 참된 형상'인 그리스도를 닮아 하나님의 형상을 회복한 '온전한 사람', '성숙한 사람'이 되는 것을 목적으로 한다고 하겠습니다(엡 4:13).

유교는 수양을 통해서 사람 되기를 이루려고 하지만 기독교는 의롭게 하시고 거룩하게 하시는 하나님의 자비와 사랑, 하나님의 은혜로 이것이 가능하다고 믿는 점에서 차이가 있습니다. 이 점에서 유교의 공부 방법론은 '인간 중심적'이고, 기독교는 '신 중심적'이라 말할 수 있겠지요. 그렇다고 끊임없이 애쓰고 노력하는 일이 기독교 신앙에 결여되어도 좋다는 말은 아닙니다. 왜냐하면 믿음은 은혜로 얻는 선물이지만, 받은 선물을 가지고 살아가는 믿음의 삶은 두려움과 떨림으로, 치열하게 애써 힘을 들여 살아가야 하기 때문입니다.

'공부工夫'는 '애쓰고 힘쓴다'는 뜻입니다. 공부와 관련된 서양의 언어나 동양의 언어는 대부분 이 점에서 같습니다. 이런 의미에서 기독교와 관련해서도 나는 '공부'라는 말을 쓸 수 있다고 생각합니다. 공부는 책으로만 하는 것이 아니잖아요? 공부라고 하면 학교에서 하는 공부, 시험을 준비하는 공부만을 생각하기 쉽지만 이것만이 공부가 아니지요. 성공뿐만 아니라 실패나 실수를 통하여, 혼자가 아니라 타인과 더불어, 몸으로 삶으로 살아가면서 공부를 할 수 있습니다.

내가 자주 드는 비유가 자전거 비유입니다. 자전거를 세워 두고서 '이것을 페달이라고 한다. 이 페달을 밟으면 앞으로 나아간다. 여기 체인이 있는데 페달을 밟는 힘을 뒷바퀴에 전달해서 바퀴가 굴러가게 해준다.' 이걸 백 번 외운다고 합시다. 그렇게 한다고 해서 자전거를 탈 수 있을까요? 못 탑니다. 그럼 어떻게 해야 합니까? 안장 위에 올라타서 페달을 밟아야지요. 피아노를 쳐다보고 피아노에 관해서 설명할 줄 안다고 해서 피아노를 칠 수 있습니까? 피아노는 쳐야 칠 수 있습니다. 피아노 건반을 실제로 눌러 봐야 피아노를 칠 수 있습니다. 인생도 살아 봐야 사는 법을 배우고 신앙생활도 해봐야 할 수 있습니다. 머리로 안다고 해서 실제로 할 수 있는 게 아닙니다. 이렇게 하는 데는 힘이 들지요. 넘어지고 깨어지고 때로는 쓰러져 일어나지 못할 수도 있습니다. 그러나 다시 일어나 걸어가는 것이 공부의 과정이지요.

이렇게 걸어 본 사람이 "모든 것이 결국은 하나님의 은혜로다!"라고 말하는 것이 기독교 신앙입니다. 내가 애쓰고 힘썼지만 "내가 한 것은 아무것도 없었습니다"라는 고백을 끝내 할 수밖에 없게 되는 것이지요. 이것이 기독교 신앙과 우리가 알고 있는 여타 종교의 차이가 아닐까요? 이런 차이가 있다 해도 역시 기독교 신앙에도 '공부'가 빠질 수 없습니다. 성경 읽고, 기도하고, 예배드리고, 성도들과 교제하고, 세상에서 신자로 제대로 살려고 애써 노력하는 것이 일종의 공부이기 때문입니다.

표정훈 지식정보를 두뇌에 정확하게 많이 저장하는 것을 공부라고 여기기 쉽습니다만, 결코 그렇지 않다는 걸 말씀해 주셨습니다.

강영안 제대로 된 공부는 지식정보 수집·암기가 아니라 자기 자신에게서 변화가 발생하는 공부, 그러니까 변혁적 공부, 변화시킬 수 있는transformative 공부입니다. 물론 기본적으로 알 건 알아야지요. 먼저 이게 자전거인지 자동차인지 구분할 줄 알아야 하고, 자동차라면 열쇠를 꽂아 시동을 걸어야 하고, 자전거라면 안장 위에 올라타서 페달을 밟고 다리를 움직여야 한다는 것은 최소한 알아야지요. 이건 가장 기초적인 단계입니다.

두 번째로 실행하는 단계입니다. 자전거를 보던 사람, 자전거에 관한 지식정보를 아는 사람에서 자전거를 타는 사람, 탈 줄 아는 사람으로 변화되어야 합니다. 칸트 방식으로 말하자면, 철학을 이야기하는 사람에서 '철학을 하는 사람'으로 변화가 발생해야 진짜 공부이지요. 정보로서의 지식이 아니라 변화를 가져오는 지식이 중요하다는 겁니다. 여기에는 물론 언제나 반성, 성찰이 수반됩니다. 철학이나 인문학 공부를 통하여 무엇을 많이 아는 게 중요한 것이 아니라, 나 자신이 스스로 생각하고, 옳고 그름을 판별하여 참된 삶의 길을 걸어가는 것이 중요하지요. 그리고 언제나 다시 돌아보는 것이 중요합니다. 변화, 전환, 바뀜이 먼저 발생하지 않고서는 이것이 가능하지 않습니다. 제대로 된 글, 제대로 된 사상은 나를 바꾸지요. 이런 글, 이런 사상이 얼마나 되겠습니까?

표정훈 공부를 그렇게 본다면 어떤 경우엔 철학 책보다 문학 책이 오히려 더 변화를 일으키는 쪽에 가까워 보이기도 합니다. 책을 읽는다는 것, 독서한다는 것의 진정한 의미, 깊은 의미는 무엇일까요?

강영안 앞에서도 말했지만, 서양에는 영적 독서, 거룩한 독서, 즉 '렉시오 디비나' 전통이 있지요. 이와 대비되는 지성적 독서, '렉시오 스콜라스티카' 방식은 예컨대 물음을 제기하고 그에 대한 답변을 제시하고 반론을 제기하면서 논리적으로 사리에 맞게 따져 나가는 방식입니다. 아퀴나스의《신학대전》에서 볼 수 있지요. 어떤 점에서 렉시오 디비나에 대한 반작용이라 할 수 있습니다.

렉시오 디비나는 글 읽기에서 소중한 전통입니다. 내가 종종 렉시오 디비나의 중요성을 얘기하는 까닭은 어떻게 읽어야 하는가를 보여주는 좋은 본보기가 되기 때문입니다. 앞에서 얘기한 렉시오 스콜라스티카를 통해서는 지적 변화가 일어날 수 있습니다. 그러나 렉시오 디비나는 지적인 변화에 머물지 않고 마음의 변화, 영적 변화를 추구한다는 점에서 다르다고 하겠습니다.

3장에서도 언급했지만, 12세기 카르투시오 수도회 소속 귀고 2세가 쓴 글에 이것이 분명하게 나와 있습니다. 렉시오 디비나는 4단계로 이뤄집니다. 첫째는 읽기lectio, 둘째는 묵상meditatio, 셋째는 기도oratio, 넷째는 관상contemplatio입니다. 읽기는 성경이나 교부들의 말씀을 읽는 것, 그러니까 음식을 입 안에 넣어 섭취하는 것입니다. 묵상은 읽은 것, 그러니까 섭취한 것을 반추동물이 음식을 다시 씹듯이 씹고 또 씹는 단계입니다. 기도와 관상은 읽은 말씀이 영혼의 피가 되고 살이 되게 하는 과정입니다. 여기서 중요한 것은 무엇보다 읽는다는 것입니다. 읽지 않고서 공부를 할 수 없지요. 포도 열매의 맛을 보려면 입에 집어 넣어야 합니다. 그러고는 씹어야 합니다. 입에 넣고, 씹는 것이 여기서 중요합니다.[2]

우리가 보통 공부라고 생각하는 학교 공부는 대부분 눈으로 보는 데 그치는 행위입니다. 입에 넣지를 않지요. 그렇기 때문에 공부한 내용이 정보로만 남고 변화를 일으키지 못합니다. 《논어》에서도 말하지 않습니까? "아는 이는 좋아하는 이만 못하고 좋아하는 이는 즐기는 이만 못하다知之者 不如好之者 好之者 不如樂之者." 좋아할 수 있고 즐거워할 수 있는 지식이란 결국 자기 자신 안에 진정한 변화가 일어나는, 변화를 불러일으키는 지식입니다. 변화가 발생하지 않으면 즐거운 지식이 되지 않는 거지요.

표정훈 많이 안다고 자칫 자부하거나 자만할 수도 있는데, 그것이야말로 진정한 공부와는 거리가 멀어도 한참 먼 것 같습니다.

강영안 겸손이라는 주제로 자연스럽게 되돌아가는군요. 많이 알면 알게 될수록 나 자신이 얼마나 많은 것을 모르고 있는지 알게 되지요. 조금 알면 다 아는 것 같지만, 알면 알수록 모르는 부분이 산더미처럼 내 앞에 다가옵니다. 그러면 내가 안다고 내세울 수 있는 것은 한 삽에 담을 수 있는 것도 되지 못하지요. 결국 "나는 실로 모를 뿐!"이라고 할 수밖에 없습니다. 모른다는 사실 앞에 엎드려 겸손하게 될 수밖에 없습니다. 뭘 안다고 떠드는 사람치고 제대로 아는 사람 보았습니까? 한 줌도 안 되는 앎을 가지고 자랑할 수 없지요.

겸손해질 때 우리는 오히려 자연과 세계의 아름다움, 선물로 주어진 것들, 이 모든 것이 천지를 지으시고 섭리하시는 분의 은혜라는 의식이 생겨날 수 있습니다. 나에게 주어진 조그마한 것들, 내 앞에 있는 것들과 없는 것들, 눈으로 보고 듣고, 내가 숨 쉬고 있는 이 순간 자체, 이 모든 것을 감사함으로 바라볼 수가 있습니다. 사람됨이란 오늘날 트랜스휴머니즘이나 포스트휴머니즘을 주장하는 사람들이 말하는 것처럼 대단한 능력, 역량의 강화와 확장, 통제하는 힘의 증강에 있지 않습니다. 창조 세계에 주어진 것들을 관조하고, 주어진 것들로 만족하고 감사하며, 타인들을 용납하고 받아들이며, 사람들과 함께 웃고 함께 울 수 있을 때 사람됨이 드러나지 않을까요? 이런 것들을 위해 우리가 공부하는 겁니다.

표성훈 선생님의 말씀은 구글로 대표되는 지식정보 검색 기술과 인공지능으로 대표되는 인간의 지식 능력 확장은, 진정한 의미의 공부와 별 상관이 없다는 뜻으로 들립니다.

강영안 창세기의 아담과 하와가 선악과를 먹은 동기가 무엇이었습니까? 이에 대해서는 여러 의견이 있지만 근본적으로는 인간이 신이 되고자 하는 데서 빚어진 사건입니다. 유발 하라리의 《호모 데우스》는 신이 되려는 인간의 욕망이 기술적으로 실현될 가능성을 말하지요. 모든 걸 앎으로써 모든 걸 통제할 수 있는 신이 되려는 욕망은 오래된 욕망, 원초적 욕망입니다.

이 욕망에서 비롯된 지식은 인간 자신, 인간 각자에게 변화를 가져오는 지식이 아닙니다. 타인에게 관대하고 타인의 고통을 느끼며, 자연과 함께하고 삶에 감사하며 즐거워할 수 있게 해주는 지식과 거리가 멀지요. 십계명 가운데 "나 외에는 다른 신들을 네게 두지 말라"는 계명이 나옵니다. 1계명이지요. 사람들은 이 계명을 신에게 종속되어 노예로 살라는 말인가 하고 되묻습니다.

나는 오히려 반대라고 생각합니다. 진정으로 하나님을 섬기면 그로 인해 진정한 자유를 얻습니다. 하나님 외에는 그 어디에도 매이지 않는 자유 말입니다. 이 자유는 말하자면, 물고기가 물 속에서 누리는 자유, 새가 하늘을 날 때 누리는 자유와 같다고 하겠습니다. 생명의 근원, 삶의 근원인 분 외에 어떤 무엇에도 얽매이지 않는 자유입니다. 이 자유로 인해 비로소 남을 위해 나를 낮출 수 있고, 힘이 있어도 힘없는 사람처럼, 지식이 있어도 지식이 없는 사람처럼 자기를 비우고 낮추고 타인을 위해 섬기는 삶을 살 수 있습니다. 그렇지 않다면, 욕망으로 만들어 낸 신, 곧 '우상'의 통제를 받고 살아갈 수밖에 없습니다. 이 삶은 자유롭고 능력 있는 삶 같지만 실은 힘도 없고 자유도 상실한 삶이 아닐까 생각합니다.

표정훈 선생님께 앞으로의 계획을 여쭈어 본다는 게…. 제가 어느 정도 이미 알고 있다는 생각이 듭니다. 왜냐면 늘 읽고 쓰고 가르치고 하실 것이기 때문에. 그래도 여쭈어 보고 싶습니다.

강영안 인문학에 관한 글, 공부에 관한 글을 쓰고 정리해서 책으로 내는 걸 생각하고 있습니다. 그리고 나의 '학습기'랄까요, 나의 공부 여정을 회고록 방식으로 정리해 보면 어떨까 하는 생각을 하고 있습니다. 물론 공부는 계속 해나가고 글도 쓰고 기회될 때마다 가르치는 일도 하겠지요.

표정훈 아! 공부 이야기, 학습기를 꼭 써 주시면 좋겠습니다. 깊은 의미의 인문학적 실용서, 실용적 인문학 도서가 될 것 같습니다. 학자의 치학지방治學之方, 공부와 학문을 잘 다스리는 방법은 늘 궁금하고 흥미롭습니다. 미국 생활은 어떠신지요?

강영안 그야말로 수도원 생활하듯이 단순하게 삽니다. 집과 신학교를 오가는 일상이 거의 전부입니다. 학교와 집의 거리가 걸어서 10분 정노거는요. 연구실에서 읽고 강의 준비하고 생각하고 쓰고, 이런 생활의 연속입니다. 쓰는 것보다 여전히 읽는 걸 더 좋아합니다. 읽기보다는 쓰기에 더 많은 시간을 보내야 하는데 참 쉽지가 않습니다.

표정훈 끝으로 여쭙겠습니다. 선생님께 삶은 무엇입니까?

강영안 삶은 선물이자 과제입니다. 독일 사람들의 표현을 빌리면 '가베Gabe'이면서 동시에 '아우프가베Aufgabe'이지요. 나에게 주어진 것이며, 맡아 해야 할 일로 주어진 것이라고 말할 수 있겠습니다. 숨쉬고, 먹고 마시고, 타인들을 만나고, 책을 읽고 글을 쓰고, 이렇게 서로 이야기를 나누는 등, 살아서 하는 일상의 활동뿐만 아니라 이 삶, 이 생명 자체가 곧 선물입니다. 나의 기여 하나 없이 받은 것이지요. 살아오는 동안 무수하게 애썼고, 노력하고, 땀 흘렸지만 그 어느 하나 내가 잘나서 누린 건 없습니다. 아무리 생각해도 하나님의 은혜로 받은 것뿐입니다. 그러니 삶을 내 것이라 주장할 수 없지요. 받았으니 열심히 노력해서 나누어야지요. 열심히 읽고, 생각하고, 쓰고, 때로는 남 앞에 서서 말하게 되는 것도 내가 받았으니 감사함으로 조금이라도 나누는 일이라 생각해요. 이를 통해 나 자신을 돌아보게 되고, 채찍질하고, 내가 받은 선물을 쓰지 않고 묵혀 두지나 않는지 다시 생각해 보게 됩니다.

표정훈 감사합니다. 건강하셔서 생각하고, 쓰시고, 때로는 이렇게 이야기를 이어 나가는 일을 계속 하실 수 있기를 바랍니다.

주

1. 철학을 향한 먼 길

1. Tjeerd Hoekstra, 《철학의 역사 *Geschiedenis der philosophie*》(Kampen: J. H. Kok, 1921).

2. Abraham Kuyper, 《각 고유 영역에서의 주권 *Souvereiniteit in eigen kring*》(Amsterdam: Kruyt, 1880).

3. Dietrich Bonhoeffer, 《저항과 복종 *Widerstand und Ergebung*》(München/Hamburg: Siebenstern Taschenbuch Verlag, 1951).

4. Cornelis Anthonie van Peursen, 《다시 그분이시다: '하나님'이란 단어의 의미에 대한 고찰 *Hij is het weer!: Beschouwingen over de betekenis van het woordje 'God'*》(Kampen: J. H. Kok, 1967).

2. 신앙인으로 철학한다는 것

1. "철학적 전망에서 본 모형 Het model in wijsgerig perspectief", 《사회와 과학에 대한 철학적 전망 *Wijsgerig perspectief op maatschappij en wetenschap*》, vol.5(1971-1972), 205-220.

2. Martin Heidegger, 《현상학과 신학 *Phänomenologie und Theologie*》(Frankfurt am Main: Vittorio Klostermann, 1970), 32.

3. Jean-François Lyotard, 《아우구스티누스의 고백 *La confession d'Augustin*》(Galilée, 1998); Jacques Derrida, 《신앙과 앎 *Foi et savoir*》(Seuil, 2001); Jacques Derrida, John D. Caputo, Michael J. Scanlon, 《고백들 *Des Confessions: Jacques Derrida-Saint Augustin*》(Stock, 2006).

4. Johan Huizinga, 《네덜란드 정신의 특징 *Nederland's Geestesmerk*》(Leiden: A. W. Sijthoff's, 1935), 11f.

3. 철학이란 무엇인가?

1. H. G. Gadamer는 이 생각을 1984년 4월 레이든에서 열렸던 하이데거 심포지엄에서 분명하게 드러냈다. 그의 글 "철학의 시작과 끝 Anfang und Ende in der Philosophie" 참조. 이 글은 Marcel F. Fresco, Rob J. A. van Dijk, H. W. Peter Vijgeboom (ed.), 《철학의 종말에 관한 하이데거의 논제 *Heideggers These vom Ende der Philosophie*》(Bonn: Bouvier, 1989), 7–19에 실려 있다.

2. 이 점은 최근 Pierre Hadot가 강조하고 있는 것이다. 그의 저작 가운데 영어로 번역되어 읽히고 있는 《고대철학이란 무엇인가 *What is Ancient Philosophy*》(Cambridge, Massachusetts: Harvard University Press, 2002)와 그 이전에 나온 《삶의 방식으로서의 철학 *Philosophy as a Way of Life*》(Oxford: Blackwell, 1995)을 보라.

3. Martin Heidegger, 《사유란 무엇인가 *Was heisst Denken?*》(Tübingen: Niemeyer, 1951/2), 4.

4. 레비나스, 《시간과 타자》, 강영안 옮김(문예출판사, 1996), 80.

4. 철학적 근대성에 관하여

1. Heiko A. Oberman,《후기 중세 신학의 수확*Harvest of Late Medieval Theology*》(Cambridge, Massachusetts: Harvard, 1963); Paul Oskar Kristeller, 《르네상스 사상*Renaissance Thought*》(New York: Harper and Row, 1961) 참조.

2. 《마르틴 루터 전집*Dr. Martin Luthers Werke*》(Weimar: Hermann Böhlaus Nachfolger, 1914), vol.50, 657-661.

3. E. J. Dijksterhuis,《세계상의 기계화*De mechanisering van het wereldbeeld*》(Amsterdam: Meulenhoff, 1950). 이 책은 영어와 독일어로 번역되어 있다.

4. G. Pico della Mirandola,〈인간 존엄성에 관한 연설Oration on the Dignity of Man〉, in: The Renaissance Philosophy of Man. E. Cassirer et al (eds.). (Chicago, Illinois: The University of Chicago Press, 1948). 224-225.

5. Albert Einstein,《생각들과 의견들*Ideas and Opinions*》(New York: Dell Publishing Company, 1981), 48.

6. 우리말로는《스피노자의 뇌: 기쁨, 슬픔, 느낌의 뇌과학》(사이언스북스, 2007)이라는 제목으로 출간되었다.

5. 칸트와 철학의 소명

1. 지각知覺에 의해 의식에 나타나는 외계 대상의 상像.

2. Roger Daval,《칸트의 형이상학*La Métaphysique de Kant*》(Paris: PUF, 1951), 6.

3. I. Kant,《순수이성비판》2판 서문 B XIII, 백종현 옮김(아카넷), 179-180.

4. I. Kant,《순수이성비판》2판 866-867, 2권 960.

5. 〈1791년 베를린 왕립학술원이 내 건 "라이프니츠와 볼프 시대 이후 독일에서 형이상학이 이룬 실제적인 진보가 무엇인가"라는 현상 물음에 관하여 Über die von der Königl. Akademie der Wissenschaften zu Berlin für das Jahr 1791 ausgesetzte Preisfrage: Welches sind die wirklichen Fortschritte, die die Metaphysik seit Leibnitzens und Wolf's Zeiten in Deutschland gemacht hat?〉(초판 1804), 학술원판, 20권, 298.

6. 새로운 변화를 주도한 연구서는 Philip J. Rossi가 Michael J. Wreen과 편집한 《칸트의 종교철학 재고 Kant's Philosophy of Religion Reconsidered》 (Indiana University Press, 1992)였다.

7. I. Kant, 〈사유 안에서 방향을 설정한다는 것은 무엇인가? Was heisst: sich im Denken orientieren?〉(1786), 《학술원판 칸트 전집》 8권, 146 각주.

8. Hannah Arendt, 《칸트의 정치철학 강의 Lectures on Kant's Political Philosophy》 Edited and with an Interpretive Essay by Ronald Beiner(Chicago, Illinois: The University of Chicago Press, 1982), 70 이하 참조.

9. I. Kant, 〈학부 간의 논쟁 Der Streit der Facultäten〉, 《학술원판 칸트 전집》 7권, 30.

10. 같은 책, 31.

6. 타자의 발견과 윤리적 전회

1. 독자들이 구해 보기는 쉽지 않겠지만, 주체 개념의 역사에 관한 중요한 논문을 한 편 소개한다. Alain Renaut, 〈주체성들: 주체 개념의 역사를 위하여 Les subjectivités: Pour une historie du concept de sujet〉, 《오늘 주체를 생각함 Penser le sujet aujourd'hui》 Elisabeth Guibert-Sledziewski ed. (Paris: Meridiens Klincksieck, 1988), 55~75.

2. Giambattista Vico, 《우리 시대의 연구 방법에 관하여 On the Study Methods

of Our Time⟩(Ithaca & London: Cornell University Press, 1990), 6 이하 참조.

3. Young Ahn Kang, "Global Ethics and A Common Morality", ⟨*Philosophia Reformata* 71⟩(2006), 79-95.

7. 모든 철학은 결국 삶의 철학이다

1. 좀 더 자세한 이야기는 강영안,《철학자의 신학 수업》(복있는사람, 2021), 259-287 참조.

2. Charles Taylor, *A Secular Age*(Belknap Press, 2007) 참조.

3. 읽기와 관련해서 좀 더 자세한 논의는 강영안,《읽는다는 것》(IVP, 2020) 참조.

찾아보기

ㄱ

ㄴ

ㄷ

ㅅ

표정훈 묻고 강영안 답하다

철학한다는 것

What is Doing Philosophy?: Questions and Answers

지은이 강영안·표정훈
펴낸곳 주식회사 홍성사
펴낸이 정애주
국효숙 김의연 김준표 박혜란 손상범 송민규
오민택 임영주 주예경 차길환 허은

2021. 10. 20. 초판 1쇄 인쇄   2021. 10. 28. 초판 1쇄 발행

등록번호 제1-499호 1977. 8. 1.
주소 (04084) 서울시 마포구 양화진4길 3   전화 02) 333-5161   팩스 02) 333-5165
홈페이지 hongsungsa.com   이메일 hsbooks@hongsungsa.com
페이스북 facebook.com/hongsungsa   양화진책방 02) 333-5161

ISBN 978-89-365-1501-0 (03100)